생각을 확장하다

생각을 확장하다

초판 1쇄 인쇄 2016년 2월 12일
초판 1쇄 발행 2016년 2월 22일

지은이 슐로모 브레즈니츠, 콜린스 헤밍웨이
옮긴이 정홍섭
펴낸이 유정연

책임편집 최창욱
기획편집 김소영 송병규 최일규 **전자책** 이정 **디자인** 신묘정 이승은
마케팅 임충진 이진규 **제작** 임정호 **경영지원** 박승남

펴낸곳 흐름출판 **출판등록** 제313-2003-199호(2003년 5월 28일)
주소 서울시 마포구 홍익로5길 59 남성빌딩 2층
전화 (02)325-4944 **팩스** (02)325-4945 **이메일** book@hbooks.co.kr
홈페이지 http://www.nwmedia.co.kr **블로그** blog.naver.com/nextwave7
출력·인쇄·제본 (주)현문 **용지** 월드페이퍼(주) **후가공** (주)이지앤비(특허 제10-1081185호)

ISBN 978-89-6596-181-9 03180

• 이 책 내용의 전부 또는 일부를 사용하려면 반드시 저작권자와 흐름출판의 서면 동의를 받아야 합니다.
• 흐름출판은 독자 여러분의 투고를 기다리고 있습니다. 원고가 있으신 분은 book@hbooks.co.kr로
  간단한 개요와 취지, 연락처 등을 보내주세요. 머뭇거리지 말고 문을 두드리세요.
• 파손된 책은 구입하신 서점에서 교환해 드리며 책값은 뒤표지에 있습니다.

이 도서의 국립중앙도서관 출판시도서목록(CIP)은 e-CIP홈페이지(http://www.nl.go.kr/ecip)와 국가자료공동목록시스템
(http://www.nl.go.kr/kolisnet)에서 이용하실 수 있습니다. (CIP제어번호 : CIP2016003055)

살아가는 힘이 되는 책 흐름출판은 막히지 않고 두루 소통하는 삶의 이치를 책 속에 담겠습니다.

사고력, 판단력, 기억력을 최대로 높이는 법

생각을 확장하다

지음 **슐로모 브레즈니츠**　　옮김 **정홍섭**
　　콜린스 헤밍웨이

흐름출판

뇌의 무한한 가능성을 어떻게 단련할 수 있을까

놀라운 뇌의 세계에 온 당신을 환영한다.

뇌 능력은 지능의 여러 면을 한데 모아 실제 방법에 적용하는 능력이다. 우리는 훈련을 통해 뇌 능력을 최대화함으로써, 특히 나이가 들어도 뇌가 민감하고 적절한 지각력을 유지하게 할 수 있다. 뇌 능력의 최대화란 그저 뇌를 더 자극하거나 능력을 향상하는 법에 대한 이야기만은 아니다. 십자말퍼즐을 풀거나 논리 문제 또는 수수께끼를 해결하는 방법을 이야기하는 것도 아니다. 이것은 세상의 가치를 정확히 평가하면서 살아가는 법을 말한다. 일생생활에서 모든 일을 더 잘하는 방법, 즉 주의해야 할 것과 주의하지 않아도 될 것이 무엇인지 알고 계획하며 올바로 결정하는 법을 말한다.

흔히 우리는 오랫동안 건강하고 활력 있게 살기 위해 가장 중요한 요인으로 '능력이 뛰어난 뇌'를 꼽는다. 따라서 뇌에 장애를 일으키거나 손상을 줄 수 있는 알츠하이머병과 뇌졸중 같은 여러 뇌 질환들을 두려워한다. 많은 성인이 부모의 정신건강이 쇠약해지는 일을 경험했고, 베이비붐 세대는 '정신이 깜빡하는 건망증' 때문에 실수하기 시작한다. 이 책에서는 까다롭지 않으면서도 과학적으로 정확하며, 이해하기 쉬운 인지건강 정보를 제공하려고 한다.

인간 존재의 핵심은 정신 이고, 뇌를 이해하는 것은 우리 앞에 놓인 가장 중요하고도 기본적인 과제다. 나는 사고와 행동을 폭넓게 공부하는 심리학자이자 교수로 일해왔다. 그리고 지난 10년 동안에는 인지건강을 연구했다. 그 정점은 인지 활동성을 증진하는 소프트웨어를 제공하는 기업 코그니핏 을 설립한 일이다. 여러 해가 지난 뒤 정신 능력을 개선하고 보호한다는 개념이 대중화되었다. 이 책은 사려 깊은 사람에게 뇌와 그 기능에 관한 가장 최근의 지식을 제공함으로써 일상생활과 직업 활동에 효율을 높이는 법을 알려준다.

실용적인 사례와 시나리오를 담고 있는 이 책에서는 우리가 일상생활에서 맞닥뜨리는 주요 문제, 즉 개인의 성장, 가족 관계, 여러 사회적·문화적 문제를 검토한다. 또 때로는 너무 빨리 그 상태가 변하기도 하고 어떤 때는 전혀 변하지 못하는 것처럼 보이기도 하는 뇌 특유의 위험을 보여준다.

이 책은 5부로 나뉘어 있다. 1부에서는 실제 세계에서 뽑은 여러 사례를 사용하여 인지건강이 얼마나 중요한지 보여준다. 우리가 그토록 중요하게 여기는 경험이라는 개념이 학습에서 어떤 기능을 담당하는지 살펴보고, 경험이 실제로는 인지 능력에 실패 요소로 작용한다는 사실을 알게 될 것이다. 또 창조력을 높여준다는 정신 능력이 사고의 경직성과 인지의 정체성을 가져올 수도 있다는 의외의 사실도 보게 될 것이다.

2부에서는 뇌 훈련의 중요성을 보여준다. 이 작업은 생물학적·심리학적인 결과로 생기는 이익과 함께 인지건강을 발달시키고 유지해준다. 핵심은 뇌가 해낼 수 있는 한계만큼, 또는 한계를 이상 자극하는 도전이 있어야 한다는 것이다. 여기에는 나이를 불문하고 인지능력을 비축하는 방법과 이러한 비축이 주는 이익이 포함된다.

3부에서는 정신건강의 기본적 딜레마를 논한다. 뇌를 자극하려면 변화가 필요한데, 변화는 필연적으로 스트레스를 유발하고, 스트레스는 정신에 독특한 방식으로 해를 끼친다. 스트레스는 정신적·육체적 건강을 손상할 수 있다. 그러나 또 스트레스가 없으면 우리의 인지능력은 경직되고 결국 쇠퇴하고 만다. 여기서는 스트레스가 우리의 마음과 몸에 끼치는 복잡한 상호작용과 그 부정적 충격을 완화하는 방법을 설명한다.

4부에서는 스트레스에 짓눌리지 않으면서 인지능력을 비축하는 방법을 탐구한다. 직업과 교육과 개인 생활을 두루 살펴보면서 우리를 안전한 일상생활 영역 바깥으로 이끌어줄 새로운 방법, 즉 세계를 보는 새로운 방법, 사고에 새로이 접근하는 방법, 뇌를 만들어내는 일관된 양생법 등을 보여준다.

5부에서는 우리 모두가 인지건강을 완전하게 성취할 때 보게 될 세계의 모습을 묘사한다. 또 인지가 건강한 사람들이 점점 더 혼돈스러워지는 사회에 뿌리를 박고 살기 위해 필요한 개인적·사회적 연관관계를 발전시키려면 어떻게 해야 하는지 검토한다.

이 책은 우리가 사는 세계에 진실로 호기심을 가지고 있고, 기꺼이 자신의 내면을 성찰해 더욱 잘 이해하고 싶어하는 모든 사람에게 알맞은 책이다. 뇌 건강은 모든 연령대의 사람에게 중요하다. 젊은이는 고도의 정신 능력, 예를 들면 위험한 상황에서 아주 복잡한 기계장치를 정밀하게 조종하는 기술과 논리구조를 학습할 수 있을 것이다. 중장년층은 점차 쇠퇴하는 듯 느껴지는 정신의 능력을 향상할 수 있을 것이다. 뇌의 물리적 외상을 견뎌낸 사람들은 정신적·신체적 능력을 실제로 회복할 수 있을 것이다.

우리가 누구인지는 결국 우리 뇌의 활동으로 나타낸다. 우리는 인지하는 삶, 즉 지각하고 사고하고 기억하는 개성적인 삶을 산다. 이 책은 개인의 정신세계, 시적인 말로 하면 '마음과 영혼이 자리한 곳'을 탐구한다. 또한 인간다움과 인간성이 자리한 장소를 탐구한다. 뇌로 할 수 있는 모든 활동을 신비한 영역의 일이라고 여기는 것을 넘어서, 뇌의 작동방식을 잘 이해하고 한계를 넘기 위해 단련한다면 앞으로의 삶에서 새로운 성취를 느낄 수 있을 것이다.

차례 +

PART 02

자신의 뇌에 도전하라

Part
01

두뇌를 최대로
쓴다는 것

MAXIMUM
BRAINPOWER

CHAPTER 01

뇌는 어떻게 작동하는가

실크 넥타이를 좋아하는 존 스미스는 키가 크고 마른 런던 사람이다. 그는 커피 잔과 카페인이 들어 있지 않은 음료 캔이 쌓여 있는 사무실에서 일한다. 온종일 컴퓨터 화면을 들여다보는 그는 하루에 수백만 달러를 벌지만 정작 자신은 어떻게 해서 버는지 모른다.

스미스의 사례는 전문가, 즉 우리 대부분을 성가시게 하는 복잡한 문제의 해결책을 재빠르게 찾아내는 능력과 경험이 있는 사람의 이야기다. 우리는 전문가를 알고 있다. 다른 사람들 같으면 차고에서 쩔쩔 매며 씨름할 엔진을 10분 안에 고치는 자동차정비사, 단 한 모금만 맛보고도 수프를 훨씬 더 맛나게 해줄 성분이 빠졌다는 사실을 알아내는 요리사, 컴퓨터가 만들어내는 것만큼이나 능률적으로 날개 디자인을 손으로 그려내는 엔지니어, 분석이나 정밀검사도 하지 않았는데 난데없이 정확하게 진단하는 의사(단지 환자를 대하는 훌륭한 태도를 갖췄을 뿐인 닥터 하우스[02]를 생각해보라) 등이 그러하다.

전문가들은 자신들이 축적한 엄청난 지식과 경험으로 문제를 처리하며, 대개는 정확하고 때로는 예기치 못한 대답을 불쑥 내놓는다. 나는 유로화가 도입되기 이전, 모든 유럽 나라가 아직 자기 통화를 가지고 있을 때 외환 딜러인 스미스를 만났다. 규모가 큰 회사는 대부분 현지 통화로 지불하거나 어떤 통화의 가치가 떨어졌을 때 그것을 과도하게 보유하지 않으려고 여러 통화를 거래한다. 금융기관은 특정 통화의 가치가 올라갈지 내려갈지를 판단해 돈을 벌려고 주식이나 제품을 거래하는 것과 마찬가지로 화폐를 거래한다.

개성 강한 기관투자가인 스미스는 자기가 하는 일에 매우 탁월했다. 그는 미국 달러와 독일 마르크를 팔고 사는 일을 전문으로 했다. '돈 공장'으로 알려진 그는 매달 이익을 수백 만 달러나 냈다. 그가 일하던 큰 국제금융회사는 경쟁사들이 그를 데려가거나 그가 은퇴할까봐 걱정했다. 그는 여러 해 동안 자기 자신과 회사를 위해 아주 많은 돈을 벌어들였기 때문에 더 일할 필요가 없었다.

그렇다면 이 외환딜러는 어떤 식으로 일했을까? 스미스는 어떻게 적당한 화폐를 규칙적으로 사고팔 수 있었을까? 그 회사의 윗사람들은 영리한 심리학자가 자신들에게 그 답을 들려줄 거라고 생각했다. 그래서 내가 뽑혀 가게 되었다. 그들은 스미스의 지적인 방법과 분석 과정을 읽어냄으로써 스미스가 회사를 떠났을 때를 대비하고, 비슷한 결과를 낼 수 있는 다른 사원을 훈련하는 방법을 배우고자 했다.

나는 며칠 동안 컴퓨터와 잡동사니로 가득한 외환거래소에서 스미스의 옆에 앉아 있었다. 사무실에서는 다른 딜러들이 사고파는 주문을 내고 있었다. 아주 바쁘지만 매우 단조로운 일이었다. 매시간 우리는 달러와 마르크가 서로 엎치락뒤치락 오르내리는 화면을 지켜보았다. 나는 그가 하는 모든 업틱과 다운틱 03을 보았다. 매매고지도 똑같이 들었다. 우리는 스크린을 통해 통화시세와 관련해서 전 세계에서 쏟아져 나오는 경제 뉴스와 정치 뉴스를 보았다. 며칠 동안 그는 평범한 거래를 했을 뿐 스릴 있는 거래는 하지 않았다. 그것은 아주 지루한 업무였다. 외환딜러는 평생 이런 식으로 지루한 일을 견뎌내는 것에 대해 좋은 보상을 받아야만 한다.

어느 날, 스미스가 갑자기 흥분했다. 손을 들더니 재빨리 '다섯', 그 다음에는 '셋' 표시를 했다. 나는 스크린을 살펴보면서 거래소 딜러들이 하는 모든 말을 분석했다. 특별한 것은 없었는데 스미스는 몇 분 만에 800만 마르크를 샀다! 오래지 않아 마르크 가치가 올라갔다. 거래가 마감된 뒤 이 신사와 그의 회사는 상당한 이익을 거두었다.

이때는 스미스와 내가 친구가 되어 있었다. 일이 끝난 뒤 맥주 몇 잔을 마시면서 나는 그에게 왜 하필이면 바로 그 순간 마르크를 샀느냐고 물었다. 그러면서 경제 뉴스나 통화정책과 관련된 기술적 분석을 예상했다. 아니면 예상할 수 있는 모든 수를 검토한 노련한 체스 선수처럼 그가 다른 딜러들의 기민한 움직임을 탐지해서 자기 이익에 그것을 활용했을 거라고 짐작했다. 그는 이렇게 대답했다.

"갑자기 느낌이 왔어요. 마르크가 오르고 싶어한다는."

한 번 더 말할까?

"느낌이었어요. 마르크가 오르고 싶어하는 것 같은 느낌이요."

우리는 꽤 오랫동안 이야기했다. 나는 스미스가 나를 속이려고 했거나 헷갈리게 했다고 생각하지 않는다. 바로 그 특정 순간에 마르크를 사고자 한 본능을 설명할 수 없었을 뿐이다. 그것은 느낌이었다. 그는 그것을 어떻게 또는 어디서 느꼈는지 말할 수 없었다. 그저 그렇게 할 수 있었을 뿐이다. 말로 표현할 수 없는 무언가에 영향을 받았다. 아마도 거래소 중개인들의 목소리에 긴장감이 감돌기 시작했을 것이다. 그가 무의식적으로 입수한 시세 변동 속에 어떤 유형이 나타났을 것이다. 어떤 무의식 차원에서, 몇 주 또는 몇 달 전부터 나타난 유사한 유형을 떠올렸을 것이다. 아마도 그의 느닷없는 대규모 매입이 소규모 매입 쇄도를 불러일으켜 마르크 가격을 더 올려놓았을 것이다. 그러나 사람들은 마르크를 날마다 종종 대규모로 사고팔았다. 그는 적절한 때가 언제인지 알았을까? 아니, 그는 알지 못했다. 그의 방법을 이해하고자 애썼지만 완전히 시간낭비였다.

내 밀착 관찰법은 그 은행이 팔리는 바람에 끝나버렸지만, 1년 또는 10년 동안 스미스 옆에 앉아 있었더라도 나는 아무것도 알아내지 못했을 것이다. 그리고 엄청 지루하게 보냈을 것이다. 그는 언제 화폐를 거래할지 정확히 알았다. 그것이 내가 말할 수 있는 전부였다.

자기 방법을 설명할 수 없는 사람은 비단 스미스뿐이 아니다. 게르트 기거렌처Gerd Gigerenzer는 자신의 책 《생각이 직관에 묻다》에서, 단지 '육감'만으로 수많은 사람 가운데에서 마약 운반자를 즉시 찾아내는 경찰관들에 대해 썼다. 말콤 글래드웰은 《블링크BlinK》04에서 어떤 조각상이 진품인지 모조품인지 한눈에 알아내는 미술 전문가들을 다루었다. 그들은 자신이 어떻게 아는지 설명하지 못했다. 기거렌처는 직감, 즉 우리가 그 이유를 완전히 알지 못하는데도 행동의 기반이 되기에 충분할 만큼 강한, 무의식적이고 즉각적이며 '빠르고 경제적인' 인지 측면에 대해 말한다. 글래드웰은 이 능력을 '얇게 잘라내기'라고 하면서 적은 정보에서 유형을 발견해내는, 자동화·가속화되어 있는 능력이라고 설명한다. 전문가들은 어떤 무의식적 추리 과정을 거쳐 아주 빠르게 복잡한 상황을 단순하게 정리하는 능력이 있다.

이 장에서는 스미스 같은 전문가들의 인지 방법을 탐구함으로써 그 전문적 기술이 어떻게 생겨나는지 발견하고자 한다. 그것은 뇌가 어떻게 작동하는가, 뇌가 경험에 따라 어떻게 만들어지는가, 반응에 따라 축적되는 경험이 얼마나 좋거나 나쁠 수 있는가 하는 논의의 출발점이 된다.

직감, 비둘기, 의식

위험한 곳에서 일하는 사람들은 말로 표현할 수 없는 본능, 즉 우리가 보통 '사고'라고 생각하는 의식적인 말의 통로에서 오지 않는 '느낌'에 의지하는 법을 배우는데, 이 본능 또는 느낌이 전문가의 특징이다. 이 본능은 뇌의 원시 통로, 즉 변연계05(오래된 뇌)에서 생기는 것으로 추측된다. 이곳은 고요하게 사색적으로 상황을 판단할 시간이 없었던 선조들이 살아 있는 부분이다. 특히 경찰관과 병사들은 위험한 거리와 길가에서 '직감을 신뢰하는' 법을 배운다.

이라크와 아프가니스탄에서는 미국과 연합국 병사들은 물론 많은 시민을 죽게 한 원인의 절반 이상을 개선된 폭발 장치(IEDs 또는 길가 폭탄)가 차지한다. 다른 IED 공격이 세계의 다른 지역에서 매달 수백만 건씩 일어난다. 미국만이 중장비, 첩보기, 지상 로봇, 다양한 전자 장비를 이용해 IED를 발견해서 무력화하려고 해마다 20억 달러를 써왔다. 길가 폭탄을 찾는 믿을 만한 방법은 두 가지가 있는데, 둘 다 복잡한 것이 아니다. 첫째는 지역민에게 IED가 어디에 묻혀 있는지 정보를 얻어내는 방법이다. 둘째는 이동 차량에서 폭발물을 찾아내는 병사들에게 의존하는 방법이다.

퇴역 군인 몇몇이 이 폭탄을 찾아내는 불가사의한 비결을 알고 있다는 사실이 밝혀졌다. IED의 어떤 징후는 면밀히 관찰하기만 하면 알 수 있다. 보통 때 차가 많이 다니는 길은 택하지 않는다. 폭탄 파편은 최근 새로 닦은 길에서 발견된다. 차량이 겉보기에 아무 문제도 없는데 이상한 곳에 버려져 있다. 그러나 때로는 '폭탄 냄새를 맡는' 병사가 예의 외환딜러처럼, 무언가 변했다는 '느낌'을 느끼기도 한다. 일단 폭탄이 발견되면, 탐지자가 발견한 작은 단서가 무엇인지 깊이 생각해볼 수도 있지만, 그 중대한 순간에 흉악한 무언가를 찾아내는 병사는 대개 한 사람이며, 종종 똑같은 병사다. 왜 그럴까? 비둘기 실험에서 단서를 하나 얻을 수 있다.

새들은 모두, 그중에서도 특히 비둘기는 비상한 지각기술을 가지고 있다. 비둘기는 기하학적 모양, 색깔, 유형은 물론 고양이, 의자, 차, 꽃 같은 것들을 구별할 수 있다. 얼마 안 되는 다른 종들처럼 거울에 비친 자기 모습을 알아볼 수 있다. 한 연구에서, 비둘기에게 피카소와 모네의 그림을 구별하는 법을 훈련했다. 이 비둘기는 두 화가의 작품을 알아볼 수 있었는데, 전에 본 적이 없는 그림들도 정확하게 분류했다. 마침내 입체파(피카소풍)나 인상파(모네풍) 그림들을 골라낼 줄도 알게 되었다. 비둘기의 성공률은 똑같이 지도받은 대학생들과 같았다. 새의 뇌치고는 나쁘지 않은 것이다.

사람들은 이 새가 어떤 때 군사적 가치가 있는지 알게 되었다. 가장 먼저 전장의 전령이 된 비둘기는 제1차 세계대전에서 공중 감시에 이용되었다(이는 문제가 있음이 드러났는데 무거운 카메라를 매단 비둘기들이 종종 걸어서 집으로 돌아왔기 때문이다). 망막에 색을 감지하는 특별한 원뿔체(포유류에는 이것이 없다)가 있는 비둘기는 예민하게 볼 수 있으며, 무엇보다도 이 능력 덕분에 첩보원이 되었다.

첨단기술이라는 마법과 고해상도의 화상화 시대에조차 첩보에서 가장 어려운 도전은 사진을 동원한 군사장비나 요원과 관계되어 있다. 관심을 둔 대상은 종종 숨어 있다. 분석자는 몇 킬로미터나 되는 지역을 찍은 사진 수천 장 가운데 어디서부터 살펴야 할까? 비둘기가 '나무'와 '나무 아닌 것'을 구별하도록 훈련받았다는 사실을 안 몇몇 첩보요원은 한 단계 더 나아가 비둘기가 '자연물'과 '인공물'을 구별할 수 있는지 밝혀보기로 했다.

비둘기에게 각각 서로 다른 대상이 찍힌 사진을 두 세트 보여주었다. 한 세트에는 모두 자연물이 있었고 다른 세트에는 자연물과 인공물이 섞여 있었다. 쉽게 말하면, 자연물 대 인공물이었다. 사진에 자연물이 있고 비둘기가 왼쪽 레버를 쪼면 상으로 먹을 것을 주었다. 사진에 인공물이 있고 비둘기가 오른쪽 레버를 쪼면 역시 상으로 먹을 것을 주었다. 그러나 다르게 선택하면 아무것도 주지 않았다.

오래지 않아 비둘기는 '자연물'과 '인공물'을 정확히 구별할 수 있었다. 비둘기는 인공물이 점점 더 분명하지 않아져도 계속해서 차이를 구별했다. 마침내 비둘기는 예민한 시력을 바탕으로 사진에서 눈에 띄지 않는 인공물들을 찾아낼 수 있었다. 이것은 사막이나 숲 속에 정교하게 숨겨놓은 군사무기로 보이는 것들이었다. 그러나 중요한 것은 비둘기 시력이 대단하다는 사실이 아니다. 그것은 바로 일반화할 수 있다는 것, 즉 새로운 사례를 하나의 종류로 분류해내거나 다른 종류의 사례를 구별해내는 것이다. 비둘기 뇌는 20그램 정도로, 인간 뇌의 70분의 1이다. 그러나 이 작은 새는 매우 미묘한 법칙을 알아낸다. 그 법칙이 전혀 명확하게 설명되지 않는데도 말이다! 새가 이해할 수 있는 '인공물'의 정의가 무엇이겠는가? 비둘기의 뇌가 보기에 불규칙한 유형조차 포함해서 인공적인 유형이 자연적인 유형보다 훨씬 더 대칭적일까? 비둘기의 뇌가 촉감이나 반사율의 차이를 분간할 수 있을까? 우리는 알 수 없다. 우리는 우리 뇌보다 훨씬 덜 복잡한 뇌가 사실상 지각할 수 없는 것을 보고, 개념화하고, 반응한다는 사실을 알 뿐이다.

비둘기의 놀라운 지각은 말로 표현할 수 있는 사고의 층위 아래에 놓여 있다. 인간은 뇌 속 깊숙한 곳에 그와 비슷한 능력을 묻어놓고 있는지도 모른다. 이것이 바로 어떤 병사들은 다른 병사들과 달리 마음의 눈으로 사물을 보는 이유를 설명해준다. 비둘기처럼 어떤 사람은 금방이라도 무너져 내릴 것 같은 거리의 온갖 소음이나 시골의 환경 가운데에서 '위험'을 알아챌 수 있다. IED를 가장 잘 찾아내는 병사는 대개 위태로운 도시 주변이나 시골의 사냥터 지역에서 성장했다. 달리 말하면, 그들은 항상 방심하면 안 되는 환경에서 길러졌다. 미시건 출신 사냥꾼인 한 병사는 27미터 거리에서 10센티미터 되는 빨래집게를 찾아냈는데 그것이 폭탄 도화선인 줄 알았다.

이 때문에, 아주 기묘한 이야기이지만, 군대가 이 타고난 능력이 없는 병사들에게 폭탄 발견 기술을 가르쳐야 하느냐는 의문이 제기된다. 대부분 다른 전문가들과 마찬가지로, 폭탄을 잘 찾는 병사들도 그 이유를 설명하지 못한다. 다른 병사들은 특정한 네다섯 가지를 찾는 방법을 배우는 것보다 자기 자신의 '육감'을 발달시키는 법을 배우는 데에서 잠재적 능력을 더 발휘할 수 있다는 사실이 더욱 중요하다. 바로 훈련을 하지 않아야 새로운 자극에 대해 마음의 문을 열 수 있다는 것이다. 병사들은 IED일 개연성이 있는 것들의 목록을 마음속으로 의식함으로써 도리어 무의식의 마음을 잃어버린다. 그래서 자신들에게 가장 도움이 될 만한 시각적·심적 경계 태세가 감소된다.

이 점은 도널드 스펜스가 고안한 실험으로 뒷받침된다. 그는 그 연구 주제가 단지 기억 실험일 뿐이라고 말했다. 그런데 실제로 그것은 무의식적 연관관계를 만들어내는 뇌 능력 실험이었다. 단어 목록과 함께 주제를 주고 기억하는 단어들을 이야기해보라고 했다. 스펜스는 그 절반쯤을 공통분모가 있는 것으로 만들었지만 말해주지는 않았다. 그 공통분모는 '치즈'라는 단어였는데, 이는 연상되는 다른 단어들, 즉 '익은', '냄새', '푸른' 등과 함께 목록에 있었다. 이 목록에는 보통 치즈와 연관되지 않는 단어들도 있었다.

스펜스는 두 부류가 나타나는 것을 보고 호기심이 일었다. 주제가 '치즈'라는 실제 단어를 생각나게 하면, 연관된 단어들을 더 적게 생각해냈다. 또 '치즈'라는 단어를 알아낸 뒤에는 연관된 단어들을 이전보다 더 적게 생각해냈다. 그러나 주제가 '치즈'라는 단어를 생각나게 하지 않으면, 치즈와 연관된 단어들을 더 많이 기억해냈다. 이 결과는 직관에 반하는 것처럼 보인다. 중심 개념을 떠올린 뒤에는 더 많은 연관 단어를 생각해내지 않는 것일까? 그렇다. 해결책을 찾은 뒤에는 뇌가 탐색을 멈추기 때문이다.

비둘기처럼 이 사람들은 겉보기에 임의로 만든 듯한 단어 목록에 설명할 수 없는 중심 개념(치즈 같은 것)이 있다는 것을 감지할 수 있었다. 일단 주제와 중심 개념을 의식적으로 동일시하면 문제는 종결되고, 뇌가 연관관계 탐색을 멈추어 연관 개념이 더 적게 인지된다. 그러나 주제가 중심 개념을 찾아내지 못하면, 즉 문제를 '풀지' 못하면, 뇌가 계속 작동해서 치즈와 연관된 것들이 의식의 표면으로 떠오른다. 의식적으로 떠오르지 않으면 않을수록, 뇌는 더욱더 계속해서 활동한다. 이렇게 해서 더 많은 연관 단어를 생각해낸다. '의식의 방해

효과'라는 스펜서의 연구는 이와 마찬가지로 기본 핵심을 뒷받침하는 일련의 연구를 촉발했다. 즉 때때로 우리는 모든 가능한 연관성에 더욱 열려 있기 때문에 그 규칙을 더 잘 모른다. 이 연구들은 우리가 의식하지도 않는 심적 작용이 어떤 면에서는 우리가 의식하는 것보다도 더 깊고 흥미롭다는 사실을 보여준다.

뇌, 컴퓨터, 학습

온갖 종류에 소요되는 온갖 조직이 유형 인식 소프트웨어 개발에 엄청난 노력을 쏟아 부었다. 숨겨진 군사 장비를 찾아내는 문제와 더불어 법 집행기관은 수많은 사람 가운데에서 범죄자와 테러리스트를 가려내는 데 도움이 되는 안면 인식 소프트웨어를 갖고자 한다. 기업들은 판매 증진에 대한 소비자의 반응을 알 수 있는 얼굴 표정을 이해하고 싶어한다. 첨단기술 기업들은 동작과 표정 모두에 반응하는 컴퓨터를 개발하고자 한다. 동작 인식에 놀랄 만한 진전이 있었지만 이 분야에서 진보는 대체로 느리게 진행되었다. 어떤 컴퓨터 시스템들은 보안검사대에서 이용할 수 있을 만큼 출입자 얼굴을 인식하지만 효율성은 제한적이다. 그것들은 양이 적은 출입자 자료 또는 개인 여권이나 보안카드의 마이크로칩에 있는 화상에 개인 안면을 견주어본다.

여러 각도와 다양한 조명 환경에서 찍은 수천 명의 얼굴에서 한 특정 얼굴을 가려내는 임무를 띤 규모가 더 큰 컴퓨터 시스템은 대개 실패했다. 그러나 사람들은 때로 일부분만 흘끗 보고도 풋볼 경기장에 있는 수천 명 가운데 한 사람을 인지할 수 있다. 그 이유는 바로 뇌와 컴퓨터가 근본적으로 다른 방식으로 기능하기 때문이다. 뇌는 사라진 정보를 채워 넣어 얼굴을 인지하거나 문제를 해결하는 부분 단서를 이용할 수 있다. 반면에 컴퓨터 프로그램은 그것이 프로그램된 방식 속에서 높은 정밀도가 필요하다. 컴퓨터는 그것이 찾는 것을 정확히 알아야 하는데, 그 문제는 엄청난 경우의 변수를 가져온다. 사람 자신이 언제 무슨 자료를 어떻게 넣어야 할지 모른다면 어떻게 특정 자료를 컴퓨터더러 채워 넣으라고 요구할 수 있을까? 뇌는 의식적 사고 없이도 우리를 위해 이 일을 한다. 우리는 모두 유형 인식 전문가다. 우리는 자료가 사라졌는데도 완전한 유형을 찾아내는 데 특히 뛰어나다. 이 기술은 "C n Y u Und rst nd Th se W rds?" 같은 문구나 휴대전화 문자메시지의 축약된 표현처럼 아주 간단한 것에서 찾아볼 수 있다. 그렇지만 우리는 전문성에 한계가 있다. 우리가 어떻게 목적을 성취하는지 설명할 만한 능력이 없는 것이다.

컴퓨터와 뇌에 내재한 차이에는 인지하기뿐만 아니라 계산하기도 포함되어 있다. 컴퓨터는 규칙에 바탕을 둔다. 모든 초보 프로그래머가 금세 알아차리듯이, 규칙이 정밀하지 않으면 컴퓨터는 엉뚱한 결과를 내놓는다. 르네 데카르트 이래 수많은 철학자가 인간의 사고가 규칙에 바탕을 둔 논리와 똑같은 종류의 논리를 따른다고 생각했다. 이성의 시대에는 뇌가 정보 처리 체계에 지나지 않는 것으로 생각되었다. 그리고 실제로 우리는 규칙에 바탕을 둔 사고에 아주 능하다. 하나의 전제에서 시작해 규칙에 바탕을 두고 특수한 것에서 일반적인 것으로 논리적으로 상승하는 작업을 할 때 또는 일반적인 사실로 시작해서 규칙에 바탕을 두고 일반적인 것에서 특수한 것으로 논리적으로 하강하는 작업을 할 때, 우리는 일련의 논리적인 단계를 따라간다. 이러한 유형의 사고능력이 수학, 기하, 물리학은 물론 컴퓨터과학 같은 분야의 발전을 가져왔다. 언어 역시 규칙에 바탕을 두고 있다. 우리는 언어를 만들 수밖에 없는 것처럼 보이는 뇌를 가지고 태어난다.

그렇지만 우리는 지식을 얻는 또 다른 방법을 가지고 있다. 우리가 무언가를 배울 때 실제로 가장 중요한 방법인 사례학습case learning에 바로 전문가들이 자신들이 하는 일을 설명하는 데 어려움을 느끼는 비밀이 있는 듯하다. 규칙에 따르는 것이 아니라 각각의 사례에 바탕을 둔 이 '비논리적' 학습 방법은 논리학자들이 집필한 책들을 헛수고가 되게 하곤 했다. 소크라테스는 고대 아테네의 전문가들에게 그들 자신의 분야에 숙달하는 데 필요한 법칙을 이해해야 한다고 말했다. 그는 신관 유티프론에게 우리가 어떻게 경건함을 인지할 수 있는지 설명해보라고 했다. 유티프론은 규칙에 대해서는 전혀 말하지 않으면서 경건한 행동의 예로 역사와 신화에서 사례들을 제시했다. 소크라테스 역시 같은 문제에 대해 장인과 시인과 정치가들에게 답을 구해 설명했다. 그들은 모두 예를 보여주었지만 법칙을 보여주지는 못했다. 전문가는 아무것도 모르고 자기도 마찬가지라고 소크라테스는 결론지었다. 플라톤은 뒤이어 좀 더 친절하게, 전문가는 전생에 기술을 배웠지만 지금은 잊어버린 사람이라고 설명했다.

철학자 허버트 L. 드레이퍼스는 이 사례를 여기에서 발전된 주제의 시작점으로 삼았는데, 전문가들은 목표를 달성하기 위해 논리가 아닌 무언가를 이용한다는 것이다. 드레이퍼스는 사람들이 처음에는 일련의 규칙을 따라 기술을 습득하다가 그다음에는 수많은 특정 사례, 즉 '경험으로 상황에 따라 얻은 지식을 이용한다고 말했다. 우리는 체스나 자동차 운전 등에서 전문가가 될 때쯤에는 규칙을 더는 따르지 않는다. (게임에서 이기든지 뉴욕까지 운전해서) 원하는 목표에 도달하고 나면, 이상적인 방법이 무엇인지 알아내려고 머릿속에 저장된 사례들을 검토한다. 숙련된 사람은 의식적인 결정을 내리는 반면, 전문가는 재빠르게 직관적으로 행동하려고 아주 많은 특수 사례를 끌어온다.

기거렌처는 육감을 다룬 자신의 책에서 골프 치는 사람들을 연구한 결과를 인용하면서, 초심자의 논리적 의식과 전문가의 비논리적 무의식의 차이를 보여주었다. 샷을 생각하는 데 시간을 많이 쓰는 골프 초심자는 대개 잘 치는데, 골프 전문가가 더 많은 시간을 쓰면 대부분 더 잘 못 친다. 그 이유는 전문가의 무의식이 (골프 강사들이 '근육 기억'이라고 하는 것 덕분에) 이미 어떻게 쳐야 할지 알기 때문이다. 너무 많이 생각하는 것이 이미 발달되어 있는 능력을 방해한 것이다.

이미 뇌를 컴퓨터에 비유했으므로 다시 소프트웨어 프로그래밍을 분명한 예로 들어보자. 너무 크거나 느린 코드를 가지고 작업하는 소프트웨어 엔지니어는 여기저기서 적은 양의 개선점을 짜내려고 사용하지 않는 논리적 구조물을 잘라낼 수 있다(이러한 압축은 최적화라고 알려진 처리과정에서 컴퓨터 프로그램에 따라 자동으로 행해질 수 있다). 그러나 극적인 실행 결과를 얻으려면 소프트웨어 엔지니어는 완전히 새로운 접근법을 고안해야 하는데, 그것은 전적으로 다른 방식으로 문제를 해결한다. 코드선 20개가 200개를 대신하고, 기하학적으로 실행이 개선되는 해결책은 '우아하다'고 생각된다. 새로운 해결책을 바탕으로 직관적으로 도약하는 것은 만일 그 규칙이 '무언가 다른 것을 생각하는' 것이라면, 규칙 적용에서보다는 사례 학습에서 훨씬 더 많이 올 개연성이 있다. 우리는 컴퓨터에 언제 그러한 도약을 할지 또는 그 도약을 어떻게 이룰지 말해주기 위해 규칙에 바탕을 두었거나 그렇지 않은 방법을 공식화할 도리가 없다.

이 사실이 우리에게 두 가지 결론을 가져다준다. 첫째, 우리는 전문적 시스템, 특히 컴퓨터로 자동화되어 있는 시스템을 구축하기 위해 전문가를 이용해서는 안 된다. 전문가들은 자신들이 일을 어떻게 하는지 모르기 때문이다. 그들의 특수한 대답을 제외하고는(이것은 대개 아주 가치 있다), 우리가 다른 의문과 대결하는 데 도움이 되는 큰 교훈을 더는 배울 수 없다. 이것은 마치 어떻게 도출되었는지 이해하지 못한 채 어떤 수학 문제에 대한 답을 얻는 것과 마찬가지다. 전문적 시스템을 정확하게 구축하는 사람은 아주 능숙하지만 완전히 전문가는 아니다. 그 사람은 자기 자신의 원리나 방법론을 여전히 공식화할 수 있기 때문이다.

둘째, 만일 인간의 사고와 행위에 맞추는 것이 목표라면, 전문적 시스템은 그 자체로 문제가 있다. 웹 탐색 엔진, 텍스트 분석 시스템, 의료를 추천하는 소프트웨어는 유용한 전문적 시스템의 예들이다. 일반적으로 이러한 툴은 사람들이 할 수 있는 것보다 많은 정보를 훨씬 더 빠르게 검색한다. 그러나 실제적인 사고를 에뮬레이트(모방)하게 되면, (인공지능^AI 형태의) 전문적 시스템은 유아 단계에 머문다. 컴퓨터가 체스 세계 챔피언이나 '제퍼디^Jeopardy' 게임의 최고 경합자인 인간을 가끔 이기려면, 시간이 수십 년 걸리고 돈이 수억 달러 들어간다. 후자의 경우, 프로세서가 2,800개이고 내용이 2억 쪽이며 규칙이 600만 개인 IBM의 왓슨이 제퍼디 게임에서 사람을 이긴 것은 올바른 답을 더 많이 냈기 때문이 아니라 주로 전자적 반응이 인간의 반응보다 빨라서 응답 부저를 먼저 눌렀기 때문이다.

연구 결과에 따르면, 시각과 언어에 관련된 난제는 과학적으로 '깔끔하게' 입증할 수 있지만 규칙에 바탕을 둔 논리로는 해결할 수 없다. 인공지능 프로그램에 대한 새로운 접근법에는 '꾀죄죄하다'는 별명이 붙었는데, 그것이 논리가 아니라 힘들게도 각각의 사례 위에 세워져야 하기 때문이다. 지금은 경멸적인 뜻으로 쓰이는 '해킹'이 본래는 인공지능 프로그래머들이 로직이 파괴된 소프트웨어에서 지능적 행위를 얻으려면 만들어야 했던 소프트웨어 변환을 정의하려고 사용한 말이었다. 마음속으로 장애물과 통로의 지도를 더 빠르고 정확하게 그려내면, 거실 둘레를 도는 경주에서 네 살배기 아이가 가장 잘 설계된 로봇을 이길 수 있다.

우리는 컴퓨터가 실제 세계에서 상식적 행위의 기술을 완전히 습득하면 인공지능이 성년에 이른다는 사실을 알게 될 것이다. '상식'은 사라진 정보를 채워 넣고, 부분적인 단서를 이용해 커다란 일련의 개별 사례에서 관련 자료를 모아냄으로써 혼란스러운 유형을 이해하는 뇌의 독특한 능력이다. 그 주체가 비둘기건, 병사건, 평범한 사람이건, 뇌는 때때로 하나의 조직원리를 그것이 무엇인지도 모르면서 발달시킨다. 경험 속에 숨어 있는 해결책을 찾아내는 이 능력이 인간이 지닌 창조성의 전형적인 특징이다. 그리고 이것이 바로 전문가의 위대한 힘이다.

성인이 되면 누구나 인생 전문가가 된다. 우리는 보통 사람과 상황에 대한 무의식적·순간적 추론을 하곤 한다. 그 앎에 관해 설명하지도 못하면서 그저 어떤 것을 안다. '말할 수 있는 것보다 더 잘 아는' 능력은 40년 넘게 심리학에서 실험되었다. 리처드 니스벳과 티모시 윌슨은 훨씬 더 신기한 것을 발견했다. 우리는 또한 "알 수 있는 것보다 더 많은 것을 말한다." 즉, 우리는 생각하는 것을 설명할 때 틀릴 수도 있는 것, 그래서 알 수 있는 것보다 '더 많은 것'을 종종 말한다. 우리가 생각하는 것과 생각한다고 생각하는 것은 종종 모순된다. 몇 가지 임상실험에서는 피험자들에게 어떤 자극이 자기 행동을 변화시켰는지, 그 변화를 알아차렸는지 그리고 그 변화를 일으킨 자극이 무엇인지 정확하게 알 수 있었는지 보게 했다. 그 결과 그들은 이 모든 것에 대해 아주 많은 것에서 실마리를 잡지 못했다. 그들은 종종 알아차리지도 못하고 원인도 모르면서 자기 행동을 변화시켰다! 예컨대, 개인적 견해와 반대되는 주제로 에세이를 씀으로써 상대방에 대한 피험자의 태도가 변화되었다. 에세이를 쓰고 난 뒤의 추적 검사가 명백한 변화를 보여주었는데도 사람들은 대부분 어떤 변화도 전혀 인정하지 않았다.

피험자들은 대개 자기 행위에서 변화를 일으키는 자극을 알아차리지도 못했다. 예컨대 불면증 환자들은 긴장을 풀어줄 거라고 생각하는 알약을 받으면 잠드는 데 오래 걸렸고, 자극할 거라고 생각하는 알약을 받으면 더 빨리 잠들었다. 어느 쪽 알약도 실제로 의학적 영향을 미치지 않았다. 아무 작용도 하지 않는 '긴장 완화' 알약을 먹은 뒤 피험자들이 무의식적으로 활동 과다에 대해 여전한 경계 상태를 신뢰했기 때문에, 잠들기를 더 힘들어 했다. '각성' 알약을 먹은 뒤에는 피험자들이 무의식적으로 지속되는 경계 상태를 알약 탓으로 돌렸기 때문에 긴장을 풀고 더 빨리 잠들었다.

말을 전해 듣기 전에는 불면증 피험자들 중 아무도 자신의 잠 형태가 변화한 것을 깨닫지 못했다. 그러고는 그 변화에 대해 엉뚱한 이유를 댔는데, 알약을 제외한 모든 것을 끄집어냈다. 알약이 어느 한 쪽 효과를 낼 거라고 들었지만, 그 반대 효과를 냈는데도 그들 중 아무도 이것이 전적으로 자기 머릿속에서 이루어진 무의식적 합리화 과정 때문이라고 생각하지 못했다. 이 연구들은 우리가 마음이나 행동의 변화를 경험한 뒤에는 그 변화를 되돌아보고 분석해서 그럴듯한 이유를 만들어내는데, 그것이 정확할 수도 있고 정확하지 않을 수도 있다는 사실을 보여준다.

인지는 생각보다 훨씬 더 깊고 미묘한 과정이다. 전문가들이 결론에 도달하는 현저히 빠르고 불가해한 방법이 우리 모두에게 내재하지만 이용되지 않는 잠재력을 밝혀줄 수 있다. 또 하나 교훈은 우리가 무슨 일이 일어나는지 이해하지 못할 때 가장 창조적일 수 있다는 점이다! 그러나 인간이 인지하는 힘은 가장 약한 부분일 수도 있다. 사물의 유사성을 발견하고, 숨어 있는 유형을 찾아내며, '괄호 안을 채우는' 능력은 우리를 심적인 함정으로 이끌 수 있다. 사실 전문가들은 뇌 능력을 극대화하지 않는다. 그들은 아주 많이 그와 반대되는 행동을 한다. 그들은 좁은 범위의 심적 활동에서 명석하다(우스갯소리를 하면, 전문가들은 점점 더 작은 것에 대해 더욱더 많은 것을 알아서, 결국 아무것도 아닌 것에 대해 모든 것을 알게 된다). 자기 능력의 정점에 설 때, 그들은 정신적 도전을 하지 못한다. 자신이 이미 아는 것에 의존하는 일이 그들로 하여금 급속한 인지적 퇴화를 무릅쓰게 만든다.

MAXIMUM BRAINPOWER

- 전문가들은 자신이 하는 일을 설명하지 못하는데, 규칙에 바탕을 두고 결정하지 않기 때문이다.
- 인간의 학습과 지식의 많은 부분이 규칙에 바탕을 두지만, 인간이 학습하는 주요한 방법은 경험을 축적하는 것이다.
- 인간의 사고와 컴퓨터의 계산이 차이 나는 것은, 인간은 정보가 사라진 괄호를 채워 상황을 이해할 수 있다는 점인데, 실제 세계에서는 대개 이러한 일이 나타난다.
- 우리의 의식적 생각은 종종 우리가 무의식적으로 학습하는 것을 알지 못한다.

CHAPTER 02

거짓 경보의 그릇된 교훈

적대적인 이웃들에 둘러싸인 이스라엘은 세계에서 경계가 아주 철저한 국가 가운데 하나다. 이스라엘은 심각한 위협을 탐지하는 복잡하고 공격적인 정보기관, 선진 공군 그리고 고도로 훈련되고 장비를 잘 갖춘 육군을 보유하고 있다. 1973년, 나라의 가장 신성한 절기인 욤 기푸르[06]에 접어들 때, 이 나라는 자기네가 너무 강력해서 공격을 받을 수 없다고 믿었다. 그러나 10월 6일 아침, 이스라엘인은 이집트 군대가 남쪽 국경을 돌파했고 시리아 군대가 북쪽에서부터 진격해오고 있다는 사실을 알게 되었다. 이렇게 해서 이스라엘의 존립 자체가 위기에 처하는 3주간의 피의 전투가 시작되었다.

처음부터 전쟁으로 만들어진 나라가 어떻게 가장 큰 군사적 적대자들이 엄청난 전쟁을 준비하고 있었다는 낌새를 알아채지 못했을까? 욤 키푸르 전쟁 이야기는 이스라엘인 쪽의 부주의함이나 어리석음을 다루려는 것이 아니다. 다만 경험의 위험성을 이야기하려는 것이다. 이스라엘은 무척 교활한 형태의 경험 가운데 하나, 즉 잘못된 경보 때문에 전쟁이 임박했다는 사실을 믿을 수 없었다. 욤 키푸르 전쟁은 군사적 역사라기보다는 심리학적 역사다. 그것은 우리의 놀라운 뇌가 괄호 안에 잘못된 자료를 채워 넣음으로써 뒤섞인 정보 속에서 잘못된 유형을 찾아낼 때 발생하는 일이다.

1967년 벌어진 6일 전쟁에서 아랍이 패퇴한 이래 이집트 대통령 안와르 사다트가 전쟁을 벌이겠다고 무수히 무력시위로 위협했지만 아무 일도 벌어지지 않은 경험 때문에 이스라엘은 헷갈렸다. 1973년 5월과 8월에 있은 이집트의 대규모 군사 훈련 때문에 이스라엘은 군대를 동원했지만 전쟁은 일어나지 않았다. 욤 키푸르 직전 이집트는 국경 근처에서 다시 훈련을 한 뒤 참여했던 부대들을 해산했다. 이 모든 행동이 군사적 준비가 전반적으로 부족함을 보여주는 이집트의 오보 흘리기 군사 작전과 더불어 이스라엘의 정보기관으로 하여금 전쟁이 임박했다는 다른 중요한 증거를 도외시하게 만들었다. 물리적 충돌에 휘말릴 것을 두려워한 요르단의 후세인 왕이 비밀리에 텔아비브로 날아가 골다 메이어 수상에게 전쟁 조짐을 경고했을 때조차 이스라엘 정부는 행동하지 않았다! 이 나라는 침략 몇 시간 전까지도 군대를 동원하지 않았다. 그때는 선제공격을 격퇴하기에 너무 늦었다.

지금은 군사적으로 기만당한 고전적 예로 간주되는 이 일련의 잘못된 경험은 하나의 정보 체계 전체와 한 나라의 모든 고위 결정권자를 기만하기에 충분했다. 그러나 문제는 한 사회나 문화 또는 한순간에 국한되지 않는다. '양치기 소년 이야기'에서 양치기 소년은 늑대가 왔다는 위험 경고를 거짓으로 여러 번 하는 바람에 진짜 늑대가 나타났을 때 마을 사람들이 도와주지 않아 늑대의 저녁거리가 되고 만다. 위험의 유형은 지역마다 달라서 이 우화는 전 세계에 여러 형태로 전해지고 있다. 실제 세계에서는 사람들이 재미를 목적으로 거짓 경보를 꾸미는 것이 아니라 과거의 거짓 경보 경험이 현실을 왜곡해서 보도록 만드는 식으로 문제가 된다.

사람들은 어째서 많은 정보기관과 지역민이 2005년에 허리케인 카트리나를 대비하지 못했는지 의아해한다. 왜 전면적 소개 작전을 그렇게 늦게 시작해 어마어마한 허리케인이 루이지애나와 미시시피를 강타했을 때 1,800명이 넘는 사람이 죽었을까? 그 이유는 바로 이 지역이 누구라도 기억할 수 있는 한 3년에 한 번 정도는 허리케인을 경험했기 때문이다. 카트리나와 맞먹는 허리케인 여섯 개가 지난 10년 동안 이 지역을 강타했다. 거의 모든 주민이 이 허리케인들을 기억했다. 이것들은 왔다가 가면서 이따금 손상을 입혔지만 대규모로 파괴한 적은 없었다. 경고를 무시하는 비뚤어진 고집에 가까운 자만심이 있었고…… 결국 너무 늦었다.

내 실험 연구는, '경험'이 우리로 하여금 위험 징후를 무시하도록 하는 한 가지 거짓 경고가, 그 이후 유사한 조짐에 대한 공포 반응을 50퍼센트에 가까울 만큼 심각하게 줄여놓는다는 사실을 보여준다.

경고가 잘못되었다고 밝혀지면 경계심을 유지하기가 어렵다. 미국에서 있었던 9·11사태와 그 후 런던, 마드리드, 인도네시아 등에서 벌어진 공격을 포함해 최근 몇 년간 있었던 잔혹한 테러 공격 이후조차 실제 경고 사이에 나타나는 많은 거짓 경고 때문에 테러 조짐에 경계를 유지하기가 어려운 것이 사실이다. 세계적으로 유행하는 잠재적 인플루엔자에 대해 경고를 반복할 때 가장 큰 위험은, 이 질병이 세계를 황폐하게 한 뒤까지 무반응으로 잠잠할 거라는 점이다.

우리는 이전의 유사한 환경이 아무 이상 없었더라도 불만스러워하는 상사, 학교생활에 문제가 있는 아이, 마음을 불편하게 하는 의학적 징후 등 개인 문제에 신경을 쓰면서 힘들어한다. 내 친구들은 한두 가지 생체조직검사 결과 거짓 경보를 들었다. 그 뒤 그들은 건강진단을 하기를 머뭇거렸고, 결국 값비싼 대가를 치렀다. 거짓 경보와 관련한 문제는 우리 뇌 속의 유형인식 체계에 본래부터 있었기 때문에 우리가 무언가를 잊어버리기 어렵게 만든다. 특히 학습하지 않고 터득해야 하는 것이 거짓 위안을 줄 때 그러하다.

양치기 소년 이야기

'양치기 소년'은 사람들을 속여서 놀리려고 했던 한 소년의 이야기다. 이 이야기의 어떤 형태에서는 위험한 존재가 꼭 늑대는 아니다. 때때로 그것은 또 다른 짐승이거나 또 다른 징후다. 그러나 구조적으로는 똑같은 이야기다. 어떤 이가 일부러 거짓 경보를 울리고 결국 그에 대해 값비싼 대가를 치른다. 진심이 아니라면 '위험하다!'고 외치지 말아야 한다는 이 교훈은 모든 곳에서 독립적인 형태로 발전했다.

이 이야기의 여러 형태는 오로지 거짓 경보가 얼마나 사악한 문제인지를 보여주기 때문에 훨씬 더 무섭다. 다음과 같은 이야기를 보자. 어느 날 양치기 소년이 늑대가 양들에게 살금살금 다가오는 모습을 보았다. 소년은 곧바로 외쳤다. "이봐요. 이봐요. 늑대가 있어요!" 그러자 마을 사람들이 양떼를 지키려고 달려왔다. 그런데 그들이 그곳에 도착하기 전에 늑대가 달아났다. 늑대의 위협을 받은 양치기와 마을 사람들에게 위협을 받은 늑대에게는 그것이 거짓 경보가 아니었다.

그러나 마을 사람들의 관점에서 보면, 입증할 수 있는 늑대가 없으므로 거짓 경보라고 인지하게 된다. 양치기가 마을 사람들이 도착하기 전에 늑대가 달아났다고 절망적으로 주장해도 소용없다. 신뢰를 잃었기 때문에 다음번에 양치기가 늑대가 왔다고 외치면 마을 사람 가운데 반만 올 것이다. 위험에 대해 바로 이전에 한 경고가 워낙 강해서 위험은 사라지고 이 사건은 거짓 경보로 기록된다.

여기서 두 유형의 위험에 차이가 있다. 첫째는 '순진한naive' 위험으로, 이것은 위험에 처한 사람들이 어떻게 반응하든 상관없이 앞으로 밀고 나간다. 나이브한 위험에는 허리케인, 홍수, 지진, 전염병이나 다른 생물학적 역병처럼 대상에 대한 개인적 동기가 없는 자연재해가 포함된다. 여기에는 사실상 대상이 없다. 우연히 방해가 되는 사람들이 있을 뿐이다. 둘째는 '적응적' 위험으로, 위험을 당한 쪽의 방어 수단이 위험을 감소시키거나 위험을 끼치는 쪽으로 하여금 새로운 전략을 채택하게 만든다. 양떼를 노렸던 늑대는 마을 사람들이 대응해오자 달아나기로 했다. 이와 마찬가지로, 도둑질을 하려는 사람이 어떤 집 앞에 개가 있다는 낌새를 채면 그 집을 지나쳐 무방비 상태인 집을 찾는다.

허리케인 카트리나는 분명히 순진한 위험이었다. 그것은 인간적 위험이나 대응과 상관없이 자연법칙에 따라 진행되었다. 욤 키푸르 전쟁의 경우, 5월에 있었던 최초의 아랍 군사동원이 오랜 기간 지속된 기만 전략의 시작이었는지 또는 이스라엘의 대응 군사동원이 공격자들에게 너무 큰 전쟁 비용을 부담하게 해서 처음에는 전쟁을 단념케 했는지 알려져 있지 않다. 5월에 이스라엘이 재빠르게 대응했기 때문에 아무도 진짜 경보와 거짓 경보를 구별할 수 없었다. 그 상황에 관한 어떤 독립적 정보도 없기 때문에, 이스라엘은 그 사건을 거짓 경보로, 즉 우리 각자의 뇌가 그와 유사한 상황에서 그렇게 행동하도록 프로그램된 것 같은 사건으로 기록했다. 적응적 위험이 꾀를 부려 대결을 회피하는 이 상황은 의도적인 거짓 경보가 어리석음이나 악의로 울리는 것보다 훨씬 더 자주 일어난다. 경보 체계에 묶여 있는 보안 예비 경고가 늑대나 도둑이나 군대를 멈추게 하므로, 바로 이 체계가 성공한 것이 미래 효력의 기초를 위태롭게 한다.

'양치기 소년'의 셋째 판본은 가장 크게 불안을 불러일으킨다. 여기서는 늑대가 숲에서 나타나지만 양떼에 접근하지 않는다. 그 대신 늑대는 숲 끝까지 총총걸음으로 왔다가 도로 숲 속으로 사라진다. 늑대가 잠깐 나타났다가 사라졌기 때문에 양치기는 경보를 울리지 않는다. 그다음 날, 똑같은 시간에 똑같은 늑대가 나타난다. 좀더 가까이 오지만 아무런 해도 끼치지 않고 다시 숲으로 돌아간다. 양치기는 경계를 늦추지 않는다. 늑대가 숲과 양떼 사이의 중간쯤 되는 개울을 건너면 마을 사람들을 부르겠다고 작정한다. 하루 또 하루가 지나도록 늑대는 왔다가 돌아가면서, 천천히 조금씩 가까이 오지만 절대로 '안전선'을 넘지 않는다. 이때쯤 되면 양치기가 늑대의 행동에 길들여져 늑대가 항상 숲 속으로 돌아갈 거라는 사실을 '안다.'

결국, 늑대는 양치기가 도움을 청하지 않도록 길들여놓고 개울을 건너 양들을 공격할 수 있는 거리까지 접근하게 된다. 양치기의 위협 인지는 반복된 은근한 노출 때문에 약화된다. 문제는 위협의 점진주의다. 점진주의는 사람들이 알고 있는 습관을 계속 유지하는 것이 그들에게 왜 나쁜지 설명해준다. 예컨대 담배를 한 개비 피우면 실제로 아무런 나쁜 일이 일어나지 않는다. 또 한 개비를 피워도 실제로 아무런 나쁜 일도 일어나지 않는다. 우리가 폐암이나 폐기종이나 또 다른 무서운 질병을 키우는 20~30년 동안에는 그 효과가 나타나지 않을 것처럼 보인다. 위험이 느리게 점진적으로 다가오면 뇌는 그것에 익숙해져 그것을 무시하기 시작한다. 위험을 흡연과 관련해보면, 어떤 부모는 자기 아이를 흡연 현장에서 붙잡으면 곧바로 아이에게 담배 한 갑을 통째로 피우라고 한다. 그 부모는 담배 스무 개비를 피우면 아이가 병든다는 사실을 안다. 아이가 즉각 고통스러운 (그리고 일시적인) 일을 겪으면서 흡연을 그만둘 확률이 그만큼 더 높아진다.

행위와 결과 사이의 이런 괴리가 바로 가장 위험한 유형의 마약이 겉으로는 해롭지 않아 보이는 이유다. 자기 혈관에 헤로인을 주사하면서 마약을 시작하는 사람은 거의 없다. 사람들은 처음에는 심각한 부작용이 생기지 않는 순한 마약을 한다. 얼마 뒤, 좀더 위험한 마약으로 옮겨가서 더 위험한 방법으로 마약을 한다. 늑대가 점점 더 가까이 원을 좁혀오는 것처럼, 그들은 점점 더 그 행동에 익숙해진다. 유사한 사례가 일상적으로 일어난다. 1980년대와 1990년대에 미국인은 치솟는 국가 부채와 함께 살았지만 나쁜 일이 일어날 듯 보이지 않았다. 몇몇 논평자는 심지어 번영의 시대에는 적자 지출이 별것 아님을 증명한다고까지 주장했다. 부채에 이자가 합쳐져 적자 폭이 커졌다. 결국, 그것이 심각한 해악을 초래해 엄청난 경기 후퇴라는 충격을 주었고, 그것을 끝내려는 노력조차 매우 힘들게 했다. 온갖 위험이 반복되지만 은근히 경험하는 위험은 분별 있는 사람들이 정상적으로 갖는 경계심을 무너뜨린다.

거짓 약속과 위협

거짓 경보의 다른 형태에는 거짓 약속과 거짓 딱지가 있다. 만약 아이가 나쁜 행동을 되풀이한다면 부모는 순간적으로 흥분해서 아이에게 어떤 위험한 결과가 올 거라고 위협할 수 있다. 하지만 많은 경우 부모는 그런 위협을 실행하지 않고 실행할 수도 없다. 위협한 징벌이 아주 엄한 종류라면 그것이 다가오는 주말을 망쳐놓겠지만, 무슨 일이 일어날지 아는 부모 중 한 사람이 그 징벌에 동의하지 않는다. 그러나 이 거짓 경보는 신뢰성에 큰 손실을 가져와 부모가 아이를 통제하는 능력을 근본적으로 손상한다. 약속을 남발하는 다른 사람들 역시 비슷한 문제를 겪는다. 공약을 실행하지 않은 정치인은 다음 선거 이전에 훨씬 더 많은 것을 제시해야 하는데, 그러지 않으면 아무도 그의 말에 귀를 기울이지 않는다.

국가 지도자처럼 세계적인 권력을 쥔 사람이든 부모나 교사처럼 개인적인 권력을 쥔 사람이든 권력을 쥔 사람은 누구라도 약속을 하거나 위협하는 말을 할 때는 매우 조심해야 한다. 그 약속이나 위협을 실행할 거라고 거의 100퍼센트 확신해야 한다. 그렇지 않으면 위험을 감수할 가치가 없다. 행동에 옮기지 않으면 신뢰성에 타격을 받고, 대의명분에 손상을 입게 된다.

거짓 딱지 붙이기는 우리 생활에 늘 있다. 긴급이라는 개념을 생각해보라. 비서가 얼마나 자주 모든 메모, 모든 약속, 모든 전화가 '긴급하다'는 말을 듣는가? 어찌할 바를 모르는 상사는 언제나 현재 하는 업무가 그날의 가장 긴급한 일이라고 말한다. 잠시 뒤 긴급이라는 말의 무게가 줄어든다. 이제 상사는 이렇게 말한다. "이게 초긴급한 일이야." 그러고는 "이게 초초긴급한 일이야"라고 한다. 모든 것이 긴급하다면 아무것도 긴급하지 않다. 우선순위를 매길 방도가 없다. 우리는 동료들과 함께 일할 때 종종 애써 이렇게 말해야 한다. "이 일은 긴급하지 않아, 천천히 해." 아니면 "네가 세 가지를 끝낼 때까지 이 일은 기다려줄 수 있어." 그래서 이따금 어떤 문제가 긴급하다면, 우리는 동료들이 응해줄 거라는 사실을 안다. 그리고 그들에게 시간을 다투는 일을 줄 때, 새로운 업무를 수행하기 위해 그들이 무슨 일을 뒤로 미뤄도 되는지 말해줘야 한다. 긴급이란 예외적인 것을 의미한다!

전 세계 정보기관은 거짓 딱지 붙이기에 관한 한 가장 큰 범인이다. 모든 것이 '일급비밀'이 된다. 틀린 딱지 붙이기는 관료주의적 타성이나 보수주의, 민감한 것으로 입증되게 되는 정보를 우연히 공개하는 것에 대한 두려움 때문에 일어난다. 때때로 그 이유는 실수를 덮으려는 것이다. 그러나 만약 모든 것이 일급비밀이라면 아무것도 그렇지 않은 것과 마찬가지다. 사람들은 기밀로 취급하지 않아야 한다는 것을 알거나, 더는 심각한 사안으로 분류하지 않는 정보를 일부러 흘린다. 그 결과, 이따금 매우 타격을 주는 폭로가 일어난다. 딱지에 별 의미가 없다면, 사람들은 그것을 존중하지 않을 것이다. 여기서 다시 경험이 주는 해악을 본다. 거짓 정보가 빈번하다 보니 이례적이어야 하는 것이 예삿일이 되기 때문에 사람들은 이제 더는 주의를 기울이지 않는다.

이 모든 사례에서 이전의 거짓 경험이 신뢰성을 갉아먹는다. 그러한 상황에서는 경험이 뇌에 딱지들은 신뢰할 수 없다는 교훈을 준다. 그러나 이것은 딱지들이 얻고자 하는 것과 정반대다. 이 모순은 뇌가 어떻게 활동하고 신뢰성이 실제로 어떻게 획득되는지 이해하지 못하기 때문에 나타난다.

경험과 경계심

나는 위협의 어떤 특징이 거짓 경보의 힘에 영향을 미치는지 알아보려고 여러 번 실험했다. 두 항목이 주된 범인으로 밝혀졌다. ① 인지된 위험의 가능성, ② 인지된 위험의 중대성. 만약 어떤 아나운서가 허리케인이 루이지애나를 강타할 확률이 80퍼센트라고 말했는데 폭풍우의 방향이 바뀐다면 신뢰성을 크게 잃는다. 그것은 아나운서가 15퍼센트에서 20퍼센트 확률이 있다고 말했을 때보다 훨씬 더하다. 인지된 중대성에는 위험이 얼마나 빨리 발생하리라고 생각하느냐는 것뿐만 아니라 그 위험에 대한 물리적 근접성도 포함된다. 만약 우리 도시에 테러 공격에 대한 '적색경보', 즉 중대하고도 임박한 위험이 지역에 일어난다고 했지만 아무 공격도 없다면 신뢰성이 크게 떨어지는데, 그것은 그보다 낮은 단계인 '주황색'이나 '황색' 경보가 있었을 때보다 훨씬 더하다. 만약 보고된 위험이 더 컸다면 체계에 대한 믿음을 더욱 크게 잃기 때문에 무언가 일어날 거라고 확신이 들 때까지는 가장 높은 단계의 경보는 보류해야 한다. 하지만 이것을 철회해서는 안 된다.

바로 여기에 모순이 있다. 대개 개인적으로 안전을 책임지는 조직이나 사람들은 모든 사람이 심각하게 여긴다고 확신할 만큼 위협의 등급을 높이는 경향이 있다. 만약 공격이 일어난다면 경보 체계가 옳다는 것이 증명된다. 그러나 공격이 일어나지 않는다면, 그 체계는 경보 단계에 비례해서 신뢰를 잃는다. 심리학적 관점에서 보면, 위협의 등급을 낮추는 것은 채무불이행 정책이 되어야 한다. 그렇지만 어떤 관료가 위협의 등급을 낮추고서 공격이 일어나기를 바라겠는가? 특히 위협 단계를 낮춘다면 그 자체가 공격을 부추기게 된다. 미국은 9·11사태가 일어나고 9년 뒤 색상 코드 테러 경보 체계를 포기했는데, 바로 그것이 의미 없고 실행 불가능하다는 사실이 밝혀졌기 때문이다. 새로운 경보 체계에는 두 단계밖에 없다. 만약 테러 공격의 조짐이 있지만 기간과 장소에 관한 특정 정보가 없으면 '높은' 단계이고, 특정 장소에서 임박한 공격에 대해 믿을 만한 정보가 있으면 '임박한' 단계다.

경보 체계에 대한 신뢰를 장기적으로 유지하는 것이 중요하다. 고정된 개연성을 먼저 최소화하고 위험의 성격이 점점 더 분명해짐에 따라 그것을 서서히 올리는 것이 한 가지 방법이다. 실현될 수 없는 합리적 가능성이 있는 한 위협을 덜 심각해 보이게 만드는 것이 그것을 지나치게 중시하는 것보다 낫다. 평행선을 달리는 논쟁은 긴급 또는 일급비밀 딱지가 붙은 문서들을 놓고 벌어진다. 이러한 등급을 최소화하는 것, 가능한 한 용어의 '소비를 줄이는 것'이 체계의 장기적 정당성을 유지해준다. 그러나 당국자들은 체계의 장기적 신뢰성에 관심을 두기보다 시민들이 오늘 어떻게 반응하느냐에 관심이 있다.

이 예들은 모두 거짓 경보를 다루는 어려움을 실증한다. 거짓 경보를 반복해서 경험하면, 우리는 그것에 속아서 경계심을 늦춘다. 위협을 과장하면, 그것에 속아서 경계심을 늦춘다. 이 곤경이 비상 대응과 군사적 안보를 담당하는 사람들에게 어떤 영향을 미칠지 상상해보

라. 이 일은 빈번하게 순환돼야 한다는 것이 한 가지 주장이다. 모든 위험 징후를 적절히 평가하고 최근의 위협을 냉정하게 판단하려면 경보 체계의 핵심에 있는 사람들이 접했던 위협 때문에 실현되지 않은 위협에 편견을 개입시켜서는 안 된다. 이 일을 하는 사람들이 해서는 안 될 가장 나쁜 것은 지나치게 많은 경험이다!(나는 이 문장 앞의 문장을 지우는 게 어떨까 하고 제안했는데, 그것이 너무 반복된다는 점을 발견했기 때문이다.) 체계의 장기적 신뢰성(그리고 그에 따르는 기능성) 또한 보호되어야 한다. 당국자들은 위협을 과장하거나 심지어 정당화하지 말고 경계 태세 속에서 질서정연한 조치를 책임져야 한다. 그러려면 확실한 직위가 두 개 있어야 한다. 첫째 직위는 우리가 실제적인 위협을 정확히 알게 되도록 책임진다. 둘째 직위는 모든 시민이 시간이 지나도 계속해서 경보에 귀를 기울이도록 책임진다.

비상 대응 체계에서 결정을 내리는 사람들에게는 대중이 거짓 경보에 반응하는 데 대한 방어책이 필요하다. 저지대 군구의 군수를 생각해보라. 만약 해안에서 지진이 일어났고 군수가 규정을 따른다면, 그는 이 고장을 소개해야 한다. 그러나 해일이 일어날 확률은 낮다. 선거는 다가오고 있고 선거구민은 아직도 바로 그전에 내린 소개 조치에 대해 투덜거리고 있다. 그전에 내린 소개 조치는 나중에 불필요했다는 사실이 밝혀졌다. 다음번에 그 위협이 고개를 쳐들면 군수는 소개령을 내리지 않기로 마음먹는다. 물론 이번에는 해일이 저지대를 강타한다. 선거 체계 속에서는 '양치기 소년'인 사람이 모든 거짓 경보에 개인적으로 책임진다. 지도자들은 그다음 경보는 올리지 않도록 단단히 동기부여된다. 이것이 바로 이스라엘 국방장관 모세 다얀에게 일어난 일이다. 1973년 5월에 국가총동원을 재가했을 때 그는 자원을 낭비했다고 비난받았다. 그 결과, 10월에는 충분히 빠르게 군대를 동원하지 않았다. 이렇게 어려운 결정을 내려야 하는 위치에 있는 사람들은 경보에 따르는 어떤 부정적 결과에서도 보호될 필요가 있다.

거짓 경보는 모든 사람에게 늘 일어난다

일터에서건 정치에서건 개인 생활에서건 우리는 모두 거짓 경보가 그 이후 진짜 위협을 무시하게 만드는 예들을 생각해볼 수 있다. 거짓 경보는 세포 차원에서 우리 생활에 영향을 미칠 수도 있다. 면역체계는 우리 자신의 몸이 아닌 것이나 해로운 것처럼 보이는 어떤 생물학적 실체에 맞서 싸우도록 만들어졌다. 면역체계는 몸에 침투한 박테리아와 바이러스를 공격할 뿐만 아니라 몸 안에 있는 암 세포를 공격하기도 한다. 그러나 몸 세포에 무해한 돌연변이체를 반복해서 접하면 장차 면역체계가 유사한 악성 돌연변이체를 참고 견디게 될 수 있다.

생물학적 거짓 경보의 위험을 이겨내려면 면역체계가 해가 없는 돌연변이체조차 위험한 것으로 다루게끔 하는 의학 기술을 발전시켜야 한다. 그러나 이것은 불가피하게도 자기면역질환의 위협을 키울 것이다. 여기에는 일종의 거래 조건이 있다. 개인 생활에서 거짓 경보의 위험을 이겨내려면 뇌가 거짓 경보의 함정에 빠지지 않게 해야 한다. 여기서 필요한 것은 시각의 변화다. 안일함에서 벗어나려면 "그 일이 일어날까?"라고 물어서는 안 된다. 그 대신 우리는 이렇게 물음으로써 시각을 바꿔야 한다. "내가 그 위험을 무시할 만한 여유가 있을까?"

만약 경보가 거짓이 아니라고 밝혀진다면 파괴당하기보다는 쓸데없다 하더라도 집 주위를 판자로 둘러치고 언덕으로 달아나겠다고 마음먹는 것이 더 낫다. 여러 관계에서 생기는 점진적인 신뢰성 하락을 경계할 필요도 있는데, 이럴 때는 우리의 말과 행동이 서로 달라 훨씬 더 극단적인 수단에 의지하게 되기 때문이다. 만약 행동이 말과 일치한다면 우리는 그저 결과를 얻기 위해 그때만의 칭찬이나 책망의 말이 필요할 뿐이다. 반면에, 우리 행동이 말과 일치하지 않는다면, 뇌가 재빨리 그 불일치를 알아차린다. 위협이나 약속은 충격 효과를 상실한다.

거짓 경보의 거짓 교훈을 무시하기는 거의 불가능하다. 경험은 우리에게 잠재적 위험에 관한 정확한 결론보다는 제일 쉽고도 가장 안심시키는 결론에 도달하라고 가르친다. 이것이 경험의 부정적인 면에 대한 첫째로 중요한 실마리다. 검토받지 않은 경험은 우리에게 위험 징후를 무시하라고 가르친다. 경험에서 '배운 것을 버리는' 데 무능하면 거짓 안전이라는 함정에 빠진다. 그러나 경험이 어떻게 사고력을 꼼짝 못하게 하는지에 대해서라면 이것은 출발점에 불과하다.

- 우리가 어떤 것에서 배운 것을 버리기는 어렵다. 특히 그것이 우리에게 거짓 위안을 줄 때 그렇다.

- 한 가지 거짓 경보는 그 뒤 이어지는 경보들에 대한 반응을 50퍼센트 감소시킨다. 그 경보가 중대하면 중대할수록, 거짓 경보의 부정적 효과는 더욱더 커진다.

- 위협을 인지하는 힘은 가볍게 반복적으로 접하면서 약화된다.

- 거짓 경보를 울린 사람들을 징계하면, 다음번에 위험이 실제로 왔을 때 그들이 경보를 울릴 확률이 더 적어진다.

- 거짓 경보에 속아서 경계심을 늦추는 경향은 경험이 종종 우리에게 나쁜 교훈을 주기도 한다는 증거다.

CHAPTER 03

경험은 위험하다

인간의 생존 양식에서는 대부분 경험에 의존하는 것이 좋은 방법이었다. 그것은 주로 문화적 진화 속도가 생물학적 진화 속도를 앞질렀다는 이유에 기인해 나쁜 것이 되었다. 수백만 년 동안 우리 조상들의 에너지와 지력은 대부분 생존에 쓰였다. 그들은 육식동물을 피하면서 자신들이 먹기에 충분한 음식을 찾는 방법을 알아야 했다. 이 기술은 비교적 특수하고 구체적이며 새로운 환경으로 가져갈 수 있었다. 뉴기니 수렵인에게 필요한 것은 결국 아프리카나 유럽 수렵인에게 필요한 것과 크게 다르지 않았다. 농업으로 전환한 뒤에도 사회는 수백년, 심지어 수천 년 동안 아주 조금 바뀌었을 뿐이다. 옛날 사람들은 힘들고 위험하게 생활했지만, 그럼에도 비교적 안정적이었다. 이러한 세계에서 생존하는 것은 존 파이퍼의 말대로 '최종적인 학습'에 알맞았다. 짧은 생애를 위해 사람들에게 감탄할 만큼 도움이 되는 비교적 고정된 행동과 태도가 빠르게 학습되면서 자리 잡았다.

모든 학습은 사실상 안정성이라는 전제 위에서 이루어진다. 환경은 우리가 그것에 대처하고 예측하며 미래를 준비하는 방법을 학습하는 데 충분할 만큼 오래도록 일관성을 유지해야 한다. 과거에 유효했던 것에 바탕을 둔 상황에 꼭 들어맞는 해결책을 성공적으로 예측할 때, 우리는 경험이 효과가 있다는 것을 배운다(생물학적으로 볼 때 경험에 의존하는 인간은 더 오래 생존하고 더욱 많이 번식해서 이 유전 형질을 우리 유전인자 속에 가져다주었다). 경험에 의존하는 것은 타격을 두 배 더 가져온다. 그것은 거의 늘 작용한다. 그러나 경험에는 안정성이 필요하므로 우리에게 안정성을 기대하게 만든다. 성공적인 학습 또는 습관은 안정적인 세계에 대한 믿음을 키운다. 그런데 그것이 바로 우리가 곤란을 겪게 만든다.

인간이 농업사회에서 도시사회로 이동함에 따라, 기술 진보가 가속화되기 시작함에 따라, 고분고분하지 않는 민주주의 국가들이 전통적인 왕정을 밀어내고 들어섬에 따라, 국가들의 경제가 훨씬 더 서로 연결됨에 따라, 삶의 질을 높이는 여러 수단이 늘어났지만 안정성은 급격히 떨어졌다. 미래 세계의 불안정성이 미래를 정확하게 예측하는 능력을 떨어뜨려 적응하기가 힘들게 되고 경험에 의존하는 데에 문제가 생기게 되었다. 오랫동안 성공적으로 취했던 행동이 새로운 환경의 도전을 받을 때 그 행동에 무슨 일이 일어날까? 움직이는 표적이

되어버린 환경에 우리는 어떻게 효과적으로 적응할 수 있을까? 텔레비전이 나오기 이전에 성장한 70대가 오늘날 인스턴트와 세계의 논스톱 디지털 커뮤니케이션을 어떻게 이해할 수 있을까?

변화하는 세계에서, 생존하고 적응하고 전진하는 능력을 결정하는 것은 배운 것을 잊는 능력이다.

경험이 있는 것은 환경이 요구할 때 경험을 버릴 수 있는 것보다 훨씬 덜 중요하다. 경험에서 배운 것을 잊기(학습된 행동의 소거)는 아주 어렵다. 본래의 학습이 고통스럽거나 위험스러운 무언가를 회피하는 것을 의미한다면, 소거는 성취하기가 거의 불가능하게 된다. 다루기 힘든 개 때문에 끔찍한 공포에 빠지거나 상처를 입는 아이가 그 고전적인 예다. 그 아이는 심지어 개가 죽고 나서 몇 년 뒤까지도 개집 근처에는 얼씬도 하지 않고 가장 호의적인 개들한테도 극도의 두려움을 가지고 반응한다. 어른이 되어서도 여전히 피하는 것이 유일한 해결책이라고 생각한다. 이렇게 미리 습관이 든 반응은 중요한 생존 가치인데, 그렇게 회피되는 짐승이 이웃집 마당에서 온 개가 아니라 사바나에서 온 사자일 때 특히 그러하다. 이 이야기는 이러한 행동에 들어 있는 중요한 어려움을 예시한다. 우리를 겁먹게 하는 상황과 맞닥뜨리지 않도록 지켜주는 바로 그 행동이, 그 상황이 여전히 존재하는지를 우리가 알아내지 못하게 하기도 한다. '현실 검사'[07] 없이는 효과가 있지만 성숙하지 않은 해결책을 잊어버릴 가망은 전혀 없다.

: 정서적 안정감이 인지적 안정감으로 이어진다

일찍 빠르게 학습하는 능력은 모든 영장류, 특히 인간의 특징이다. 엄마와 유아의 정서적 애착은 건강한 성격 발달에 중요하다. 인간에게는 다른 영장류와 마찬가지로 환경을 효과적으로 탐험하기 위한 전제조건으로 안정된 애착이 필요하다. 엄마가 주는 정서적 안정감이 부족하면, 아이는 삶의 도전에 대응하기 위한 필수 기술을 학습하는 데 필요한 탐험을 하려 하지 않는다. 아이는 자기 주위 세계를 돌아보면서 지나치게 걱정스러워한다.

영장류 실험은 튼튼한 '유아-엄마' 애착이 중요하다는 단적인 증거를 보여준다. 엄마한테서 떼어내어 대리모가 키운 어린 붉은털원숭이는 새로운 것을 보면 마치 고문당하는 것처럼 비명을 지른다. 엄마한테서 6일밖에 분리되지 않은 원숭이들이 그 뒤 2년 이상을 새로운 것을 볼 때 부정적 후유증으로 고통을 받는다. 새로운 자극에 반응하는 것이 이처럼 정서적 불안을 보여주는 하나의 민감한 지표이기 때문에, '타인 대면 상황', 즉 아이가 낯선 이와 함께 홀로 남겨졌을 때 어떻게 행동하는지가 정서적 안정감의 실험 수단으로 이용된다. 아이가 겪는 고통의 수준은 그 아이의 정서적 안정감과 직접적으로 관계된다. 어린 시기의 정서적 학습이 특히 다른 형태의 학습보다 훨씬 더 그 이후까지 소멸되지 않는 경향이 있다.

심리문학이 '엄마-유아' 유대에 초점을 맞추지만 실제로 전통사회에서 아기들은 다른 (대개 여성) 어른들, 즉 다양한 모습의 '아줌마들'과 폭넓게 접촉한다. 아이들은 다른 어른들, 형제자매들, 사촌들과 폭넓게 친밀한 관계를 맺는 능력은 물론 어쩌면 욕구까지도 가지고 있다. 현대의 도시 생활은 특히 중산층에서 엄마와 아이를 사회의 다른 부분에서 분리했다. 인류사 대부분을 통틀어 보았을 때 동료나 대가족 성원과 시간을 보내면서 더 넓은 친밀 관계를 형성하는 기회가, 배타적인 '엄마─유아' 관계에서 받는 압력의 일부를 줄였다. 엄마의 압도적 지배가 다른 사람들과 폭넓게 좋은 사회적 관계를 형성하는 아이의 능력을 중대하게 해칠 수 있다. 맹목적으로 사랑하는 엄마는 무심코 아이의 정서적 성장을 위축시키고, 정서적으로 가장 안정되어 있는 아이에게조차 언제나 위험한 일인 세상 탐구 능력을 방해할 수 있다.

사람들은 대부분 이것을 정서적 문제라고 생각하지만 인지적 문제이기도 하다. 불안정감은 아이의 호기심과 탐구심을 엄청나게 감소시키는데, 호기심과 탐구심은 인지 발달의 주요 요소다. 개인이 탐구와 위험에 접근하는 방식에 평생 영향을 미치는 것들도 있다. 모든 정서적 문제에는 관련된 인지적 문제가 있다. 이는 경험이 뇌에 나쁜 교훈을 주는 또 다른 예다. 또는 적어도 그것은 뇌에 어떤 책임 있는 부모도 가르치고 싶어하지 않는다는, 즉 아이들은 스스로 세상과 대면할 힘이 없다는 교훈을 주었다.

나쁜 버릇에 빠진 뇌

자동 정보처리와 자동화된 행동에는 장점이 많다. 새로운 기술을 학습할 때 뇌는 점점 더 효율적으로 된다. 경험 있는 독자는 초심자처럼 철자를 따로따로 해독한 뒤 단어로 합칠 필요가 없다. 자동화된 단어 인지는 소중한 시간과 에너지를 아껴줄 뿐만 아니라, 해독보다는 텍스트의 의미에 집중할 시간을 주기도 한다. 또한 이해도가 높아진다. 우리는 사고의 속도를 넘어설 만큼 자동차를 운전할 수 있는데, 그것을 잘하는 기술을 배워서 자동화되기 때문이다. 우리 행동을 의식적으로 생각해야 하는 경우는, 예컨대 교통 흐름이 반대로 되어 있는 나라에서처럼 낯선 환경에서 어렵게 운전할 때뿐이다. 우리는 마지막으로 탄 때부터 얼마나 오래되었는지에 상관없이, 자전거에서 균형 잡는 데 어떤 것이 필요한지 거의 생각하지 않는다.

그러나 완전히 자동화되어 있는 행동은 별로 없다. 우리가 서서 잠을 자지 못하는 것을 보면, 서는 것도 그렇지 않다. 깨어 있는 것도 완전히 자동화되어 있지 않다. 그것에 주의력이 필요하다는 사실을 의심한다면, 한가로운 산책에 친구 한 사람을 불러내 다음과 같은 실험을 해볼 수 있다. 걸어가면서 그 친구가 관심을 많이 가지고 있는 무언가를 말한다. 이 말이 그의 관심을 끎에 따라 그는 걸으려고 남겨둔 인지적 자료를 더는 갖지 않게 된다. 그는 아마도 그 자리에서 멈출 것이다. 만약 정보가 극적이거나 고통스럽다면, 실제로 무언가에 기대거나 앉아야 할지도 모른다. 우리는 누군가 아주 좋거나 나쁜 소식 때문에 움직임을 멈추는 모습을 본 적이 있다. 그것들이 사지로 혈액을 공급하는 일을 저해하기 때문이다. 이는 뇌가 그 소식에 정신이 팔리는 데에 주로 기인하며, 충격적인 최악의 소식일 경우 더욱 그렇다.

어떤 행위도 반자동적(牛自動的)인 한 그것에 개입해 변화시킬 기회가 있다. 이 사실은 중요한데, 자동성이 효율적이고 종종 유용한데도 혁신과 변화를 가로막기 때문이다. 과거의 상황과 매우 다른 상황에서 새롭게 사고하도록 요구하는 것은 타당하지 않다. 우리가 자동화되기 전에 행동과 결정의 속도를 늦추는 것이 목표가 되어야 한다. 피로는 인지 과정의 속도를 늦춰서 새로운 아이디어가 들어오게 해줄 수 있다. 이것이 바로 달리기, 자전거 타기 또는 다른 운동이 종종 사무실에서 아침을 보낸 이후의 '흐리멍덩함을 맑게 해주는' 이유다. 증가된 혈액 흐름과 피곤함이 결합해 뇌에 새로운 개념을 열어준다(다른 경우라면 우리를 정상으로 움직이지 못하게 할 감기 같은 것조차 우리 속도를 늦춤으로써 신선한 사고로 이끌어줄 수 있다). 정보 처리 속도를 늦추는 것은 무엇이든 우리가 자동성을 극복하도록 도울 수 있다. 자동성의 본성은 속도다. 그것이 시작하는 순간부터 끝나는 순간까지, 우리는 그 과정에 개입해서 변화시킬 기회를 얻지 못한다.

자동성은 상태의존적인 학습에 영향을 받기도 한다. 우리는 무언가를 최초로 학습했을 때와 똑같은 물리적·심적 상태에 있을 때 그것을 가장 잘 기억하는 경향이 있다. 이 현상이 신기한 결과에 이르게 할 수 있다. 사람들을 두 팀으로 나누었다. 한 팀은 위스키 한 잔을 받았고, 다른 팀은 멀쩡한 상태로 있었다. 두 팀 모두 기억해야 할 단어 목록을 받았다. 예상대로 멀쩡한 집단이 위스키 집단보다 더 잘 기억했다. 다음 날 위스키 집단이 다시 시험을 받았다. 이 집단은 두 팀으로 나뉘었는데, 한 팀은 위스키를 또 한 잔 마셨고 다른 팀은 멀쩡하게 있었다. 둘째 날 위스키를 마신 팀이 멀쩡하게 있었던 팀보다 더 잘했다. 처음에 약간 취한 상태에서 단어들을 외웠기 때문에 그들은 다음 번에 약간 취했을 때 더 잘했다. 학습했던 최초 정황을 반복하는 것이 정황을 변화시키는 것보다 기억을 더 잘하게 했다. 그 변화가(멀쩡함이) 인지기능을 개선했을 텐데도 말이다.

반대로, 우리가 무언가를 학습한 상태를 변화시키는 것을 자동성을 파괴하는 데 이용할 수 있다. 몇몇 기업은 복도와 계단에서 난상토론을 하는 것으로 유명하다. 일상적으로 사고하는 상황에서 사람들을 떼어놓는 것이 그 목적이다. 환경을 바꾸는 것은 신선한 자극을 받는 새로운 물리적·심적 상태를 만들어내기 위해 팀이 휴양지로 떠나는 이유이기도 하다. 이것은 골프 코스에서의 업무가, 만약 그 골프 코스가 변화를 의미하며 업무가 수행되는 통상의 상태가 아니라면, 반드시 낭비 행위가 아닌 이유이기도 하다.

우리는 중요한 문제와 대면할 때 새로운 물리적 상태뿐만 아니라 새로운 심적 상태 또한 신중하게 찾아내야 한다. 신선한 사고를 북돋우는 한 가지 방법은 우리 앞에 있는 상황에 관한 우리의 기본적 전제에 도전하도록 계획된 질문 목록을 개발하는 것이다. '유사한 것은 똑같은 것이다'라는 뇌의 믿음을 깨부수고자 하는 것이 중요한데, 이러한 믿음이 우리를 유사성이 사실과 일치하지 않더라도 이전 행동을 반복하는 빠른 궤도 위에 올려놓기 때문이다. 만약 1980년대에 집을 사서 돈을 벌었고 1990년대에 또 집을 사서 돈을 벌었다면, 경험은 2000년대에 집을 또 한 채 사서 '재빨리 전매'하면 이익을 볼 수 있다고 가르친다. 이런 전 국민적 마음가짐이 미국에 주택공급 붐과 파산을 불러왔다. 우리는 집값이 항상 오를 거라는 무언의 전제를 받아들이기보다 10년이 지난 뒤 경제에 무슨 변화가 일어날지, 또는 어떤 시장이 한 해 한 해 지나면서 태연하게 끊임없이 상승을 계속할지 물을 수 있다.

전제에 도전하는 가장 좋은 방법은 다른 어떤 일련의 환경이 우리가 전제하는 것 이외의 상황을 설명할 수 있는지 묻는 것이다. 예컨대 '우리는 다른 주택 단타 매매꾼들이 인위적으로 집값을 올려놓은 물결의 최종 단계에 있는 것이 아닐까?'처럼 말이다. 자동성의 함정에서 벗어나는 또 다른 방법은 신뢰 받는 친구들에게, 되도록 배경이 다양한 친구들에게, 새로운 관점에서 상황을 보기 위한 그들의 시각을 요청하는 것이다. 난상토론은 참가자들 속에 다양한 경험과 기술과 책임성이 있는 사람들, 즉 자신의 독특한 관점을 토론 모임에 가져오는 사람들이 포함되어 있을 때 가장 효과가 있다.

이 모든 해결책은 우리가 이미 자동화된 행동에 갇혀 있다는 것을 전제로 한다. 전문가 체계를 가장 잘 만드는 사람이 전문가(자신이 하는 일을 어떻게 하는 것이라고 명확히 설명하지 못하는 사람)가 아니라 오히려 기술은 있지만 전문적 실천가(자신이 하는 일과, 그와 관련된 방법을 여전히 설명할 수 있는 사람)가 아닌 사람인 것과 마찬가지로, 변화를 가장 잘 다루는 사람은 완전히 자동적으로 일하지 않는 사람이다.

행동이 완전히 자동화되면 재수가 없다. 신경증 행동이 하나의 극단적 예지만, 우리는 모두 해로운 행동 유형에 빠질 수 있다. 십대 자

녀의 통금시간을 놓고 부모와 십대가 다투는 가정 내 역학을 생각해
보라. 부모는 십대가 책임 능력이 없다고 언제나 똑같이 말한다. 십
대는 부모가 자기 인생을 통제하려 든다고 언제나 똑같이 말한다. 양
쪽 모두 화가 나 있고, 그 화가 유연하지 못한 반응을 불러온다. 그들
은 '고장 나서 튀는 음반'이라는 비유를 상징하는 원고를 읽듯이 거듭
해서 말싸움을 한다. 둘 다 외적 독백이기보다 내적 독백에 더 가까운
말을 한다.

바로 이들이 이제는 부모가 60세이고 아이가 35세라는 점을 제외
한다면, 통제라는 문제를 놓고 유사한 논쟁을 한다고 상상해보라. 또
는 이혼한 지 오래된 커플이 결혼 생활 수십 년 동안 벌였던 것과 똑
같은 말싸움에 빠지는 것을 생각해보라. 불행하게도 개인적 관계에서
자동화된 행위는 벗어나기 어려운데, 그것이 아주 일찍 시작되어 매
우 깊이 작용하기 때문이다. 우리는 종종 자동성이라는 촘촘한 그물
에 갇힌다. 성가시게 잔소리를 늘어놓는 부모에게 습관적으로 반응하
는 것을 신경증이라고 할 수는 없지만, 그것은 우리와 우리 주위 사람
들에게 나쁜 것이다. 그러한 상습적 유형은 왜 가족 상담이 종종 양쪽
모두에게 새로운 관점을 생각하도록 북돋우는 방법으로 문제를 재구
성하는 데 초점을 맞추는지 설명해준다.

일상적인 것으로 정착하기 이전에 이미 인간이 일찌감치 빠른 속도
로 학습하고자 한 역사시대와 선사시대의 욕구가 바로 우리가 사고와
행동의 경직성으로 그렇게 쉽게 빠지는 주요한 이유일 수 있다. 인간
사를 지배하는 과거의 강력하고도 종종 파괴적인 장악력은 여러 심리

적 질병에서 명백히 나타난다. 각각의 심리치료 학파는 심적인 문제를 설명하는 고유한 방법을 가지고 있지만, 그들이 모두 동의하는 바는 신경증 환자들이 현재나 미래와 접촉하지 않고 과거에 연결되어 있으며, "[그들의] 경직성 때문에 망가진다"(지그문트 프로이트의 말)는 점이다. 신경증 환자와 정신병 환자들 사이에서 발견되는 광범한 의학적 증거는 실험 연구로도 뒷받침된다. 신경증 환자들은 정신병 환자들보다 더 높은 정도로 경직성을 보여주며, 양자 모두 다른 사람들보다 더 높은 경직성을 지니고 있다.

어떤 형태로 하든, 심리치료는 이 경직된 태도의 장악력을 낮춰줌으로써 심적·정서적 문제를 다루고자 한다. 전통적 심리치료에서는 치료 기간의 분위기를 받아들이면서 어린 시절의 문제를 열어 보이면 사람들이 오랫동안 견고히 지켜온 행동 유형을 녹여내기 시작한다고 여긴다. 행동 변경은 반복적인 행동 자체를 변화시켜 강박 충동을 재배치함으로써 내면의 문제를 외부로 드러내 해결하고자 하는 것이다. 긍정심리학에서는 어떤 사람의 힘과 적극적 경험을 믿고 해결되지 않은 오래된 정신적 외상을 재현함으로써 그 사람이 새롭고 적극적인 자기 이미지를 세우도록 돕고자 한다. 경직된 행동 유형은 종종 본성상 방어적이기 때문에 접근법이 무엇이든 다루어지지 않는다. 심리건강 전문가들은 치료법 자체를 거부하는 행동을 효과적으로 다룰 필요성을 알고 있다. 심리치료가 시도하는 것은 행동의 탈자동화와 다름없다. 이것은 매우 어려운데, 한 사람이 새로운 반응을 내놓을 정도로, 깊이 뿌리박은 정서적·심리적 태도의 속도를 늦추는 것이 힘들기 때문이다.

당면한 문제와 상관없이 그리고 여러 치유 방법을 넘어서, 불안해하는 마음을 풀어주는 일은 여전히 거대한 도전 과제다. 그 이유는 명백하다. 우리는 근본적으로 보수적인 운명이고, 어떤 변화의 시도도 중요한 문제와 충돌할 수밖에 없다. 이 보수주의와 경험 의존이 우리의 행동과 결정에 문제를 일으킬 뿐만 아니라 뇌의 근본적 건강에 위협을 불러오기도 한다. 경험에 의존하는 것이 중요한 심적 노력과 새로움에 접하는 것을 가로막는데, 이 두 가지 모두 필연적으로 뇌를 자극한다. 생각하지 않으면서 전통의 길을 걷는 것이 인지건강을 가로막는 주요 장애물 중 하나다.

경험은 뇌 활동을 멈추게 한다

'전문가expert'와 마찬가지로, '경험experience'의 어원은 'experiri'인데, 라틴어로 '철저하게 해보다'라는 의미다. 경험이 많은 사람들은 자기 지식이 자신에게 새로운 가능성을 열어주는 만큼 새로운 것을 시도해보고자 한다. 그러나 전문가들이 판에 박힌 방식으로 새로운 것을 시도하지 않고 이전에 시도한 것의 광대한 인지적 데이터베이스에서 무의식적으로 답을 끌어내는 것과 마찬가지로, 경험이 많은 사람들 역시 과거의 경험 속에 빠지는 경향이 있다. 경험에 의존하는 것이 빠르고 효율적이며, 결정하는 데 유용한 지름길을 보여줄 수 있다. 그러나 그것은 비용이 상당히 든다. 경험에 의존하면, 어제의 해결책으로 오늘의 문제를 해결하는 위험을 감수해야 한다. 과거의 유형을 미래에 적용하는 것이다(첫 번째 거짓 경보 이후 양치기 소년을 무시한 마을 사람들을 생각해보라). 우리는 그 놀라운 창조성에 도움을 청하지 않고, 너무나 자주 우리 뇌를 선례라는 거대한 곡물창고에 지나지 않는 것으로 여긴다.

비슷한 것으로 만족하기 때문에 새롭게 생각할 필요가 없다. 새로운 자료를 검토하거나 새로운 상황을 평가할 필요가 없다. 우리의 뇌는 우리를 위해 괄호를 채운다. 이것이 나이 든 사람들이 지닌 주요한 문제다. 오늘날 상황이 그들에게 어떻게 닥치든 간에, 그들은 자기 인생에서 아주 많은 상황을 보고, 듣고, 다루었기 때문에 반드시 이전의 유사한 무언가를 대면한 것이 된다. 노인들은 지나치게 많은 경험을 했다. 이러한 해석이 비꼬는 것처럼 들릴 수도 있지만, 경험은 그것이 새로운 상황에 자동화된 반응을 가져올 때 해로운 것일 수도 있다. 이것은 어느 누구에게처럼 내게도 일어날 수 있는 일이다.

어떤 학생이 연구논문이나 학위논문을 쓰기 위해 신선하고 새로운 주제를 가지고 들어온다. 나는 그 연구 주제를 위한 몇 가지 아이디어를 제안한다. 그 아이디어는 학생에게는 새롭지만 내게는 새롭지 않다. 그것은 내가 의식하지도 못하는 사이에 내 정보 저장소에서 나왔다. 똑같은 일이 다른 문제에서도 일어난다. 가족 문제를 다룰 때, 1950년대나 1970년대에 알맞았지만 오늘날에는 적합하지 않을지도 모르는 해결책으로 되돌아가는 것은 쉬운 일이다. 노인들이 "내가 젊었을 땐…"이라거나 "내가 …에서 일하던 시절엔"이라고 하면서 들려주는 이야기들을 생각해보라. 때때로 이 이야기들은 지혜를 주지만, 대개 들려주는 이의 성인 자녀나 십대 손주들이 호기심으로 눈알을 굴리게 만들기에는 정형화되어 있다. 그것이 얼마나 지엽적인 주변 상황과 관계되어 있느냐와 상관없이 늘 변함없이 들려주는 이야기다.

이러한 회고 반응은 이른 시기에 재빠르게 학습하고 나서 습관적인 사고 태도에 빠지고자 하는 인간 기질의 일부다. 이런 태도는 더 옛날에, 더욱 단순하며 더 위험한 시대에는 알맞았다. 생존 기술을 재빠르게 학습하고 나서 평생 그것에 의존하는 것은 옛날 사람들에게는 이로웠다. 그러나 안정성보다 변화가 알맞은 이치인 현대세계에서는 경험에 의존하는 것이 종종 부적당하다. 우리 가운데 가장 훌륭한 사람도 평생 '경험의 습관화'와 싸운다. 우리는 한때 유용했으나 지금은 우리를 저지하는 것들을 잊어버리려고 애쓴다.

우리는 자신도 모르게 지적·정서적 경직성에 빠지면서 매우 자주 인생에서 잘못된 교훈을 끌어낸다. 우리 중 어떤 사람들에게는 정서적 또는 육체적 충격이 아주 일찍 일어나서 정서적 성장을 가로막거나 완전히 기능 장애가 있도록 만드는 제한된 행동 유형 속에 갇힌다. 이 모든 예 밑에 깔린 주제가 바로 인간이 자동성으로 내려가는 속도다. 자동성은 최대두뇌력의 반대말이다. 바로 그 아무 생각 없는 속도 때문에 자동성은 우리가 새로운 상황이나 중요한 변화와 대면할 때 문제를 일으킨다. 우리가 끊임없이 마주해야 하는 질문은 이렇다. 어떤 상황에서 뇌가 경험에 의존하는 것이 가치 있는 학습 기억을 불러일으키기 때문인가, 아니면 데이터 뱅크에서 빠른 응답을 집어내는 일이 새롭게 숙고하는 것보다 쉽기 때문인가?

심리학자 윌리엄 제임스는 습관이 사회의 플라이휠[08]이고, 가장 값비싼 보수적 동인이라고 말했다. 그것은 광부를 어둠 속에 붙들어두고, 가난한 이들이 봉기하지 못하게 한다. 그는 20대에 자기 직종의 특징적 사고방식이 나타나게 될 정도로 우리가 습관에 갇혀 있다고 말했다. 우리는 (개인적) 인습과 일상이 설정하는 방향, 즉 우리 경험에 맞서는 평생의 싸움을 끊임없이 한다. 경험이 선택에 영향을 미치기보다는, 경험이 선택을 너무나 자주 규정한다. 경험은 우리가 지나치게 주의하지만 않는다면, 가장 좋은 교사다. 낡은 경험을 잊어버리는 것이 학습의 진짜 비결이다!

노인들에게는 이 문제가 특히 성가시다. 노인들에게 가장 우선인 일은 건설적이면서도 애를 쓰는 방법으로 자기 뇌에 끊임없이 도전하는 것이다. 경험은 뇌 능력의 발전을 멈출 수 있다. 선례에 의존하는 것은 인생의 여러 결정에 유용하지만, 우리의 인지적 생명 유지에는 그렇지 않다. 경험의 위험성은 그것이 우리를 배반해 잘못된 길로 이끌 수 있다는 데에만 있지 않다. 더 큰 위험은 경험에 지나치게 많이 의존하는 것이 뇌가 사고하지 않게, 즉 일을 그만두게 한다는 점이다. 경험이 정신적 노력을 방해하면, 뇌 능력은 떨어지고 인지적 쇠약이 시작된다. 누구에게든, 어떤 연령에서든 그렇다.

- 우리는 이른 시기에 재빠르게 학습하고 나서 나머지 인생에서는 상대적으로 고정된 태도 속으로 안주하는 경향이 있다.

- 경험이 작용하기 때문에 우리 삶은 다소간 똑같은 상태에, 즉 항상 변화하는 오늘날의 세계에서 실제적으로 불가능성의 상태에 머문다. 따라서 우리 성공을 결정짓는 것은 잊어버리는, 즉 학습하지 않는 능력이다.

- 우리 뇌는 아주 쉽게 괄호를 채우기 때문에 우리는 주변 상황에 더는 적용되지 않는 낡은 정보로 그것을 채울 위험을 무릅쓴다.

- 노인들이 경험에 의존하는 것은 정신적 노력과 새로운 것에 접하는 기회를 가로막는데, 두 가지 모두 뇌를 자극하는 데 필요하다.

- 경험은 인지건강의 주요 장애물 가운데 하나다.

CHAPTER 04

무질서한 사고인가, 천재성인가

우리가 정원에서 꽃을 먹은 동물을 말할 때 다양한 동물의 이름을 서로 바꿔가며 사용하다보니 무슨 동물에 대해 말하는지 아무도 이해하지 못한다고 상상해보라. 어제 정원 가꾼 일을 말하다가 오늘 돈 낼 일을 생각하고, 오늘 돈 낼 일을 생각하니 뇌 활동이 도약하여 내일 은행 갈 일이 생각나고, 은행에 간다고 생각하니 은행 옆에 있는 식료품점에도 가야 한다는 생각이 난다고 상상해보라. 우리가 이 생각을 설명하자 한 친구가 숲 언저리는 그만 두들기고[09] 바로 요점을 말하라고 했다. 우리는 숲 근처가 아닌 사무실 안에 있지만, 숲을 생각하기 때문에 다시 정원 가꾸기와 꽃을 먹은 동물에 관해 생각하기가 혼란스럽다…….

정신분열증의 세계에 오신 것을 환영한다.

정신분열증은 사람들이 대부분 다른 사람들과 아주 다르게 현실을 인지하게 만드는 인지적 무질서다. 무질서한 사고와 언어, 환청, 편집증, 사회로부터 자기 안에 틀어박히기 등이다. 뇌를 컴퓨터로 단층촬영해보면, 다른 사람들과 비교해볼 때 정신분열증 환자들은 전두엽의 활동이 적은 것을 알 수 있다. 전두엽은 다른 뇌 기능을 조정하고 그 실행을 제어한다. 전반적 활동 형태는 일반적인 경우보다 더 산만하고 분열되어 있지만, 뇌의 다른 부분들은 더욱 활동적이다.

정신분열증은 형태가 아주 다양해서 수많은 연구자가 그것을 단일한 주요 무질서보다는 몇 가지 관련된 무질서로 생각한다. 여기서 초점은 일반적으로 '무질서한 정신분열증' 또는 '형식적 사고의 무질서'라 불리는 것이다. 정신분열증 환자의 '무질서화'는 우리 모두가 학습하는 방법 가운데 한 가지를 보여준다. 그 비밀은 '연상'이다. 정신분열증 환자가 연관된 것들의 연속체 한쪽 끝에 있다 해도 'A'와 'B'를 연관하는 능력이 학습의 핵심이다. 가까이 있는 것들을 연상하는 능력은 우리가 하는 이해와 모든 관리에 필수적이다. '사고의 무질서'와 '명석함'의 차이는 정도 문제라는 것이 드러난다.

탈선한 생각

무질서한 정신분열증이 있는 사람들의 정신 과정은 따라가기 어려울 수 있다. '기사의 이동knight's move'이라는 말이 그들의 사고 과정을 설명하는 데 사용되어왔다. 그들의 논리는 동시에 앞과 옆으로 튀는 것처럼 보인다. 하나의 사고가 다른 사고 때문에 종종 곁길로 새고, 느슨한 연상 작용이 이상한 논리의 비약을 가져오기도 한다. 정신분열증 환자들은 특히 부정적 자극을 성급하게 단정하는 경향이 있고, 잠재적 위협에 강박적으로 집중하기도 한다. 종종 환청을 듣는데, 때로는 그 목소리에 말을 걸기도 하고, 때로는 그 목소리에 명령을 하기도 하며, 때로는 서로 말을 건다. 말하기의 어려움은 과도하게 압운을 해서 넌지시 둘러말하는 것부터 단어와 구절을 반복해서 '말의 샐러드', 즉 일관성 있는 단어들을 겉보기에 조리가 닿지 않는 방식으로 결합하는 것에 이르기까지 걸쳐 있다. 지나친 일반화와 터무니없는 연결 때문에 정신분열증 환자들의 언어는 이해할 수 없게 된다.

문제는 정신분열증 환자들이 점들을 연결하지 못한다는 것이다. 즉 그들은 너무나 많은 서로 다른 방식으로 너무나 많은 점을 연결한다. 그들은 주의를 딴 데로 돌리는 사고를 막아내는 능력이 부족한데, 이것은 다른 사람들이라면 마음속에서 의식적으로 할 수 있는 일이다. 우리에게는 대부분 말없이 생각하는 방식이 말하는 방식과 근본적으로 다르고, 마음속에서 말하는 방식과도 근본적으로 다르다. 말없는 사고 속에서는 무엇이든 진행된다. 우리는 체계적으로 사고할 필요가 없고 또 그러지도 않는다. 내적이거나 외적인 독백이 곧바로 정신 과정에 규율을 부과한다. 우리는 문제를 해결하고, 계획을 수립하고, 과제를 완수하기 위해 제 궤도에 머물러 있도록 사고를 조직해야 한다. 정신분열증 환자들은 어떤 초점이나 조직화도 없이, 우리가 말없이 생각하는 방식으로 말한다.

그 결과 정신분열증 환자들은 다른 사람에게는 관계가 없어 보이는 혼란스러운 사고 가운데에서 연관성을 본다. 이 장 첫머리에서 이야기한 것처럼, 그들은 네 발 달린 모든 동물을 교환할 수 있는 것처럼 생각한다. 그래서 그들은 같은 동물을 설명하기 위해 '기린', '소', '돼지', '낙타'라는 말을 사용한다. 명백하지 않은 시간과 장소나 다른 어떤 연상물로 사건들을 연관 짓는다. 그들의 논리 흐름은 어떤 정서나 마음의 상태에서 나오거나 그것을 가져오는 모든 것을 결합한다. 그렇게 해서 마치 한 주제의 처음과 중간과 끝이 우리에게 그런 것처럼, 미술사 책과 멕시코 음식 식사와 축구경기와 사촌과 하는 대화가 그들 마음속에서는 논리적으로 긴밀하게 연결된다.

프로이트는 무의식을 '1차 과정'을 경유한 작용으로 보았는데, 주로 연대적 순서, 질서, 인과관계, 논리 없이 솟아나는 이미지로 표현된다. 말하자면 뇌가 날것 그대로다. 우리 의식은 조직하고 질서 지우며 인과관계를 부여하는 '2차 과정'을 이 날것 요리 재료에 적용한다. 정신분열증 환자들은 1차 과정은 가지고 있지만, 2차 과정을 가지고 있는 사람이 거의 없다.

정신분열증이 없는 사람들은 이 1차 과정을, 프로이트가 말하듯 무의식에 이르는 '왕도'인 꿈에서 경험한다. 꿈에서는 의미가 종종 상징화, 압축, 전치 속에 숨어 있다. 대부분 사람들이 생각하는 것과 정반대로, 꿈의 상징을 결정하는 것은 직접적·비교적·보편적이다. 해석을 유효하게 만들어주는 것처럼 보이는 풍부한 연구 사례의 전체 목록이 통상적인 꿈의 의미를 바탕으로 존재한다. 예컨대 떨어지는 꿈은 대개 어떤 사건에 관한 걱정이나 의심을 상징하고, 날아다니는 꿈은 대개 성취와 권력의 감각을 상징한다. 압축과 전치는 마음을 몰두하게 하는 중심 생각을 모호하게 한다. 예컨대, 압축은 여러 관심을 하나의 것으로 만들 수 있다. 몇몇 사람과 사건들에 관한 걱정이 꿈에서는 하나의 위협적인 모습으로 합쳐진다. 전치의 간단한 예는 프로이트 자신과 관계되어 있는데, 그가 한번은 '날카로운 눈빛'으로 경쟁자를 무찌르는 꿈을 꾸었다. 그는 깊이 생각해본 뒤 그 꿈이 자기 스승인 에른스트 브뤼케가 자신을 거칠게 쏘아보면서 수업 직무를 뒤늦게 보고한 행위를 질책한 일과 관계되어 있음을 깨달았다. 프로이트의 꿈은 벌을 받는 곤란한 상황을 줄이기 위해 사실을 전치했다.

프로이트는 꿈 뒤에 있는 정신 과정을 이해함으로써 분석 방법의 틀을 만들 수 있었다. 그는 그것을 통해 환자가 어둡고 조용한 방 안의 소파에 가만히 누워 생각을 자유롭게 연상하도록 해서 억압된 기억에 도달하게 했다. 이 환경은 잠자는 상황을 재현해서 무의식(이드)에 대한 의식(자아)의 통제를 풀어주려는 것이었다. 꿈에 대한 프로이트의 실제 해석은 환자들의 심적 문제에 대한 몇몇 분석과 마찬가지로 여러 가지 이유로 비판받았다. 여기서 중요한 것은 어떻게 의식이 종종 무의식을 검열하고 또 어떻게 무의식조차 '금지된' 생각에 가면을 씌우는지에 대한 그의 평가다. '금지된' 생각이 반드시 문화적·윤리적 이유로 금기시하는 것은 아니다. 그것은 어떤 것이든 상례에서 벗어난, 즉 통상의 심리적 관례에서 벗어난 생각을 말한다. 통상적이지 않은 연관을 만드는 것은 무의식이 스스로 검열에서 해방시킬 수 있는 방법이다. 마음을 자유롭게 해서 새롭고 흥미로운 연관을 만드는 작업은 무질서한 심적 상태와 꿈과 창조성을 한데 묶는 것이다.

꿈은 우리에게 아마도 정신분열증 환자의 전형적인 의식적 상태일 것이다. 그들이 말하는 것에서 우리는 그들 생각에 있는 통합되지 않은 인지의 들끓는 솥단지를 직접 볼 수 있다. 그 속에서는 이미지가 논리를 지배한다. 그렇지만 그 떠들썩한 무의식이 창조성의 원천일 수도 있다.《뷰티플 마인드》라는 책과 영화에 생애가 기록된 수학자 존 내쉬는 편집성 정신분열증을 앓았지만, 경제와 전쟁과 진화처럼 다양한 분야에 적용할 수 있는 게임 이론을 개발해 노벨 경제학상을 수상했다. 자기 상태에 대한 전통적인 정신의학적 치료법을 거부한 최초 인물들 중 하나이기도 한 그는 결국 (스스로 말하기를) 자신의 망상을 무시하는 법을 터득했다.

이상한 연관에서 새로운 의미를 얻다

정신분열증의 특징이 느슨한 연관에 기초한 충동 과잉이라면, 창조적인 사고 가운데 어떤 것은 있을 성싶지 않은 연관에서 나오기도 한다. 매사추세츠공과대학교MIT 인공지능연구소 공동설립자인 마빈 민스키의 말을 인용하면, 단 하나의 의미를 가진 것은 거의 아무 의미도 갖지 않는다. 단 하나의 특정 방향을 따라서 칙칙폭폭 소리를 내며 가는 생각은 종종 막다른 길과 사고의 경직성에 이르게 한다. 우리는 '한 가지 일만 생각하는' 어떤 사람에 관해 부정적으로 말할 때 이것을 직관적으로 안다. 예컨대 '집을 산다'는 생각이 한 가지 생각을 따로따로 불러일으킬 개연성은 별로 없다. 대부분 우리에게 그것은 집의 모양, 페인트 색깔, 실내 디자인, 모기지 비용, 장차 수리가 필요한 것들, 과거에 살던 집에서 좋았고 좋지 않았던 것들, 좋거나 나쁜 위치 등에 관한 사고를 불러일으킨다.

최초의 사고가 수많은 의미를 가지고 있으면, 마음속에서 관계된 많은 생각과 곁길로 새는 기분 쪽으로 방향을 바꾸어가며 여러 대안을 떠올리는데, 이것이 바로 사고의 본질이다. 전문가인 내쉬와 다른 매우 창조적인 사람들은 우리가 놓치는 수많은 잠재적 의미 가운데에서 독특한 가능성을 본다. 때때로 명석함과 무질서한 사고 사이의 경계선은 종이 한 장 차이다. 윌리엄 셰익스피어는 정신분열증 환자만큼이나 과도한 말장난을 하는 결점이 있었다. 정신분열증을 연상케 하는 절도 없는 압운은 어떤 현대 시낭송회 분위기에도 딱 들어맞을 것이다. 실제로 연관성이 먼 두 가지를 '같은' 것으로 다루는 뇌 능력은 시와 농담과 다른 형태의 말장난을 만들어내고 즐기며 일정한 수학 문제를 푸는 능력의 토대다.

르네상스 시대에 시는 이미지가 핵심 논점을 더욱 구체화하는 데 도움을 주는 논리적 구성물이었다. 〈슬픔을 금하는 고별사〉에서, 존 던[10]은 두 영혼을 원을 그리는 데 쓰는 기계 장치인 각도기에 비유했다. 한 영혼은 '고정된 발'이고, 다른 영혼은 그 주위를 움직인다. 얼마나 멀리 떨어져 있건 간에 그들은 하나로 남아 있고 결국 합쳐진다.

대비의 극단성(두 영혼=하나의 각도기)이 이 시의 도전이기도 하고 즐거움이기도 하다. 셰익스피어는 자기가 좋아하는 방법이 태양, 장미, 향기, 음악, 여신들에 대한 모든 표준화된 비유와 다른 것이라는 설명을 장황하게 늘어놓는다. 자기가 좋아하는 것은 '거짓 비유로 착각하게 되는' 여인만큼이나 희귀한 것이라는 그의 결론에는 복합적인 말 비틀기가 담겨 있다. 여러 표준화된 비유(태양=밝은 얼굴과 눈, 장미=붉은 볼과 입술 등)로 먼저 글을 쓰고 나서는 그 비유를 실제 인간 다음으로 진부한 것으로 내던져야 한다.

현대시의 한 경향은 이 '논의에 따른 진행'의 양식을 벗겨내려고 했다. 그 대신 많은 시인이 이미지로 보여주는 방법을 썼다. 소나기처럼 공중으로 발사된 화살들은 시인 필립 라킨[11]에 의해 '부드러운 비'로 내려앉는다. 라킨은 솜씨 좋은 논의를 거쳐 깔끔하고 논리적인 결론을 제시하지 않는다. 그 대신 '비-속으로 들어간-화살'이 전후 잉글랜드 삶의 천박함과 권태를 비유한다. 근본적인 주제가 이미지의 연결로 나타나는데, 그 이미지 가운데 많은 것이 정신분열증이 그렇듯 전혀 분명치 않다. 시간이 흐르면서 행위와 대화가 줄어드는 사뮈엘 베케트의 희곡에서처럼, 이미지만으로 접근하면 내용이 몹시 빈약해져 전부는 아니라 하더라도 대부분의 해석과 의미를 독자가 보충해야 한다. 마음이 괄호 안을 채우는 것이다. "붉은 바퀴/손수레/에/너무 많이 달려 있다/하얀/병아리 곁에/빗물로/몽롱해진 채." 윌리엄 카를로스 윌리엄스[12]의 아주 유명한 시 〈붉은 외바퀴 손수레〉는 농기구 하나의 존재를 제시할 뿐이다. 이 시가 선禪과 같은 심오함을 표현하는지 아니면 선시 양식의 패러디인지 알기는 힘들다.

시인들은 세계의 다른 면을 관련지어 생각하는 능력을 확장하려고 한다. 그렇게 함으로써 그들은 삶의 밑바닥에 깔려 있는 연관성을 드러낸다. 어떤 시인들은 친근한 것과 소름 끼치는 것을 병치함으로써 문명국 국민인 우리가 곧잘 잊는 불편한 진실과 마주하게 하기도 한다. 대부분 상상력이 부족한 사람들과 정신분열증 환자들 사이 어딘가에 불안한 창조성이 혼재하는데, 이곳에서는 미친 듯이 날뛰는 뇌가 정상적이지만 아주 알기 쉬운 것보다 더 넓은 연관을 만들어내고, 추상적 상징이 동료에게 반향을 불러일으키는 연상물을 창조하며, 세계에 관한 새로운 통찰이 만들어진다. 의식적인 뇌가 이 연관을 아무리 많이 조직한다 하더라도, 이것들은 이미지와 상징에서 시작된다.

역사상 위대한 사상가들 가운데 여러 사람이 자기의식의 통제가 약할 때인 꿈속에서 가장 좋은 생각이 자기에게 왔다고 말했다. 그러한 사람들 가운데 프랑스 수학자 앙리 푸앵카레, 프랑스 철학자 르네 데카르트, 영국 작가 로버트 루이스 스티븐슨이 있다. 시끄러운 소리에 깨어난 수학자 자크 아다마르는 어려운 문제의 해법이 그 즉시 마음속에 떠올랐는데, 이것은 그가 애쓰던 어떤 것과도 다른 방법이었다. 사실 아다마르는 해법이 대부분 의식적 사고가 아니라 이미지로 자신에게 왔다고 말했다. 다른 과학자들에 대해 조사해본 결과, 그는 그들 중 여러 사람도 마찬가지라는 사실을 알게 되었다. 독일 화학자 아우구스트 케쿨레는 자기 꼬리를 먹는 뱀을 꿈에서 본 뒤 벤젠benzene의 구조를 밝혔다고 말한 것으로 유명한데, 그것은 생명 순환에 대한 고대의 상징인 우로보로스의 이미지였다.

이 창조적 연결은 최소한의 노력만으로 해법을 구하는 뇌 생물학에도 나온다. 창조성이 나타나려면 '실수'가 행해져야 한다. 선을 행하기 위해 자연은 실수를 해야 한다. 생물학적 실수와 다름없는 유전자 돌연변이가 없었다면, 우리는 여전히 지구의 태곳적 분비물 속에 있는 아메바일 것이다. 대체로 뇌는 사건을 합리적으로 연관 짓는다. 그리고 뇌는 가끔 비합리적으로 연관 짓는다. 아주 드물게 뇌는 예기치 않은 방식으로 올바르다는 것이 드러나는 있을 성싶지 않은 연관을 만들어낸다. '오류'가 본래 것보다 더 효과적임이 밝혀진다. 뇌가 깊은 차원에서 연관되어 있다는 사실이 밝혀지는 개념을 관련지어 생각하면, 우리는 새로운 해법을 발전시키고 새로운 것들을 만들어낼 수 있다. 생물학적 차원과 심적 차원 모두에서 창조성은 아마도 무엇보다 좋은 실수로, 긍정적 결과를 가져올 것 같지 않은 사항을 연결 지어 생각하는 것이다.

시와 마찬가지로 농담은 통상적 상황에서 예기치 않은 비틀기로 말장난을 하는 것이다. 때때로 유머는 상황에서 나오고 때로 말장난이나 비슷한 발음으로 말하는 장난하기에서 나온다. 어떤 사람이 스물네 조각짜리 직소^{jigsaw} 퍼즐을 샀다. 퍼즐 맞추기는 힘들었는데, 상자 라벨에 '2년에서 4년 걸림'[13]이라고 씌어 있었으므로 그는 몇 주 걸려서 완성했다는 사실에 뿌듯했다. 또 한 사람은 파리의 박물관에서 값비싼 그림 몇 점을 훔치는 데 성공했지만 큰 차의 연료가 떨어지는 바람에 근처에서 붙잡혔다. 그는 가난을 실패 이유로 들었다. "나는 드

가를 사서 반 고흐를 가게 할 돈이 없었어."[14] 영화배우 아널드 슈워
제네거와 톰 크루즈가 만났을 때, 슈워제네거는 톰 크루즈가 영화에
서는 반대쪽 작곡가 역을 맡아주었으면 했다. "네가 모차르트를 해.
나는 바흐를 할 테니."[15] (영화 〈터미네이터〉의 팬들은 이 문장을 이해할
것이다.)

　시에서와 마찬가지로 농담에서는 실제와 인지된 상황 사이의 불일
치를 알아차리지 못하면 일련의 말에 적용되는 여러 의미를 이해할
수 없다. 우리는 무언가가 어떻게 동시에 그것이기도 하고 다른 것이
기도 한지 알아야 한다. 유머는 의미가 오해될 수도 있다는 사실을 인
지하면서 그 의미를 정확하게 읽어내는 능력에서 나온다. 이는 올리
버 스위프트가 사회 부정의를 신랄하게 풍자하면서 쓴 작품 〈겸허한
제안〉을 영국인이 오해한 것처럼, 어딘가에 그 부조리를 보지 못하는
사람들이 있다는 것을 전제로 한다. 런던 사람들이 아일랜드 아이들
을 음식으로 사먹어서 아일랜드 빈민의 부담을 덜어주었다고 읽은 한
신사는 책을 탁 닫으며 이렇게 말했다. "한마디도 믿을 수 없어!" 이
중적인 뜻이 담긴 어구(이중 의미)는 마치 예수가 베드로를 '교회가 서
있는 반석'이라고 부르면서 제자 이름인 베드로[Peter]와 '바위'를 뜻하
는 그리스어 페르라스[petras]를 놓고 말장난할 때처럼 심각한 일의 의
미를 풍요롭게 할 수도 있다.

　우리는 유머를 '빛'이라고 생각하지만, 그것은 통상적으로는 연관
되지 않는 것을 연관 지을 때 모든 창조적 노력 속으로 들어오는 깊은
통찰을 상징한다. 예기치 않은 연관은 수학 퍼즐, 수수께끼, 시 또는

농담을 풀어내는 즐거움을 준다. 뇌 속에서 관용어법으로 도약할 때는 언제나 불확실한 것(그녀의 눈이 얼마나 바다와 같은가?)의 억압을 해결하고 그 보상으로 도파민을 약간 얻는다(그녀의 눈은 푸르고, 헤아릴 수 없는 깊이가 있으며, 때로는 차갑고 맹렬하다). 프로이트는 그 즐거움의 일부가 종종 비논리적 해법이 논리적·의식적인 뇌의 편집編輯과 통제, 검열을 피해가는 무의식의 승리를 상징한다고 덧붙였다.

학습의 기초는 부정확함이다

과도한 연관은 정신분열증 환자들의 정신 과정을 설명하기 위해 심리학자 아일하르트 폰 도마루스가 개발한 개념인 '폰 도마루스 원리'의 한 예다. 기술적으로 볼 때 정신분열증 환자는 부주연不周延의 중개념中槪念, 즉 '모든 C는 A이고, 모든 D는 A이다. 고로 C는 D이다'라는 논리의 오류를 범한다. 그렇게 해서 모든 기린은 돼지라고 보는데, 둘 다 발이 네 개이기 때문이다. 그러나 이런 결론으로 이끄는 논리에 결점이 있는 것처럼 보이지 않는다. 오히려 무의식의 날것 그대로 진행하는 힘이 비슷해 보이는 두 항목을 한데 밀어붙여 하나로 녹여버린다. 의식적이고 사려 깊은 뇌가 둘을 비틀어 떼어놓을 수는 없다.

정신분열증 환자들이 극단적인 예라 할지라도, 폰 도마루스 원리는 실제로 모든 사람이 학습하는 방법의 핵심에 있다. 이 원리는 창조성 일반에 대해 많은 것을 설명해주는데, 학습에는 유사한 개념을 연결해주는 것이 필요하기 때문이고, 뇌에는 하나의 상황에서 정보를 얻어 다른 상황에 적용하는 능력이 있기 때문이다. 네 발 달린 동물들 사이에는 실질적 유사성이 여러 가지 있다. 포유동물은 3센티미터인 호박벌박쥐에서 30미터나 되는 흰긴수염고래까지 크기가 다양하지만, 공통된 특징이 여럿 있다.

포유류 5,400종 가운데 우연히도 기린, 소, 돼지, 낙타가 밀접히 연관되어 있다. 이들은 공통 조상을 가지고 있고, 생리학적으로 유사하며, 모두 짐을 싣는 동물이다. 만약 우리가 한 종의 행동을 이해한다면, 다른 종의 행동을 잘 관리하게 된다. 우리는 이러한 모든 동물을 망라하는 한 가지 말을 상상할 수 있다. 그 말이 바로 유제류[16]다. 살아 있는 동물들에 대한 모든 과학적 분류는 점점 더 넓어지는 범주에 기초하지만, 그 중 많은 것이 비전문가에게는 분명해 보이지 않는 관계를 설명한다. 예컨대, 하마와 고래 사이에서 무슨 직접적 유사성을 보겠는가? DNA 검사는 하마가 신체적으로 닮은 육생동물보다 고래와 더 연관성이 있음을 보여준다.

'가까운' 것을 연관 짓는 뇌의 능력은 우리가 광범위한 개념을 발전시키고 지식을 형성하는 방법일 뿐만 아니라 일상의 토대 위에서 세계를 이해하는 방법이기도 하다. 인지적으로 볼 때, '가까운' 것은 실제 세계에서 '동등한' 것이어야 한다. 그렇지 않으면 우리는 사랑하는 사람의 얼굴을 다른 각도나 다른 관점에서 볼 때마다 새로운 누군가를 보고 있다고 생각하게 된다. 해가 뜰 때마다 우리는 새롭고 혼란스러운 지형을 보게 될 것이다. 지나가는 구름이 땅에 그림자를 드리우면 세상이 또 변하게 될 것이다. 크기가 다른 모든 삼각형, 직사각형,

정사각형이 다른 것들과 다른 독특한 도형이 될 것이다. '$a^2+b^2=c^2$'이 '$x^2+y^2=z^2$'과 같은 공식이라거나 'apple'과 'APPLE'이 같은 과일을 기술하는 것임을 인정할 수 없을 것이다. 모든 한 가지 사물과한 가지 행위가 독특해서 다른 모든 사물과 행위와 연관될 수 없게 될것이다. 모든 순간이 불가사의하게 새롭고 좌절감을 느낄 정도로 요령부득하게 될 것이다. 세계가 늘 새롭고 항상 변하는 자극의 악몽 같은 잡동사니가 되지 않게 하려면 그것을 비슷한 것으로 단순화해야한다. 우리가 학습할 수 있는 유일한 방법은 뇌가 '유사한' 것이 '동일한' 것을 의미하도록 다루는 것이다. 그렇지 않으면 뇌는 관계를 인지하거나 경향을 포착할 수 없다.

'비슷한 것으로 족하다'는 접근 방법은 우리 세계의 많은 문제, 특히 우리가 반복해서 보는 일상의 문제를 다룰 때 유용하며, 창조적 사고와 재담의 원천이기도 하다. 그러나 모든 음에는 양이 따른다. 전문적 지식이 과도한 경험 의존에 빠질 섬뜩한 길이 있음과 동시에, 유사한 것이 동일한 것을 의미하게 만드는 경향은 앞으로 간단히 살피게되는 바와 같이, 우리를 상상력 있는 정신 작용에서 심리적 경직성으로 이끌 수 있다.

- 유사한 개념과 대상 사이에서 단일성을 인지하는 것이 우리가 막대하게 모순되는 지각 정보 사이에서 현실을 이해하는 유일한 방법이다. 이것이 바로 우리가 세계를 이해하는 방법이다.

- '비슷한 것으로 족하다'는 것이 뇌의 기본 경향이다.

- 우리 의식은 '금지된 생각'을 통제하거나 그것에 가면을 씌우고자 한다. 이 '편집자적 통제'가 우리로 하여금 위협적이거나 금기시되는 주제에 접근하지 못하게 막지만, 그것은 통상적이지 않은 생각, 즉 보통 상태에서 벗어난 그 어떤 것을 진압하기도 한다. 의식적인 마음의 장악력을 풀어주는 것이 무의식을 해방해서 새롭고 흥미로우며 유용한 연관, 즉 창조성의 정수를 만들 수 있다.

CHAPTER 05

맹목적으로 되지 말라

굶주린 쥐를 생각해보라. 우리 안에 레버가 두 개 있다. 하나는 누를 때마다 음식을 준다. 다른 것은 누르는 횟수의 20퍼센트만 음식을 준다. 만약 쥐가 우연히 20퍼센트 레버를 먼저 발견한다면, 아마도 다른 레버는 자세히 살펴보지 않을 것이다. 음식이 나오는 곳을 발견하면 더는 탐구하지 않는다. 이 행동은 습관이 들어버리는 것으로, 생존 본능의 일부다. 만약 무언가 작동하면 더는 살피지 않는다. 더 나을 수도 있는 해법에 에너지를 쓰지 않는데, 그 해법이 존재하지 않을 수도 있기 때문이다. 실제로 찾기를 계속하다 보면 이미 찾은 음식을 잃어버릴 수도 있다.

굶주린 쥐 두 마리를 생각해보라. 하나는 100퍼센트 레버를 발견한다. 다른 것은 20퍼센트 레버를 발견한다. 이제 두 레버 모두 작동을 멈춘다. 항상 음식을 받다가 이제 전혀 받지 못하는 쥐는 아주 재빠르게 다른 곳을 보기 시작하는데, '항상'에서 '전혀'로 가는 것은 명백한 규칙 변화이기 때문이다. 그러나 다섯 번 시도해서 한 번씩만 음식을 받던 쥐는 변화를 인지하기까지 여러 날, 어쩌면 여러 주 계속해서 레버를 누를 것이다. 불규칙적인 강화[17]는 규칙이 변했다는 것을 뇌가 발견하는 데 시간이 더 오래 걸리게 한다.

부분적이고 일관되지 않은 강화로 학습된 행동은 소멸되기가 대단히 어렵다. 행동에 일관된 강화를 가져다줄 수 있는 유일한 장소는 실험실 안이다. 실제 생활에서는 균등하고 규칙적인 강화를 거의 받지 않는다. 우리는 신선한 사고를 가로막는 낡은 사고 습관에 대해 충분히 강화를 받을 뿐이다. 그 결과 우리는 변화에 필요한 압도적이고 일관된 증거가 있을 때까지 오래된 초기 설정 행동을 계속한다. 그러한 증거는 거의 드러나지 않다가 아주 늦게야 나타난다.

만약 쥐가 서서히 증가하는 원리로 다소나마 임의로 음식을 얻어먹는다면, 즉 3번, 20번, 70번, 100번 등을 시도해서 한 번씩 알갱이 한 개를 받는다면, 막대기 누르기를 그만두기 전에 굶어죽을 것이다. 기본적 보수주의는 최소 필요조건 추구satisfycing에서 오는데, 이것은 만족스러운 해법을 찾으면 탐색을 멈춘다는 의미의 심리학 용어다. 최소 필요조건 추구는 겉보기에는 '만족스러운' 해법의 부분강화와 함께 심리적 경직성으로 이어진다. 매우 침투성 있는 이 위험은 우리가 다른 사람들을 보는 방식에까지 연장된다. 우리는 다른 사람들을 인종, 종교, 성, 국적, 정치 등 '종족적' 특징에 입각해 고정화하는 경향이 있을 뿐만 아니라, 앞에서 논의한 바와 같이 사랑하는 사람들과 나날이 접촉하는 과정에서 융통성 없는 태도를 키울 위험과 마주하기도 한다.

폰 도마루스 원리가 정신분열증 환자들의 심적 작용을 설명하려고 발전되었다 할지라도, '정상적인 사람들'조차 도움이 안 되는 연관에 지나치게 의존한다. 셀 수 없이 많고 복잡한 물리적·논리적·정서적 계산을 매순간 수행하면서 뇌는 수고를 아끼고 반응시간과 속도를 높이고자 한다. 더 열심히 하기보다는 더욱 영리하게 하려고 한다. 그런데 그것이 때로는 우리를 멍청하게 만든다. 이전 경험과 연관을 만드는 것이 수고를 피하고 지름길을 만드는 가장 빠른 방법이기 때문에 뇌는 종종 가장 좋은 연관이 아니라 가장 쉬운 연관을 만든다. 지식을 학습하고 형성할 수 있게 해주는, '비슷한 것으로 족하다'는 방법은 최소 필요조건 추구, 즉 그저 그럭저럭 해나갈 수 있는 것만 해서 결코 최선이 아닌 해결책을 찾는 식으로 변질된다.

머릿속이 뻣뻣하다

심리적 경직성은 전통적인 단어 연상 실험처럼 아주 단순한 것에서 볼 수 있다. 어떤 사람이 '검다' 같은 말을 제시하면, 다른 사람은 마음속에 처음 떠오르는 단어로 반응하는데, 언제나 똑같이 '희다'다. 인간의 사고 유형은 아주 일관되므로 정상적 반응과 통상적 단어 연상의 통계 분포를 제시하는 온갖 책이 출간되어왔다. 이 연상은 아주 깊이 작용하므로 〈매치게임〉, 〈할리우드 스퀘어〉, 〈패밀리 프로이트〉 같은 텔레비전 쇼들은 참가자들이 유명 인사나 청중이나 일반 대중과 서로 어울리는 대답을 내놓는다는 전제 아래 20년 또는 그 이상 방송해왔다. 단어 연상 게임은 온라인에서도 인기가 있다.

통상적으로 사용되는 모든 단어에는 판에 박힌 반응이 따른다. 피험자 100명에게서 만들어낸 한 단어 연상 실험에서는 '아래로'라는 단어에 약 3분의 1이 '위로'라고 말했다. '개'에 대해서는 반 이상이 '고양이'라고 답했다. '검다'의 결과는 약 60퍼센트가 '희다'였다. '남자'는 3분의 2가 '여자'라는 결과를 가져왔다. '선하다'는 80퍼센트가 '악하다'였다. 압도적인 반응이 없을 때조차 대답은 관련된 의미 주위에 특징적으로 밀집되었다. '의자'에 대한 약 50퍼센트의 반응은 어떻든 간에 '앉는 것'과 연관되었고, 15퍼센트는 '탁자'와 연관되었다. '섹스'에 대한 응답은 10퍼센트를 넘지 않았지만 전체의 약 40퍼센트는 젠더와 연관 지었다.

가장 창조적이거나 불안해하는 개인만이 정상 바깥으로 나갔다. '의자'라는 단어에 '탁자'가 광범위한 한 가지 반응이지만 창조적인 사람은 '개인'이라고 대답했다. 편집증 환자는 '전등'이라고 말할 것이다. 대개 창조적 반응을 끌어내는 방법은 마음속에 처음 떠오르는 단어보다는 통상적이지 않은 대답을 특별히 요구하는 것이다.

단어 연상 실험은 개인의 정신건강을 감정하기 위해 1950년대까지 임상의학자들이 사용했다. 오늘날에도 이러한 실험들은 개인이 새로운 사고를 하는 정도를 측정하는 빠른 방법을 제공한다. 치료사들은 '섹스'에 대한 반응이 '슬프다'일 때처럼, 개인의 고통 영역을 드러내는 변칙적 반응을 기대한다. 단어 연상 실험이 중요한 진단 수단으로 사용되지 않더라도(우리는 지금 대부분 마케팅이라는 수법·게임의 왕국에서 산다), 그것은 좀더 복잡한 실험이 합리적으로 정확한 심리학적 분석표를 어떻게 얻어내는지 들여다볼 수 있게 해주거나 잠재적인 문제 영역으로 안내해준다. 다음 일련의 단어에 대한 반응을 생각해보라. 나=웩, 너=고통, 물=빠지다, 개=수치, 남자=식인종, 아래=지옥. 이것은 한 개인한테서 얻은 것은 아니지만 실제 반응이다. 만약 이 불안한 반응 유형이 한 개인한테서 나왔다면, 우리는 심각한 심리적 문제의 잠재성을 알아보는 훈련된 임상의학자가 될 필요가 없다.

반응 자체뿐만 아니라 반응 속도도 의미가 있다. 젊은 개업의일 때 단어 연상법을 발전시킨 칼 융은 어떤 유발단어들[18]이 통상적이지 않은 반응뿐만 아니라 반응 지체도 가져온다는 것을 알아냈다. 사람들이 자신에게 정서적 충격을 가한 단어들에 대한 대답과 무의식적으로 싸우는 것과 같은 것을 말한다. 융은 지체된 반응을 야기하는 일련의 말이 통상의 근본적인 정서적 문제와 연관되어 있을 거라고 생각했다. 이 말 덩어리를 설명하기 위해 그가 사용한 '콤플렉스'라는 말이, 어떤 사람이 정신적이거나 정서적인 문제와 싸울 때 '콤플렉스를 가지고 있다'는 관용어법을 낳았다. 사람들이 자신의 반응 지체를 알아차리지 못하는 것처럼 보였기 때문에 융의 작업은 무의식과 억압에 관한 프로이트 이론에 힘을 보태주었다.

나는 인지적 집착이 어떻게 마음에 영향을 미치는지에 호기심을 느꼈기 때문에 (이 책에서 최초로 활자화되는) 두 가지 단어 연상 연구를 전개했다. 한 연구에서는 유발단어 열 개를 나누어주고 각각에 대해 다른 응답을 세 가지 해달라고 했다. 그러고는 단어 열 개가 든 봉투를 나누어주었다. 학생들은 봉투에서 그 단어들 중 하나를 가지고 30초 동안 숙고했다. 나는 처음의 실험을 반복하면서 학생들에게 처음에 했던 응답을 반복해달라고 했다. 다른 말들과 비교해볼 때, 학생들은 자신이 숙고한 말에 대한 최초 반응을 반복할 개연성이 훨씬 더 낮았다. 난 30초의 자극이 그 단어에 대한 학생들의 연상에 변화를 가져왔다! 그 효과는 아주 강력해서 나는 종종 어느 반응이 최초 실험과 두 번째 실험 사이에서 변화를 가장 많이 일으켰는지 판단함으로써 학생들이 봉투에서 무슨 단어를 꺼냈는지 추측할 수 있었다.

다른 연구도 비슷한데, 유발단어 열 개에 응답을 각각 세 개씩 요구하는 것이었다. 그 유발단어 가운데 '손', '무겁다', '고통' 등이 있었다. 첫 번째와 두 번째 실험 사이에 학생들에게 4분 동안 손을 들어달라고 했다. 그 시간이 끝날 때쯤 학생들은 손을 들고 있다는 것 외에는 거의 아무 생각도 하지 않았다. 그다음 실험에서는 학생들이 목록의 다른 단어들보다 '손'이라는 단어에 대한 최초 반응이 어땠는지 훨씬 더 기억해내지 못하는 경향이 있었다. 어떤 사람에게 한 단어를 언급하고 그것을 기억해내라고 하기만 해도 그것을 언급만 하고 기억해내라는 요구는 하지 않는 경우보다 그 단어의 애초 연상물을 기억해내지 못하는 경향이 있다.

우리가 단어들 사이에서 만들어내는 연상물은 대부분 판에 박혔는데, 그 연상물에 대해 생각하지 않기 때문이다. 융과 다른 사람들이 설명한 바와 같이, 그것들이 마음을 빼앗지 못하면 의미를 갖지 못하게 된다. 어떤 주제에 대해 더 많이 생각하면 할수록, 단어 연상물은 더 많이 변한다. 나는 한 병원 연구에서 환자들이 수술을 기다리는 동안 그들의 단어 연상물이 얼마나 많이 변하느냐에 따라 두려움을 어느 정도 느끼는지 밝혀낼 수 있었다. '의사'가 반복된 연상물에서 '간호사'라는 반응을 보인다면, 환자는 수술 절차를 많이 생각하지 않는다. '의사=간호사'가 '의사=수술'이 되고, 다시 '의사=메스'가 된다면, 환자는 닥쳐올 사건에 대해 끊임없이, 아마도 좋지 않은 방식으로 생각할 것이다.

이 모든 예가 무의식이 끊임없이 정보를 처리하며, 그것이 바로 무의식의 핵심이라는 증거다. 이것은 대부분 긍정적인데, 무의식을 처리하는 과정은 우리가 창조성이라고 하는 예기치 않은 연관을 종종 만들어내기 때문이다. 그러나 뇌가 어떤 자극을 수술의 예에서처럼 위협으로 인지한다면, 바뀌는 연상물은 걱정한다는 증거가 된다. 그 위협이 압도적으로 되면, 사고를 완전히 멈춘다. 어떤 중요한 검사를 준비하면서 몇몇 학생은 아주 스트레스를 받아 아무런 연상물도 새로 만들어낼 능력을 잃어버렸다. 유발단어가 '말', '사과', '소파' 중 어떤 것이든 응답은 '크다'였다. 이것은 보속증[19]의 특질 또는 정신분열증 환자의 전형적인 특유 행동이다! 학생들은 스트레스를 받으면 예민한 심리적 경직성을 드러냈다.

단어 연상물은 대부분 일상적이며 이 책의 초점 또한 일상적인 데서 벗어나는 것이므로, 단어 연상 게임의 두 가지 변형을 제시하는 것이 좋겠다. 첫 번째는 '가운데 말 찾기'다. 우리는 A와 C를 알고 있다. 그렇다면 B는 무엇일까? B는 단어 A의 뒷부분 반과 단어 C의 앞부분 반으로 이뤄져야 한다.

A	B	C
Rocking 흔들기		Person 개인
Hold 붙들다		Forward 앞으로
Wall 벽		Wise 지혜로운
Financial 재정상의		Test 시험

그림 5-1 첫 단어와 마지막 단어가 가운데 단어로 연결되어 있으므로, 일상적인 연상으로 마음이 이끌리지 않을 수 없다. 생각을 해야 한다! 일반적인 단어 연상 게임과 비교해볼 때 이것은 인지를 자극한다. 답은 순서대로 다음과 같다. 의자, 빠르다, ~가 th, street, 파산하다. 다음의 '별 star' 게임에서는 여러 단어를 연결하는 원단어를 찾는다는 점에서 이와 유사한 창조성이 필요하다.

인지를 자극하는 두 번째 단어 연상 게임은 '별'인데, 여기서는 세 개 또는 그 이상의 단어가 중심 단어와 연관된다. 우리는 B_1, B_2, B_3를 알고 있다. 그렇다면 A_1은 무엇일까? 단어 A가 다른 단어들을 이끌어내는 것이어야 한다. 〈그림 5-2〉를 보라. 답은 순서대로 다음과 같다. 정원, 별의 astral, 최상의 prime, 21 헤로인 중독자 horse 22

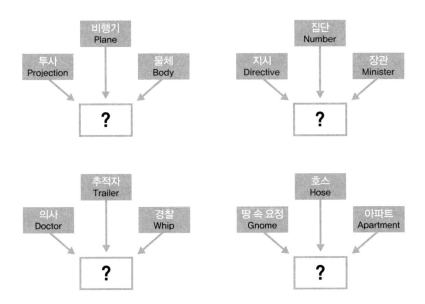

그림 5-2 이 각각의 퍼즐에서 다른 세 단어를 연결해주는 중심 단어는 무엇일까? 보통 단어 연상 게임에서는 판에 박힌 답이 나온다. 예컨대 '검다'는 말에는 '희다'는 대답이 나온다. 생각을 거의 하지 않거나 아예 하지 않는다. 내정된 응답(default response)을 방해하는 게임은 뇌를 자극하는 데 도움이 된다. '별' 연상 게임은 숨어 있는 본래 단어를 찾게 만들기 때문에 인지적 노력을 더 많이 하게 된다.

    훨씬 더 자극을 일으키는 게임을 하려면 중심 단어와 연관된 단어의 수를 서로 연결하지 않고 늘리면 된다. 그 재미의 반은 수수께끼들을 만들어내는 것이고, 다른 반은 친구들이 만든 수수께끼들을 푸는 것이다. 모든 심리 게임은 겉보기에 무관한 단어 또는 개념 사이의 숨겨진 연관성을 찾아내는 이 기본 아이디어에서 나온다.

경험이 기계화된 심리 상태를 만든다

심리학자 에이브러햄 러친스는 경험이 얼마나 빠르게 사람들로 하여금 기계화된 심리 상태(독일어로는 'einstellung'[23])를 발달시키게 하는지 설명했다. 러친스는 일련의 실험을 했는데, 여기서 피험자들은 크기가 서로 다른 세 병에 물을 더 붓거나 덜어내서 용기들의 일정한 조합에 따라 특정 양의 물을 만들어내는 실험을 했다. 피험자들은 물의 양을 측정하기 위해 병만 사용할 수 있었다.

첫 번째 실험에서는 병 A가 21단위를 담을 만한 크기였고, 병 B는 127단위, 병 C는 3단위였다. 과제는 100단위를 만들어내는 것이었다. 해법은 병 B를 가득 채우고(127), 그 물을 A로 덜어내고 나서(B에 106을 남기고), 다시 B의 물을 C에 채우고(103을 남기고), C를 비운 후 또다시 B의 물을 C로 옮기는 것이었다. 그랬더니 병 B에 100단위가 들어 있었다. 다음 실험에서는 다른 양을 만들어내기 위해 크기가 서로 다른 병들을 사용했지만, 피험자들 모두 근본적으로 똑같은 해법을 가지고 있었다. 'B−A−2×C.'

마지막 실험에서는 15단위, 39단위, 3단위의 병들을 사용했는데, 과제는 18단위를 재어 만들어내는 것이었다. 피험자들은 대부분 이미 만들어낸 공식을 사용해 문제를 풀었는데, 그것은 그들이 드러내놓거나 암암리에 계산해낸 것이었다. 아주 일부만이 A와 C를 둘 다 채우는(15+3=18) 직접적 해법을 찾아냈다. 더 정교한 해법이 있는 일련의 실험을 하지 않은 한 통제집단[24]에서는 언제나 똑같이 더 단순한 답을 찾아냈다. 러친스는 스트레스가 심리적 경직성을 극적으로 높인다는 더 많은 증거를 보여주었다. 시간 때문에 스트레스를 받으면, 피험자는 시간에 대한 경직성을 98퍼센트 보였다.

심리적 경직성의 유사 형태가 '기능적 고착'으로 알려진 것에서 보이는데, 이것은 다른 용도가 유리한데도 그 본래 목적만을 위해 어떤 대상을 사용하는 현저한 경향이다. 칼 던커는 피험자들에게 초 한 개, 성냥 한 묶음, 압정이 가득 든 상자를 한 개씩 주었다. 목표는 초를 벽에 붙이는 것이었다. 피험자들은 대부분 벽에다 초를 녹이거나 압정으로 초를 직접 꽂으려고 했다. 피험자 가운데 몇몇은 압정 상자를 촛대로 삼아서 압정으로 상자를 벽에 붙이고 그 안에 초를 놓는 방법을 궁리해냈다. 상자 안에 든 압정을 본 참가자들은 상자를 새롭게 이용할 방법을 인지하지 못했다. 나중 실험에서는 피험자들에게 같은 물품들을 주었지만 상자 안에 압정이 없었다. 이 참가자들은 상자가 압정 용기로 사용되는 것을 처음에 본 사람들보다 두 배나 더 문제를 해결할 개연성을 보였다.

노먼 마이어는 피험자들에게 천장에 매달린 끈 두 가닥을 묶으라고 했는데, 끈들은 한 사람이 두 팔을 뻗어 묶을 수 없을 정도로 멀리 떨어져 있었다. 참가자들은 펜치를 비롯해서 문제를 해결하는 데 도움이 될 만한 여러 가지 도구를 받았다. 얼마 안 되는 피험자들이 해법을 간파했는데, 그것은 펜치를 추로 활용해 한 끈에서 다른 끈으로 흔드는 것이었다(피험자들이 쩔쩔매면 마이어는 이따금 끈을 앞뒤로 흔들어주곤 했는데, 그 밖에는 자기 행동에 주목하게 만들지 않았다. 그렇게 하면

많은 사람이 문제를 해결했는데, 자신이 연구자 행동의 의미를 간파했다고 의식하지는 못했다. 연구자의 '힌트'에 대한 이 반응은 무의식이 작동하는 또 다른 예다).

허버트 G. 버치와 허버트 S. 라비노비츠가 실시한 변형된 연구는 피험자들이 문제를 정확히 해결한다 하더라도 심리적 경직성이 여전히 그들을 괴롭힐 수 있음을 보여주었다. 먼저, 피험자 두 집단이 각각 전기스위치와 전기계전기를 반복적으로 사용하는 것을 포함한 일련의 과제를 수행했다. 그러고 나서 두 집단은 끈 두 개로 하는 실험을 요구받았다. 도구로는 스위치와 계전기를 제공했다. 스위치를 가지고 작업한 사람들은 스위치를 추로 사용하는 경향이 있었고, 계전기를 가지고 작업한 사람들은 계전기를 사용하는 경향이 있었다. 끈 두 개로 실험하기 전에 어떤 과제도 받지 않았던 한 통제 집단은 한 장치를 다른 장치보다 더 선호하는 경향을 보이지 않았다.

경직성은 대체로 나이에 따라 늘어나는데, 37세에서 61세 사이에 두 배 이상으로 된다. 일반적으로 아이들이 문제를 해결하는 기술은 나이에 따라 향상된다. 그런데 어린 아이들은 나이 든 아이들이나 성인들보다 대상들을 새롭게 활용하는 방법을 더 잘 알아낼 수 있다. 마거릿 디피터Margaret Defeyter와 팀 저먼이 실시한 초실험과 유사한 실험에서는 아이들에게 상자를 비롯한 다양한 물건을 활용해 선반에서 어떤 물건을 내릴 수 있는 계단을 만들라고 했다. 아이들이 상자를 처음 보았을 때 그것이 용기로 사용되지 않았다면, 7세 아이들은 5세 아이들이 한 것보다 더 빨리 그것을 계단으로 만들었다. 그러나 그것이 용기로 사용되고 있었다면, 5세 아이들이 그것을 계단으로 바꾸는 일을 더 잘했다. 물건을 어떤 의도된 용도로 사용하는 것이 더 어린아이들에게는 똑같이 가능한 일이었다. 그 아이들은 관습적인 지혜에 따라 대상의 경험이 제한될 만큼 충분히 경험하지 못했다. 그러나 심리적 경직성의 징후가 그보다 좀더 나이든 아이들에게서는 이미 나타났다.

유사한 상황을 미리 접함으로써 낭패하는 속도를 예증해주는 이 모든 실험은 경험의 음흉한 본성을 강조한다. 경직성은 경험을 통해 학습하는 극단적 형태다! 그것은 욤 키푸르 전쟁처럼 아주 실제적인 위험을 가져다줄 뿐만 아니라 사고의 창조성을 구속하기도 한다.

언제가 망치이고 망치가 아닌가?

우리는 대부분 무언가 새로운 일을 한다고 생각할 때조차 오래된 연관성으로 되돌아간다. 이 무의식적 역전 때문에 새로운 경험과 어떤 변화도 거부하게 된다. 변화를 원한다고 생각하면서도 거부하는 것은 특히 정치에서 분명히 나타난다. '변화의 시간'이나 그보다 긴 '새로운 출발의 시간' 같은 구호들은 선거에서 이기는 데 아주 효과적인데, 현재 상황의 어떤 면에서 흠을 찾아낼 수 있기 때문이다. 그러나 표를 얻는 데 성공하려면 변화 요구가 전적으로 추상적이어야 한다. 어떤 정치인이건(정치적 업적이 얼마나 있는지와 무관하게) 특정한 의제를 준비해 실제적 변화를 시도하면, 적수들이 그 행동의 미지수나 잠재적으로 불리한 면을 문제 삼아 아주 재빠르게 세력을 규합한다. 그러면 반대가 급속히 증가한다. 현실에서 우리는 변화에 대해 모순되는 감정을 가진다. 이성적인 면에서는 새로운 방향을 추구해야 한다고 말할지라도 심리적으로는 알지 못하는 악마보다 아는 악마를 선호한다. 습관은 새로움을 경계하게 만들 만큼 충분히 강화된다.

비슷한 것들을 동일시하는 것은 우리가 세계를 이해하고 학습하며 문명을 건설하는 방법이다. 존재하는 연관(경험)에 의존하는 것은 대부분 일상사로 족하다. 그러나 현실적으로 중요한 문제는 개인적인 것이건 사업상의 것이건 정치적인 것이건, 너무나 복잡해서 '비슷한 것으로 족하다'에 의존할 수 없다. 이 문제들은 표면적으로는 아주 유사하지만, 근저에서 상당히 다르게 만드는 복잡한 세부 사항과 뉘앙스를 지니고 있다. 오류에도 만족하는 것은 대부분 사람들에게 상황 속에서 파괴적 결정과 행동을 의미하는 것으로 이어지거나 전 세계에 가장 큰 충격을 미칠 수 있다. 날씨는 날마다 변하고 기후는 당연히 수십 년 단위로 변하므로 보통 사람들은 한 달간의 계절에 맞지 않게 추운 날씨는 느끼면서도 장기간의 지구온난화에는 관심을 갖지 않기가 쉽다. 그러나 한 주간 또는 한 달간의 격차가 장기간의 경향을 벌충하지는 못한다. 만약 과학자들이 틀렸다면 그들의 결론은 현 상태에 대한 우리 성향에 비위를 맞추는 텔레비전의 짤막한 코멘트가 아니라 차분하고 집중적으로 연구하고 반성한 결과 거부되어야 한다.

이 장에서 실시한 연구는 만약 우리가 망치만 가지고 있다면 모든 문제가 못처럼 보인다는 민중의 지혜를 예증한다. 친숙함 속에 단단히 자리 잡으면, 모든 새로운 상황을 어떤 것이건 마음의 도구 세트에 이미 있는 해법에 끼워 맞춘다. 우리는 우리가 가지고 있는 도구 세트를 새로운 용도로 써보는 능력을 잃어버린다. 또는 완전히 새로운 도구를 만드는 능력을 잃는다. 아무 제약을 받지 않고 종종 일관성이 없다 하더라도, 시인과 코미디언은 말할 것도 없고 정신분열증 환자들의 사고는 그러한 심리적 경직성을 방지하는 방법을 보여준다. 모든 학습이 낡은 연관에 의존하지 않고 새로운 연관을 만들어내는 데서 온다. 우리는 세계를 위하고 우리의 정신 능력을 위해 현재 상황에 안주하려는 경향을 극복하려고 힘써야 한다. 우리는 정신의 시스템이 계속해서 열려 있고 기능하게 하며, 뇌 능력을 보존하기 위해, 새로운 일을 하고 우리 삶에서 가장 일상적인 문제에조차, 특히 만약 그런 노력이 불필요하다고 생각한다면 새롭게 접근하려고 노력해야 한다.

인지의 경직성에서 자유로워지는 한 가지 방법은 한 걸음 물러나 생각함으로써 특수한 것에서 일반적인 것을 추출하는 것이다. 한 걸음 물러나 생각하면 어떤 특수한 해법에 고착되지 않을 수 있을 뿐만 아니라, 그것이 새로운 가능성을 열어 보여주기도 한다. 도대체 누가, 망치는 목적이 한 가지밖에 없는 도구라고 말했는가? 그것은 다른 무엇보다도 추, 문 버팀쇠, 쇠지레, 테니스라켓, 의사봉, 표지판 지지대, 쇠갈고리, 정원용 삽, 장난감 배의 바닥짐, 탱크의 액체 수위를 측정하는 음향 장치 그리고 부족의 지도력을 나타내는 토템과 상징물로(《지구는 지속한다The Earth Abides》를 보라) 기능할 수 있다. 때로는 그것이 못을 때릴 수도 있다.

도구를 혁신적으로 사용하는 것은, 내가 아주 좋아하는 방학 여행지 중 한 곳인 아프리카로 여행하는 상황을 떠오르게 한다. 아프리카 오지에는 예비 부품이 없는데, 아프리카 자동차 정비공들의 창조성을 보노라면 아름답기까지 하다. 정비공은 볼트 하나나 고철 한 조각이 눈에 띌 때마다 나중에 쓰려고 모아둔다. 모든 정비소에는 기이한 금속 부품 상자가 있는데, 이것들이 모두 결국 쓰이게 된다. 한번은 낡은 랜드로버 차의 좌석이 망가졌다. 프로판 탱크의 동력을 이용해 무척 큰 납땜용 인두로 수리하는 것이 유일한 방법이었다. 불꽃이 너무 뜨거워 천으로 된 좌석에 불을 내서 차를 홀랑 태울 지경이었다. 그 문제를 곰곰이 생각해본 정비공은 정비소를 나서서 10분에서 15분쯤 어딘가를 다녀왔다. 그는 진흙 한 양동이를 가지고 돌아와 작업해야 할 부분 가까이 있는 좌석에 뿌렸다. 납땜하면서 진흙의 습기를 유지하려고 물을 부었다. 그는 일을 마친 뒤 좌석을 털어냈고 우리는 가던 길을 계속 갔다(아프리카인들의 기발한 창의성은 대단히 독특해서, 그것을 세상에 널리 알리는 웹사이트가 있을 정도다. www.afrigadget.com).

이 사건을 '문명' 세계에서 하는 전형적인 경험과 비교해보라. 정비소에서는 새로운 좌석을 주문했을 것이다. 그것이 도착하는 데 며칠 걸렸을 테고, 이 모든 낭패 때문에 거금이 들었을 것이다. 이는 차를 소유한 사람이라면 누구에게나 아주 익숙한 이야기다. 문제가 있으면 현대의 정비공은 대부분 진단 도구를 연결해 문제 부분을 탐지한 뒤 교체할 것이다. 아무도 실제로 더는 아무것도 수리하지 않는다(수리공이 잘난 체하면서 이렇게 얘기하는 소리를 얼마나 많이 들었던가. "마더보드가 완전히 나갔네요. 새 걸 주문하시겠어요?"). 생활을 더 편하게 해주는 모든 것은 우리를 덜 창조적으로 만들기도 한다. 우리는 현대적인 장치들이 이전 기술보다 더 믿을 만하고 에너지 효율이 높기 때문에 일반적으로 이런 식의 교체를 받아들인다. 현대적인 안전 시스템이 없는 차로 번잡한 고속도로를 날마다 운전하고 싶어하는 사람은 아무도 없다. 따라서 요점은 이중적이다. 기술이 우리를 노예로 만들도록 내버려두지 않으면서 그것을 최대한 이용해야 하지만 한편으로는 생각을 자극하기 위해 때때로 일부러 힘든 일을 해야 한다.

정신의 경직성을 막는 또 다른 방법은 어떤 문제와 정면으로 씨름하려고 하기보다 그것을 해체하는 것이다. 코드를 재사용하는 방법을 검토하는 소프트웨어 개발자들은 전체 모듈을 수정하려고 할 때보다는 개별 부품을 떼어내 분리된 부품을 사용할 방법을 분석할 때 성공할 확률이 훨씬 높아진다. 그들은 문제를 깨뜨려 조각으로 만듦으로써 통용되는 용법으로부터 사고를 풀어놓는다.

일반적으로 어떤 문제건 그것을 마주하는 최선의 방법은 사전에 형성된 모든 제한을 의식적으로 벗겨내는 것이다. 성냥개비 산수를 연구해 이 전략이 근본적으로 다른 해법을 찾아내는 가장 효과적인(그러나 정신적으로 아주 힘든) 방법이라는 사실을 알게 되었다. 성냥개비 산수는 로마 숫자 형태를 만드는 막대기들을 가지고 문제를 해결하는 방법을 말한다. 우리는 막대기 하나를 움직여 방정식을 고친다. 'Ⅳ = Ⅲ + Ⅲ'의 해법은 'Ⅴ' 앞에 있는 막대기를 그 위로 옮기는 것인데, 그 결과 'Ⅵ = Ⅲ + Ⅲ'이 된다. 더 어려운 문제는 다음 방정식을 고치는 것이다. 'Ⅸ = Ⅵ - Ⅲ.' 'Ⅸ - Ⅵ = Ⅲ'라는 해법은 연산기호에 있는 수평 '막대기'를 움직이는 방법인데, 그렇게 해서 마이너스 기호와 등호를 톡 던져 위치를 맞바꾸면 된다. 연산기호를 막대기로 하는 방법은 허용되지만, 이 수법을 미리 말해주지 않으므로 사람들은 대부분 그것의 가능성을 보지 못한다. 숫자의 막대기 가운데 하나를 움직이는 것, 즉 'Einstellung'[25] 접근법이 효과가 없으면, 사람들은 새로운 선택을 고려해야 한다. 결국, 사람들은 대부분 답을 계산한다. 수수께끼의 해법은 대부분 문제에 관한 심리적 제약을 이완하는 데서 나온다. 똑같은 것을 모든 문제에 적용할 수 있다. 우리가 실제로 저지당할 때까지 기다릴 필요가 없다. 우리가 맞닥뜨리는 모든 중요한 문제에 새로운 접근법을 시도하는 훈련을 스스로 할 수 있다.

현재 상황에서 벗어나는 일은 그것이 간단한 말놀이를 위한 것이건, 수학 수수께끼를 풀기 위한 것이건, 실제 상황에서 결정하고 행동하기 위한 것이건 간에 의도적으로 일어나야 한다. 러친스가 물 실험에 참여한 사람들에게 "맹목적으로 되지 말라!"라고 말하자 그들 중 반 이상이 심리적 경직성에서 벗어나 더 단순한 해법을 찾았다. 나중에 그는 학생들이 실험을 시작할 때 "맹목적으로 되지 말라!"라고 쓰게 하는 방법이 그들이 심리적 경직성에 빠지지 않도록 하는 데 도움이 된다는 사실을 알게 되었다.

새로운 도시를 여행할 때 벌어지는 일에서 보는 바와 같이, 단순한 변화가 타고난 심리적 경직성을 극복하는 데 도움을 줄 수도 있다. 단 몇 시간 뒤 우리는 그 지역의 인지 지도를 발전시키기 시작한다. 모퉁이에서 왼쪽으로 돌면 커피숍이 나오고 오른쪽에는 대성당이 보인다는 사실을 알아낸다. 호텔로 되돌아가게 해줄 랜드마크를 찾아낸다. 친숙하지 않은 환경을 숙지하는 것이 즐거운 일로 인식된다. 새로운 연관이 일어난다. 새로운 회로가 형성된다. 우리는 애쓰지 않고도 뇌 능력을 극대화하기 시작한다. 일상적 존재의 지루함과 허비 그리고 삶에 일찌감치 자리 잡은 경직성과 쇠퇴에 대한 해독제는 달인이 아닌 상황에 스스로를 놓는 것이다! 일시적인 심리적 불편은 뇌를 훈련하고 습관적 태도에서 끄집어내며 새로운 연관과 능력을 자극하기 위한 거래다. 산을 오르는 것과 마찬가지로, 우리는 에너지를 쏟을 때만 심리적 성공과 즐거움을 성취할 수 있다.

MAXIMUM BRAINPOWER

- 부분적이고 일관되지 않은 강화[26]에 따라 학습된 행동은 변화를 거부하고 없애기가 대단히 어렵다. 세상에서 정말 몇 안 되는 환경만이 일관된 피드백을 제공하기 때문에, 오래된 습관은 일하는 새로운 방법을 찾기 위한 더 많은 지원이 있을 때조차 지속된다.
- 하나의 종species으로서 기본적 보수주의는 최소 필요조건 추구에서 오는데, 이것은 만족스러운 해법을 찾으면 탐색을 멈춘다는 의미의 심리학 용어다.
- 뇌는 새로운 정보에 기초한 최선의 연관보다는 경험에 기초한 가장 쉬운 연관을 자주 만들어낸다.
- 수많은 심리학 실험은 사고의 경직성이 적은 경험으로도 급속하게 발달한다는 사실을 보여준다. 경직성은 대체로 나이가 들면서 늘어나는데, 경험에 의존하며 누적되는 것의 영향을 입증한다.
- 심리적 습관을 깨뜨리려면 이미 형성된 모든 제한을 의식적으로 벗겨내야 한다. 심리적 경직성에 빠지려는 경향을 의식하는 것이 그것을 방지하는 데 도움이 된다.

자신의 뇌에
도전하라

MAXIMUM
BRAINPOWER

| CHAPTER 06 |

생각의 원천

마이크와 짐은 친한 친구 사이로 학교와 동네에서 단짝이다. 같은 환경에서 자라난 그들은 비슷한 활동을 즐기고 친구들이 서로 같다. 그들은 거의 같은 시기에 결혼하고 같은 도시에서 산다. 그러나 노후에 이르자 마이크는 자기 친구보다 알츠하이머병에 걸릴 확률이 세 배 높아졌다. 무엇이 이 놀라운 차이를 설명해줄까?

짐은 대학에 갔고 마이크는 가지 않았다. 대학에 갔던 사람들은 다른 사람들에 비해 알츠하이머병이나 또 다른 무서운 퇴행성 뇌 질환에 걸릴 확률이 3분의 1이다. 고등교육을 받은 사람들은 치매 위험성을 3분의 2 줄인다!

영국과 핀란드의 과학자들은 해마다 고등교육을 받으면 치매에 걸릴 위험이 11퍼센트 줄어든다는 사실을 발견했다. 대학 4년과 대학원 2년이 그 위험을 66퍼센트까지 줄여준다. 이 보고가 매우 극적이라 할지라도, 많은 다른 연구 역시 교육의 상당한 이익을 실증한다. 프랑스, 스웨덴, 핀란드, 중국, 미국 출신의 여덟 개별 집단(통계적으로 유사한 사람들의 집단)이 고등교육과 만년의 인지 활력 간의 상관관계를 보여준다. 유럽에서 실시한 연구 네 건에 대한 공동 분석과 뉴욕 시에서 실시한 개별 연구는 읽고 쓰는 능력과 노년의 인지능력의 연관성을 보여준다. '읽고 쓰는 능력'은 아마도 '교육'보다 더 정확한 말인데, 각 세대의 결심 굳은 몇몇 개인은 독학을 하고, 일부는 평생 독립적으로 공부를 지속하기 때문이다. 읽고 쓰는 능력이 치매와 관련된 생물학적 쇠퇴를 반드시 막아주는 것은 아니지만, 그것을 보충해서 잘만 하면 사는 동안 치매 증상이 시작되지 않게 해줄 수 있다.

주의 깊은 독자는 먼저 이런 질문을 해야 한다. 환경이 인지능력을 향상하는가, 아니면 치매에 대한 저항력을 포함해 인지능력이 우월한 사람들이 다른 모든 사람보다 더 나은 결과를 낼 뿐인가? 인지적으로 뛰어나게 태어나는 것일까, 아니면 교육과 그 밖에 삶의 경험을 통해 인지적으로 뛰어나게 되는 것일까? 그럼, 유년기 지능이 어떻게 펼쳐지고 이 펼쳐짐이 교육이나 다른 환경의 측면과 어떻게 관계되는지 검토함으로써 이야기를 시작해보자.

본성 대 양육

지능에 대한 '본성 대 양육'의 영향은 다윈 시대 이래로 과학적 파문 뿐만 아니라 온갖 사회적 파문을 수반하면서 논란이 되어왔다. 만약 유전자가 인생의 성공을 결정한다면, 가난은 가난한 이들이 열등하다는 증거가 될 터여서 그에 관해 어찌해볼 도리가 없을 것이다. 이러한 주장은 여러 세대 동안 영국 귀족을 위한 최후의 중요한 지지자 노릇을 했다. 귀족의 우대 은행계좌와 정치체제 지배의 예가 보여주는 바와 같이 '왕권신수설'은 '신성한 유전자 권리'로 변했는데, 이것이 편리하게도 그들의 경제적 이권을 유지해주었다. 일반적으로 IQ가 낮은 가난한 이들에게 지출하는 세금의 가치를 놓고 유사한 주장이 오늘날에도 제기된다. 만약 그들의 개인적 성과가 대체로 유전자에 따라 미리 결정되어 있다면, 뭐 하러 그러는가? 그리고 사실 연구자 대부분이 최근까지도 인지능력이 태어나면서는 아니라 할지라도 적어도 유아기에 인지적 성장이 폭발적이었던 이후에는 상대적으로 고정된다고 믿었다.

'유전자' 면에서 완벽한 본보기인 심리학자 아서 젠슨은 1969년 이래 인상적인 통계 증거를 가지고 지능이 대체로 유전적이라는 주장을 해오고 있다(그는 인종에 기초한 지능 차이를 주장함으로써 추상적 추론을 통해 아시아인이 백인보다 우월하고 백인이 흑인보다 우월하다는 논쟁적 주장을 제기하기도 했다). 그는 환경 요인이 선천적 지능을 신장하는 정도에 대해 질문받자 '많지 않다'고 대답했다. 젠슨의 연구에 더해 수

많은 연구가 지능을 결정하는 유전자의 우세를 증명하는 것처럼 보인다. 예컨대 분리되어 양육된 쌍둥이 연구들은 성인이 되었을 때 쌍둥이의 IQ가 양부모보다는 생물학적 부모와 더 유사한 경향이 있음을 보여준다. 미국 심리학협회는 유전성과 IQ의 상관관계를 '약 .75'로 본다(1.0은 완전한 상관관계를 나타낸다).

그러나 다른 명망 있는 과학자들은 마찬가지로 인상적인 일련의 연구에서 뒷받침을 받아 아이들을 위한 풍요로운 환경의 적극적 영향을 증명했다. 1930년대에는 미국으로 들어온 새로운 유럽 이민자 집단과 애팔래치아 지방의 백인 아이들이 지능 실험에서 아주 낮은 평균치를 기록했지만, 나중 세대에서는 표준적이었다. IQ 수치는 제2차 세계대전 이후 전 세계적으로 상당히 높아졌다. 예컨대 네덜란드와 이스라엘의 IQ는 딱 한 세대 동안 20포인트 상승했다. 이렇듯 단기간에 극적으로 변하는 것은 빙하기의 유전자 돌연변이 속도보다도 문서로 기록된 그 시기 교육 향상의 결과로 얻었을 확률이 더 높다.

무슨 일로 그리되었을까? 한 가지 답은 분명한 별개 방법으로 지능의 여러 면을 측정해서 그 결과를 어떤 하나의 원인에서 온 것으로 돌리는 데에 어려움이 있다는 것이다. 지능의 유전성에 대한 복잡한 데이터를 이해하고자 할 때 연구자들은 대부분 타고난 특성이 부가적이라고 추정한다. 다시 말해, 이익이 각각 5퍼센트인 세 가지 별개의 지적 특성은 장점을 15퍼센트 가져올 것이다. 그러나 한 개인의 특성은 부가적이지 않은 방식의 복잡한 유전적 상호작용을 거쳐 생겨난다. 아버지가 표준 키보다 23센티미터 크고 엄마가 표준 키보다 15센티미터 큰 사람이 자동으로 표준 키보다 38센티미터 크게 자라지는 않는다. 그 또는 그녀는 표준 키보다 클 확률이 높지만, 그 차이는 작거나 클 것이다. 아이는 더 작을 수도 있다.

이와 유사하게 지능에서 수많은 유전적 차이는 몇몇 연구자가 주장하는 누적적이고 압도적인 장점으로 될 개연성이 매우 높지는 않다. 환경 자체가, 아이가 자궁 안에 있거나 유아기 동안에도 유전자가 표현되는 방식에 영향을 미치기도 한다. 예컨대 임신 여성의 영양실조가 아이에게 당뇨병과 심장병의 위험을 증가시킬 수 있다. 임신 여성의 과도한 스트레스 호르몬이 아이에게 더 큰 경계심과 반응도를 초래할 수 있다. 이와 유사하게, 유아기의 심한 스트레스는 DNA 표현을 변화시켜 말과 행동과 심리 문제로 이어질 수 있다.

환경의 역할

심리학자 에릭 투르크하이머는 본성과 양육 간의 상호작용을 일정 정도 밝혀준다. 투르크하이머는 IQ의 유전성을 보여주는 모든 쌍둥이 연구가 중산층이나 부유한 가정을 대상으로 했음을 인식하면서 극도로 가난한 가정의 쌍둥이 320쌍을 데리고 연구를 반복했다. 이 연구에서 그는 유전적 특징이 지능 발달에서 아주 작은 역할을 한다는 것을 알아냈다. 1.0이 유전자와 뇌 사이의 100퍼센트 상관관계라면, 부유한 가정에서 그 비율은 0.72였지만, 가난한 가정에서는 0.10일 뿐이었다. 투르크하이머는 부유한 가정과 비교할 때 가난한 가정의 지능에는 환경이 4배 기능을 한다는 것을 알아냈다.

　이런 관점에서 볼 때 긍정적 환경은 적어도 유년기에는 부정적 환경이 장애 기능을 하는 것만큼 그렇게 많은 능력을 부여하는 기능을 하지는 않는다. 한 가지 면에서 이것은 상식이다. 만약 유전적으로 같은 옥수수씨 두 개를 하나는 영양이 풍부한 흙에 심고 다른 하나는 메마른 땅에 심는다면, 좋은 흙에 심은 씨가 두 배 더 큰다는 것은 놀라운 일이 아니다. 우리의 문화적 정원에 있는 인간의 인지능력도 마찬가지다. 만약 우리 모두 충분히 고무적인 환경에 있다면 내재적 능력, 즉 유진적 재능은 우리 삶의 선개에서 지배적으로 될 것이다. 충분히 고무적인 환경이 없다면 우리의 인지적 재능은 꽃피울 기회를 갖지 못한다. 후자의 가장 극단적인 예가 때로는 완전히 성장하지도 못한 채 침대로 거의 직행해 버려져 혹독하게 방치되는 (가난한 나라에서 흔히 보는 고아원) 아이들의 형태로 존재한다.

　그렇지 않다면, W.T. 디킨즈와 J.R. 플린이 'IQ 역설의 해명'이라는 제목의 복잡하고도 요령 있는 분석에서 설명한 바와 같이 양육 환경은 보통의 유전적 장점을 배가하기도 한다. 이들이 사용하는 수학은 주눅이 들게 하지만, 중심적인 예는 묘하게 매력적일 정도로 단순하다. 어떤 아이가 평균보다 10퍼센트 뛰어난 농구 기술을 타고났다. 아이는 뒷마당에서 자기보다 크고 힘센 형들과 규칙적으로 놀면서 기술을 향상해 더 잘하는 선수들과 운동장에서 놀 만큼 된다. 즐기면서 이루는 것이 동기가 되어 아이는 부모를 설득해 여름 농구캠프에 참가한다. 아이는 농구캠프에서 코치의 관심을 얻는데, 코치는 아이에게 학교 팀에 지원해보라고 권한다. 아이는 그 주에서 가장 잘하는 선수들을 상대하며 4년 동안 운동한다. 그리고 결국 대학 농구부에 들어가서 운동을 계속한다.

처음 시작했을 때 이 젊은이의 기술 수준은 60번째 백분위수였는데, 이는 표준보다 10퍼센트 잘하는 것이었다. 경력을 완성할 때는 95번째 백분위수였다. 여러 해에 걸친 꾸준한 실력 향상이 조정력, 힘, 스피드 등 그의 유전적 능력이 전개됨에 따라 가속화된 것으로 보인다. 실제로 그의 성공은 유전적 재능과 함께 시작되었는데, 그것이 그를 끊임없이 더욱더 환경에 도전하고 환경의 질을 높이도록 추동했다. 또 그 환경은 그의 기술을 더욱더 독려했다. 환경이 그가 별로 크지 않은 유전적 장점을 주요 장점으로 바꿀 수 있게 도와주었다. 일반적 연구에서는 유전적 능력과 외부 세계 사이에 있는 이런 긍정적 강화의 순환구조를 설명하지 못했다. 기술이 발달하는 환경적 측면은 가려져 있다.

유사한 '유전자 곱하기 환경' 압력이 인지적 장점을 덜 타고난 중산층과 상층의 아이들 대부분에서도 일어난다. 이 아이들의 읽기, 수학, 음악, 기술은 부모의 지원을 이끌어내고, 부모는 아이들에게 책, 노트북컴퓨터, 악기를 더 많이 대준다. 이 아이들은 교사들에게서 더 많은 도전적 코스를 취하라거나 재능 프로그램에 들어가라고 격려를 받는다. 그 과정에서 이 아이들은 다른 영리한 아이들과 교류한다. 수학이나 음악 캠프에서 여름을 보낼 수도 있다. 최상급 교사들은 바람직한 학교에서 경력을 마치는데, 그곳에서 그들이 수행능력이 높은 학생들과 다른 좋은 교사들과 상호작용하는 것이 학교의 수행능력을 훨씬 더 높여주는 경향이 있다는 사실이 이러한 승수를 증가시킨다.

운동과는 대조적으로, 학업 면에서 아주 불리한 여건에 있는 아이들 가운데 이러한 사회적 승수가 없다는 사실이 그 아이들이 IQ 수치와 학업 수행에서 보이는 큰 격차를 설명하는 데 도움이 된다. 이것은 교사들에게 놀라운 일이 아니다. 교사들은 덜 혜택받은 수많은 가정에서 부모가 자녀를 지원하지 못하는 것과 인지적 자극을 못 받거나 주목을 덜 받는 것을 한탄한다. 그 결과 각오도 되어 있지 않을 뿐만 아니라 동기도 느끼지 못하는 아이들이 너무도 많다.

우리는 이렇게 여러 자료에서 선천적 지능의 발달에 대한 합리적 시각을 종합해낼 수 있다. 유전적 재능은 어린 시절 수많은 환경의 영향과 함께 유년기 지능을 형성한다. 자극이 충분하지 못한 환경이 심리적 발달을 억압한다. 자극이 충분한 환경에서는 유전적으로 차이나는 능력을 꽃피울 수 있게 해주고, 동시에 향상을 증진하는 긍정적인 사회문화적 압력을 종종 작동시킨다. 이 모든 요인이 결합해 유년기 지능을 형성하는데, 이것이 성년기 인지 활력의 기준선이 된다.

지능, IQ, 인지

우리는 앞으로 나아가기 전에 지능, IQ와 인지의 차이를 논의해야 한다. 지능의 공통된 특징은 학습하고 이해하며, 문제를 해결하고 추상적으로 사고하는 능력이다. 그러나 이론가들의 수만큼이나 많은 각각 다른 형식적 정의가 있는데, 이 모든 정의는 무언가 부족하다. 창조성이나 정서적 지능을 해명하는 이론은 별로 없는데, 바로 이것이 다른 사람들과 건설적으로 일하는 능력이다. 그 정의가 어떻든 지능은 우리가 가지고 있는 각양각색의 모든 정신적 능력의 총합이자 현실 세계에서 그 능력을 성공적으로 적용하는 방법으로 생각하는 것이 가장 좋다. 모든 잠재능력을 다양한 정신적 능력을 향해 내미는 것이 바로 우리가 말하는 '뇌 능력의 극대화'다.

IQ(지능지수)는 표준화된 시험을 토대로 지능의 한 부분집합을 측정하는 수치다. IQ 시험은 높거나 낮은 점수가 학업이나 직업에서 성공할지를 합리적으로 예측하고 학생들에게 특별히 부족한 부분을 보여주기 때문에 유용하다. IQ 시험은 책에서 배운 것에 주로 초점을 맞추고, 마치 지능이 일차원적인 것처럼 다뤄 하나뿐인 숫자로 만들며, 문화적으로 편향되었다는 이유로 비난받았다. 공통된 문화적·언어적 기준 바깥에서 일하며 새로운 문화로 이주한 자나 소수자는 대개 이 시험에서 나쁜 점수를 받는다. 문화적 편견은 최소화할 수는 있지만 없앨 수는 없다. 한 사람의 IQ 수치는 시간이 흐르면서 올라갈 수도 있고 내려갈 수도 있다. 그것에 불변하는 의미는 없다. 그 개념은 역동적이다. 그렇다면 특정한 날짜와 환경에서 우리 IQ는 어떠한가?

IQ는 '성취 예측변수' 같은 것으로 달리 불려야 할 것이다. 연구에 따르면 IQ 시험에서 좋은 점수를 받은 사람은 나쁜 점수를 받은 사람보다 성공할 확률이 더 높다는 것을 알 수 있기 때문이다. 그러나 이러한 예측변수가 타고난 지능과 똑같지는 않다. IQ 시험에서 받은 낮은 점수는 낮은 지능에서부터 특별한 결핍과 심각한 무지 또는 예컨대 예술적 능력과 같이 이 시험으로 측정할 수 없는 유형의 지능까지 수많은 것을 의미할 수 있다. IQ 시험은 가긍정적 판단[27]은 적게 하지만 가부정적 판단[28]은 많이 할 확률이 높다.

인지는 완전히 다른 것을 의미한다. 일반적으로 인지는 '사고 과정', 즉 뇌가 정보를 처리하는 방법이라고 여겨진다. 인지의 여러 면 가운데 중요한 것은 집중력, 인식, 단기기억이다. 이것은 뇌가 새로운 정보를 접할 때의 일차 과제다. 우리가 새로운 데이터를 처리하지 않으면 그것은 기록되지 않고 사라질 뿐이다. 일단 그런 자극이 기록되면 그 데이터를 인식해야 한다. 예컨대 뇌는 빛의 형태를 의미 있는 이미지로, 음파를 말이나 음악으로 번역해야 한다. 우리는 기억 속에 있는 정보가 보유해야 할 정도로 중요한지를 뇌가 결정할 때까지 붙들고 있어야 한다. 중요하지 않다면 그것을 지운다. 우리가 임시저장소에 넣어둘 수 있는 정보의 양이 중요한데, 그것이 어느 때든 우리가 어느 정도 정보를 처리할 수 있는지에 영향을 미치기 때문이다. 정보처리의 기본 도구를 제공하는 인지는 뇌의 다른 모든 놀라운 기능을 담당하는 정보 관리자다.

새로운 정보가 끊임없이 흘러 들어와서 이전 정보를 밀어내기 때문에 데이터를 임시저장소에 잠시라도 보관하기는 어렵다. 인지 속도가 그래서 매우 중요하다. 느린 정보 처리는 축소된 저장소와 마찬가지 효과가 있다. 예컨대 사람들의 청각 신경세포는 대부분 어떤 소리를 들은 뒤 그다음 소리를 처리할 준비를 하기까지 약 30밀리세컨드[29]가 필요하다. 그러나 언어발달지체 아이들의 80퍼센트에는 그 시간이 적어도 세 배 더 필요하다. 이 아이들이 세 개나 네 개의 소리 중에서 하나만 (물리적으로 듣는 것과 대조적으로) 처리할 때, 언어와 말하기에 어려움이 있다는 사실이 놀랍지 않은가? 이것은 마치 통화가 고르지 않은 휴대전화를 가지고 언어를 배우려 애쓰는 것과 같다(과학자들은 이런 아이들의 체내 정보 처리를 정상 수준으로 끌어올리는 데 도움이 될 만한 방법을 연구한다).

일반적으로 인지 과정의 속도는 나이가 듦에 따라 떨어진다. 그 정도는 개인마다 각양각색이지만 떨어지는 것이 일반적이다. 감사하게도 대개 그런 쇠퇴는 일상생활을 심각하게 혼란에 빠뜨릴 정도로 심하지는 않다. 예컨대 내 인지기능은 전투기를 조종하지 말아야 할 만큼 쇠퇴했다. 하지만 다행스럽게도 그러한 쇠퇴는 종종 내가 전문적으로 하는 일에서는 나타나지 않는다. 나는 자동차를 운전할 만큼의 인지 속도는 가지고 있다. 70대와 80대 대부분에도 마찬가지다. 노인 인구가 많아 골머리를 썩는 플로리다와 다른 지역들에서, 운전을 잘하지 못하는 노인 운전자들은 시력과 청력에서 곤란을 겪고 있거나 (몇몇 약품의 부작용을 포함해) 다른 육체적 질병 때문에 고통을 받고 있다. 아주 놀랍게도 이 운전자들 대부분이 인지 자체는 문제가 없다.

모든 IQ 시험은 기본적인 인지를 사용하라고 요구한다. 우리는 IQ 시험을 치를 때 정보에 집중해서 인식하고 처리해야 하며, 합리적인 양을 정해진 시간 안에 해야 한다. 사실 우리가 하는 모든 일에는, 독자가 이 책에 있는 말을 이해하려고 지금 하는 것을 포함해 집중과 인식, 단기기억이 필요하다. 우리가 목적을 이루는 데 IQ가 중요하다고 하더라도, IQ는 지능 측정법 가운데 하나일 뿐이다. IQ 수치는 100년 이상 광범하게 사용되어왔기 때문에 대대로, 이 집단에서 저 집단 또는 이 사회에서 저 사회에 걸쳐 일반적인 지적·교육적 수준을 비교하는 데 도움을 줄 수 있다. 우리가 IQ를 지능의 정의나 완벽한 본보기로가 아니라, 일반적인 인지적 기능을 알기 위한 하나의 근사치로 대하는 한 IQ는 유용할 수 있다.

뇌를 보호하는 여러 방법들

성인의 인지능력은 많은 부분이 유년기의 지능과 직접 연관되어 있다. 그것은 유전적 요소를 강하게 가지고 있지만, 많은 것이 그 이후 경험에서 생겨나기도 한다. 유년기 이후의 일 가운데 많은 부분이 교육과 교육의 결과로 일어나는 것에 달려 있다.

K. 워너 샤이에 K. Warner Schaie는 인지와 생명의 어떤 면이 그것에 영향을 가장 많이 주는지에 관한 연구에 중요하게 기여한 사람으로 저명하다. 샤이에는 '시애틀종단연구 Seattle Longitudinal Study'를 수행한 뒤 나온 데이터를 분석하면서 생애 대부분을 보냈다. 한 번에 여러 연령 집단에서 행해지는 통상적인 횡단연구와 대조적으로, 종단연구는 여러 해에 걸쳐 하나의 모집단을 주시하며 연구하는 것이다. 횡단연구는 연령에 기인하는 차이를 보여줄 수도 있다는 결함이 있다. 그 차이

가 실은 코호트[30]와 관련된 경우가 그렇다.

만약 횡단연구를 토대로 네덜란드의 IQ 시험 점수를 검토한다면, 평균 60세인 사람의 IQ가 40세인 사람보다 20점 낮기 때문에 우리는 나이가 들면서 IQ가 20점 낮아진다고 결론 내릴 수도 있다. 종단연구는 그 대신 더 나이 든 세대의 IQ가 젊은 세대의 IQ보다 항상 낮았다는 것을 보여준다. 아버지 존스 씨의 IQ는 나이가 들면서 낮아지지 않았다. 그게 아니라 아들 존스 씨의 IQ가 아버지의 IQ보다 높았는데, 그것은 대부분 학교 교육이 좋아진 덕분이었다. 만약 노인 집단의 IQ가 실제로 낮아졌다면, 종단연구 역시 그것을 보여줄 것이다.

샤이에는 시애틀의 한 건강유지협회[HMO]와 접촉해 대규모 가입자 풀에서 600명에서 900명 사이의 다양한 연령 집단의 임의 샘플을 얻었다. 인원 감소를 처리하는 전형적 사례에 대체 인원이 포함된 집단을 채워 넣으면서, 그와 그의 동료들은 한 번에 7년 주기인 연구를 여섯 번 했다. HMO가 미국의 가난한 수많은 사람이 갖고 있지 않은 건강보험을 제공했기 때문에 그 집단은 사회경제적 스펙트럼에서 상위쪽에 약간 기울어 있었다. HMO의 지원을 받은 연구자들은 피험자들의 인지적 활력뿐만 아니라 건강도 추적할 수 있었다. 연구된 모집단들의 수와 추적 실험을 한 햇수 덕분에 샤이에는 사람들이 나이가 들어감에 따른 인지적 경향을 추적할 수 있었다. 그는 이 경향의 원인을 밝혀낼 수도 있었다.

그가 던진 의문은 이런 것이었다. 어떤 사람들이 다른 사람들보다 인지적으로 훨씬 많은 것을 하며, 삶에서 그 차이를 해명해줄 만한 무슨 일을 했는가? 이 의문에 그는 어느 한 지점에서 어떤 모집단에 대한 짤막한 정보를 얻기보다는 같은 사람들을 반복해서 추적하는 것이 중요하다는 사실을 분명히 보여주었다. 어떤 사람들의 인지능력은 나이가 들어감에 따라 빠르게 쇠퇴한 반면, 다른 사람들은 정신적으로 아주 명민한 상태를 유지했다. 샤이에가 극명한 법칙을 발견한 것이다. 평생 뇌에 도전한 사람들은 그렇지 않은 사람들보다 더 잘했다.

샤이에는 수십 년 동안 수많은 보고서에서 대체로 60세까지는 인지적 쇠퇴가 거의 없거나 아주 없었고, 74세까지는 일관되지만 심각하지 않을 정도로 쇠퇴가 있었다는 사실을 알아냈다. 그렇지만 81세에는 피험자 가운데 반 이상이 그 이후 7년 동안 전혀 쇠퇴하지 않았다. 어떤 80대는 청소년만큼이나 구두시험을 잘 보았다. 여기서 쇠퇴가 균일하기보다는 매우 가변적이었다는 사실이 가장 중요하다. 사람들은 개인에 따라 쇠퇴하거나 유지되었다.

사람들이 인지적 건강을 유지하는 능력은 여러 가지 요인과 연관되어 있다. 높은 사회경제적 지위, 복잡하면서도 지적인 자극을 주는 일, 좋은 친구관계와 사회적 접촉, 배우자의 높은 인지적 지위, 특히 중년 이후 계속되는 유연한 개인적 생활방식 등이 그것이다.

연구에 참여한 모든 집단 가운데에서 가장 좋은 점수를 받은 사람들은 사회경제적 지위가 높고 일과 생활에서 수준 높은 접촉을 유지하고 있었다. 인지적 건강을 그다음으로 잘 유지하고 있는 사람들은 사회경제적 지위가 평균적이면서 생활 또한 높은 수준으로 하고 있었다. 맨 밑바닥에 있는 이들은 교육 수준과 수입이 가장 낮고, 생활에서 가장 멀리 유리되어 있었다. 많은 경우에 이들은 혼자 사는 주부들이었다. 인지적 쇠퇴는 가족 해체와 심혈관계 또는 만성 질병과 연관되기도 했다.

어떤 연구자도 교육이 본질적·자연적으로 치매를 방지해준다고 믿지는 않는다. 나는 수십 년 동안 교수로 살아왔지만 대학이 앞으로 수십 년 동안 뇌 질환으로부터 우리를 보호할 수 있는 세련된 사고나 깊은 지혜의 샘을 제공하지 않으리라는 사실을 입증할 수 있다. 여러 해 동안 연구한다면, 특히 그 연구에 다양한 피험자가 참가한다면, 의심할 바 없이 개인의 인지능력을 향상할 수 있다. 그러나 더욱 중요한 것은 좋은 교육이 인지적 건강에 이르는 여러 길을 열어준다는 점이다. 더 좋은 전문적·경제적 지위와 그에 따르는 풍요로운 사회적 환경에 더해 잘 교육받은 사람들이 그와 관련해서 얻는 혜택에는 더 나아진 건강과 생활방식의 선택, 더 안전한 작업 환경, 스트레스를 다스리는 더 좋은 지배력 등이 포함된다. 아주 나쁘게 말하면, 대학 교육을 받은 사람들은 그렇지 않은 사람들보다 일반적으로 더 흥미로우면서도 부담이 큰 직업에 종사한다.

여러모로 한 사람의 교육 수준은 직업적 생활을 하는 동안 그 사람의 뇌가 직면할 개연성이 있는 도전을 쉽게 판단해볼 수 있는 지표다. 이것은 샤이에 연구에서도 나타났다. 여기서 교육은 인지적 건강을 유지해주는 모든 요인 가운데 핵심이다. 다른 연구들에서는 고등교육, 부담이 큰 직업, 열중하는 여가활동이 모두 개인의 인지적 건강에 독립적이면서도 상승적인 효과를 나타낸다는 사실을 보여주었다.

연구자들은 직업의 전체적 복잡성과 함께 그 일의 특성, 즉 그 직업이 주로 사람(판매, 인사 등), 물건(건설, 제조 등), 데이터(재정 분석, 소프트웨어 프로그래밍 등) 중 어느 것과 관계하느냐에 주목해왔다. 그 결과는 완전히는 아니지만 대부분 일관된다. 그에 대해 한번 살펴보자.

'건강과 연령에 관한 캐나다 연구The Canadian Study of Health and Aging'의 한 주제인 '일의 복잡성' 연구에는 3,557명이 10년 이상 참여했다. 연구 결과, 일의 높은 복잡성이 물건과 관련된 직업의 평균 27퍼센트와 사람과 관련된 직업의 34퍼센트에서 치매 위험을 감소시켰다고 결론 내렸다. 또 이 연구는 어떤 사람이 복잡한 일을 주요 직업으로 삼아서 얼마나 많은 시간을 보냈느냐가 중요하다는 사실을 보여주었다. 만약 그 시간의 길이가 하나의 집단 전체의 중간값보다 짧았다면(이 연구에서는 23년), 복잡한 일이 알츠하이머가 아닌 치매의 위험을 낮춰주었다. 만약 시간의 길이가 집단의 중간값보다 길었다면, 복잡한 직업이 알츠하이머 또한 방지해주었다.

오랜 기간 복잡한 일을 하는 것이 믿기 어려울 정도로 보장해주는 것이 있다. 물건과 관계된 일을 장기간 하면 치매 위험은 55퍼센트, 알츠하이머 위험은 52퍼센트 줄어들었다. 사람과 관계된 일을 장기간 하면 치매 위험은 64퍼센트, 알츠하이머 위험은 69퍼센트 줄어들었다. 인지적 자극을 주는 활동이 치매 위험을 3분의 2 줄여준다는 확증이 여기에 더 있다.

복잡한 데이터와 관계된 일을 할 경우에는 뒤바뀐 결과를 보여주었다. 캐나다에서 연구한 결과, 데이터와 관계된 복잡한 직업에 단기간

종사할 경우에는 인지건강에 영향을 미치지 않았지만, 장기간 종사할 경우에는 치매와 알츠하이머의 위험을 증가시켰다. 연구자들은 데이터 관련 일이 스트레스를 더 많이 주거나 사회적으로 더 고립시켜 복잡성의 이익을 상쇄했을지도 모른다고 추측했다. 부정적 결과는 남성에 국한되어 나타났는데, 여성은 일의 내부와 외부 모두에서 사회적 연결망이 더 강한 경향이 있기 때문이다.

그러나 스웨덴에서 한 두 연구에서는 (사람뿐만 아니라) 데이터와 관련된 직업적 복잡성 역시 인지건강에 중요한 이익이 있다는 사실을 보여주었다. 하나는 데이터의 복잡성이 말로 하거나 공간적이거나 마음으로 하는 계산 속도를 더 높여준다는 사실을 보여주었다. 다른 연구에서는 사람과 데이터의 복잡성에 관여하는 직업에 종사하는 사람들은 더 낮은 정신적 부담이 있는 직업에 종사하는 사람들보다 인지시험에서 일관되게 더 높은 점수를 받았다. 직업의 영향은 나이, 성, 유년기 환경이나 교육이 미치는 어떤 영향과도 별개였다.

이러한 발견에서는 반대 사실도 말할 수 있다. 사람이 은퇴를 일찍하면 할수록 기억력은 더 빨리 쇠퇴한다. 그 원인은 불분명하지만 아마도 감소된 정신적 노력, 줄어든 사회적 참여, 그리고 상대적으로 비활동적인 은퇴생활 등이 복합적으로 작용할 것이다.

일반적으로 물리적·신체적 활동에 관계된 일은 치매와 알츠하이머의 위험을 증가시킨다. 추측건대 그러한 일들은 인지적 자극이 더 낮기 때문일 것이다. 또 다른 가능성은 (머리를 다치는 것을 포함하는) 상해 위험이 커짐으로써 시간이 흐름에 따라 활동성을 감소시켜 생활의 전반적 자극이 줄어드는 것일지도 모른다는 사실이다.

여가활동과 사회적 연결망

인지능력을 보호해주는 몇몇 다른 활동을 한번 보자. 뉴욕시에서 연구한 결과는 독서, 보드게임, 음악, 춤추기가 모두 이 범주에 들어가며, 일반적으로 수준 높은 여가활동이 치매 위험을 38퍼센트 감소시켰다는 것을 보여주었다. 클리블랜드의 한 연구는 중년에 마음을 활동적으로 유지한 사람들이 그렇지 않은 사람들보다 알츠하이머에 걸릴 위험이 세 배 적다는 결과를 보여주었다. 스웨덴의 한 연구 결과는 인지적으로 건강한 노인 여성의 특징이 활동적인 일상생활, 강한 사회적 연결망, 건강한 신체적 습성이라는 것을 보여주었다. 프랑스의 한 연구 결과는 여행, 일시적 소일거리, 뜨개질 같은 다양한 활동이 모두 치매 위험을 낮춘다는 것을 보여주었다. 정신적으로 노력이 필요한 여가는 다른 요인들과 무관하게 우리가 알츠하이머에 걸리지 않도록 도움을 주지만, 어떤 여가 활동도 치매 위험을 줄이는 데 도움이 되지는 않는다.

운동도 뇌에 중요한 이익을 준다. 운동을 많이 하는 사람들이 치매나 알츠하이머에 걸릴 위험이 줄어든다는 것을 많은 연구가 보여주었다. 어떤 사람이 오늘 운동을 얼마나 많이 하느냐를 보면 그 사람의 미래 인지건강을 예견할 수 있다. 최초 연구 이후 5년에서 7년에 이르는 추적 연구 결과, 규칙적으로 운동하는 사람들이 치매 위험을 20퍼센트에서 50퍼센트 줄인다는 사실을 알 수 있었다. 시애틀에 사는 1,740명에 관해 연구한 결과, 65세 이상이 일주일에 세 번 또는 그 이상 운동하는 경우 정신적으로 심각하게 쇠퇴할 위험을 38퍼센트 낮춰준다는 것을 보여주었다.

에어로빅은 가장 직접적으로 도움이 되지만, 웨이트트레이닝과 에어로빅을 함께하면 에어로빅만 할 때보다 뇌 기능을 더 많이 향상할 수 있다. 여성들은 운동을 함으로써 특별한 이익을 얻는 것으로 보이는데, 노인 여성이 운동을 하면 장기간 호르몬 대체 요법으로 일어날 수 있는 부작용을 상쇄하는 것으로 알려졌다. 대부분 연구가 노인에게 초점을 맞춤에도, 모든 연령을 통해 운동과 인지적 활력 사이의 긍정적인 상관관계를 연구 결과 알아냈다. 몇몇 연구는 운동, 특히 실외 운동이 주의력결핍 과잉행동장애 ADHD가 있는 사람들의 집중력을 향상하는 데 도움이 된다는 것을 보여주기도 했다.

우리는 역도나 800미터 달리기에서 기록을 내는 운동선수가 아니라 하더라도 절망할 필요가 없다. 운동의 이익은 지금 현재 적어도 신체적으로 활동적인 사람들에게 가장 크다. 변화가 뇌의 가장 좋은 친구라는 사실을 기억한다면 이해가 된다. 우리가 호놀룰루에 살면서 하루에 1.6킬로미터씩 걷는다고 해보자. 거기다 800미터를 더 걷는다 하더라도, 뇌로 가는 혈류를 극적으로 늘리거나 인지적 자극을 증가시키지 않을 것이다. 그럼 우리가 호놀룰루에서 텔레비전을 보고 있다고 해보자. 한 뉴스방송에서 하루에 3.2킬로미터 또는 그 이상을 걷는 섬사람들이, 우리처럼 누워서 텔레비전을 보며 감자튀김을 먹는 사람들에 비해 치매에 걸릴 확률이 40퍼센트 줄어든다는 것을 알려준다. 우리는 과자를 내려놓고 워킹슈즈의 끈을 매고는 바닷가로 향한다.

이렇게 걸으면서 뇌의 균형과 조정력과 조종 중추를 자극한다. 우리는 새로운 장면과 소리와 냄새로 시각과 청각과 후각 중추에 불을 붙인다. 피부는 산들바람과 태양의 온기에서 느낀 새로운 감각을 뇌에 보고한다. 가족끼리 사적인 대화를 나누는 모습을 보면서 아마도 로맨스가 하나둘 싹트는 것에 주목할 텐데, 이것이 그다음에는 우리 자신이 젊은 시절 바닷가에서 떠들썩하게 놀았던 오랜 기억을 불러일으킨다. 우리는 개를 쓰다듬거나 잘못 날아온 플라스틱 원반을 날려보내줄지도 모른다. 만나는 몇몇 사람과 아무리 짧더라도 한담을 나누며 함께 시간을 보낼 것이다. 그리고 물론 몸을 움직이지 않는 활동에 비해 뇌로 가는 혈류를 크게 향상시킨다. 이번 첫 번째로는 800미터만 걷는다 할지라도 새로운 자극 다수가 뇌로 흘러들어갈 것이다. 그 결과는 이미 바깥에 나가 있으면서 단지 걷는 거리를 늘릴 때보다도 더 큰 인지적 변화로 나타난다.

운동의 다양성은 운동의 총량보다 인지건강에 더 강력한 예측변수다. 수중 에어로빅이 걷기, 자전거 타기, 골프, 테니스와는 다르게 뇌를 자극한다는 것을 알면 이 역시 이해할 수 있다(다른 종목과 함께 훈련하는 것 역시 서로 다른 근육 무리를 발달시키는 데 좋다). 아무리 인지적으로 도전적이라 할지라도 어느 하나의 활동보다는 여러 활동을 종합적으로 하는 것이 더 중요하다. 또한 친구와 함께하는 것이 잠재적

이익을 증가시키기도 한다. 그렇게 해야 우리가 실제로 '그' 조깅을 하러 가거나 '그' 골프를 하러 갈 확률이 높아지고, 사회적 자극이 우리의 인지적 참여를 늘리기도 한다.

인간의 상호작용, 특히 친구관계나 다른 가까운 관계에서 생기는 인지적 참여는 운동을 포함한 모든 여가 활동으로 생기는 이익을 많이 만들어낸다. 건강한 사회생활의 중요성은 사실 알코올이 우리 건강에 미치는 영향과 관련해 모순된 연구를 해명한다. 과도한 알코올은 좋지 않지만, 몇몇 연구는 적당한 레드 와인이 좋다는 것을 보여준다. 다른 연구에서는 적당한 화이트 와인이 좋다는 것을 보여준다. 다른 연구에서는 아직 결론이 나오지 않았다.

그러나 우리는 매일 밤 잠자리에 들기 전에 건강을 위해 와인 한 잔을 마셔야 한다고 주장하는 몇몇 전문가의 충고에 주의를 기울여서는 안 된다. 적당히 마시는 사람들은 식사를 잘하고 나서 좋은 친구들과 함께하는 경우가 아주 많다. 알코올을 가볍게 섭취해야 한다는 주장은 그 진짜 이익, 즉 다른 사람들과 즐겁게 상호작용하는 것을 가려버릴 수 있다. 미국과 영국의 비슷한 노인 집단을 인지적으로 비교해보니 영국인은 단 한 가지 분야에서 장점을 지니고 있었다. 즉 적당히 마시는 영국인은 미국인보다 인지 시험을 더 잘 치렀는데, 그중 많은 사람이 술을 안 마셨다. 그에 대한 그럴듯한 설명은 영국에서는 이 연령 집단에서 술 마시는 사람들이 대부분 동네 선술집의 사회적 자극에서 이익을 얻었다는 것이다.

바로 이 비교 연구는 아주 특이한 용어로 표현하면, 평생 직업적·

사회적 환경이 미치는 영향을 보여주기도 했다. 미국 노인들과 영국 노인들의 인지건강을 비교한 결과는 미국 노인들이 영국의 관련 집단보다 '아주 더 잘'해냈고 나이가 들어감에 따라 장점이 많아진 것을 보여주었다. 미국인은 일반적으로 육체적 건강이 더 나빴음에도 더 잘해냈다. 그 샘플 가운데 미국인 16퍼센트가 당뇨병을 가지고 있는 데 비해 영국인은 9퍼센트가 가지고 있었다. 고혈압은 57퍼센트 대 45퍼센트로 나타났고, 암은 18퍼센트 대 8퍼센트로 나타났다. 그러나 인지 시험을 전체적으로 수행하는 데서는 미국인이 영국인보다 10년의 인지적 장점을 보였다. 75세 미국인이 65세 영국인의 정신적 건강을 보였다.

육체적 건강과 원기가 인지건강을 증진하는 경향이 있다고 한다면, 어떻게 건강하지 않은 미국인이 인지적 결과물에서는 건강한 영국인보다 더 잘해냈을까? 그 주된 요인은 미국 피험자들의 더 낮은 수준의 우울증과 고등교육, 더 큰 부였다. 미국인에게는 고혈압이 더 많았지만, 약물 요법을 더 많이 씀으로써 부정적 영향을 상쇄했다. 영국인의 우울증은 인지적 쇠퇴를 일으키는 가장 큰 원인이었다. 영국인은 담배를 더 많이 피우고 술을 더 마셨지만 음주는 과도하게 할 때만 문제가 되었다.

너무 늦은 때는 없다

우리의 인지기능은 고정되어 있지 않다. 모든 연령에서 뇌는 새로운 정보와 자극에 반응할 능력이 있다. 우리의 지적 능력은 유전적 재능과 인지건강에 긍정적이거나 부정적으로 기여하게 만드는 모든 결정이 평생 조합된 결과다. 유년기의 능력이 나중의 인지적 기능에 가장 강력한 한 가지 영향력을 행사할지라도, 교육과 경력과 생활방식으로 축적된 영향이 적어도 그만큼 효과를 가질 수 있다. 우리가 6년간 대학 수준으로 공부해도 인지능력을 66퍼센트 향상하지는 못할 것이다. 또 한 번 66퍼센트가 올라가는 것도 도전적인 일을 통해서다. 30퍼센트 이상 얻는 것은 흥미로운 개인적 활동을 통해서다. 거기다가 30퍼센트 이상을 더 얻는 것은 운동을 통해서다. 유전적 효과와 마찬가지로 그 숫자들은 첨가제가 아니다.

그러나 우리가 하려고 결정하는 모든 것에 대해 우리 인지는 올라갈 수도 있고 내려갈 수도 있다. 그 효과는 무시할 만할 수도 있고 중요할 수도 있지만 그 모든 것이 합산된다. 더 많은 도전적 선택을 하면 할수록 그리고 그런 선택을 오래 지속하면 할수록 그 이익은 더욱 커지는데, 대개 상당한 양이다. 우리가 일하는 것이 주로 사람과 함께인지, 물건이나 데이터를 가지고 하는지는 실제로 문제되지 않는다. 중요한 것은 그 일이 도전적인 것이냐 판에 박힌 것이냐. 샤이에는 우리가 늘 부지런히 그런 일을 하고 있어야 한다는 것을 보여준다. 그의 연구에 암시되어 있고 다른 연구들이 증명하듯이, 자극의 다양성이 뇌 능력에 아주 중요하다.

거의 통제할 수 없는 유전적 성향과 달리 우리는 생활과 뇌 사용법을 통제할 수 있다. 감소된 치매 위험이 30퍼센트든 50퍼센트든, 심지어 70퍼센트에 가깝든 간에, 인지적 자극을 주는 연습을 하려는 것만큼 뇌 건강에 영향을 미칠 수 있는 변화는 없다. 어떤 유전적 가변성도 그러한 차이를 설명할 수 없다. 어떤 대발명의 의학적 치료나 값비싼 새 합성마약도 그렇게 큰 영향을 미치지는 못한다. 적어도 우리 생애에는 그렇게 하지 못한다. 우리는 평생 뇌를 무언가에 몰두하게 하고, 뇌 능력을 극대화함으로써 정신을 보호한다. 뇌에 도전하는 것은 인지적 원기와 능력을 유지하는 데 도움을 준다. 그리고 인지건강을 유지하면 삶의 질이 유지된다.

그러나 우리가 젊은이처럼 열심히 공부하지 않으면 어떻게 될까? 우리의 현재 직업이 전혀 그런 자극을 주지 못하면 어떻게 될까? 나이는 많이 들었는데, 과거에 그랬으면 하고 지금 바라는 것보다 아주 덜 도전적이었던 삶을 회고한다면 어떻게 될까? 여기서 개인적인 예를 들어볼 만하다. 제2차 세계대전이 끝나고 몇 년 뒤인 열두 살 때, 나는 가족을 중부 유럽에 남겨두고 혼자 이스라엘로 이주한다는 어려운 결정을 내렸다. 나는 5년 동안 집단농장에서 살면서 일했다. 키부츠에서 지낸 4년 동안 나는 책을 단 한 권도 읽지 않았다. 결국 나는 학교로 돌아갔고, 그 이후 줄곧 대체로 학문적인 삶을 살았다. 내 삶에서 4년 동안의 틈이 인지에 어떤 장기간의 해악도 만들어낸 것 같지는 않다. 새로운 조국의 언어를 알지 못하고, 가족의 뒷받침 없이 낯선 환경에서 10대가 된 것이 내게 수많은 도전을 극복해야 하는 과제를 주었다. 독서는 정보를 얻거나 뇌에 도전하는 유일한 방법이 아니었다.

과거를 바꿀 수는 없다. 지금 간직하고 있을 수도 있는 유년기의 어떤 인지적 결손도 극복할 수는 없다. 우리는 현재와 미래만 바꿀 수 있다. 우리는 우리가 조정할 수 있는 것에 집중한다. 더 자극을 주는 일 또는 일 이외에 더 자극을 주는 활동을 찾을 수 있다. 만약 리비에라로 여행 가면서 쓸 돈이 없다면, 공원이나 숲 속 또는 사람들이 많이 찾는 바닷가에서 자극을 충분히 찾을 수 있다. 만약 젊은 시절에 공부하지 않았다면 지금 공부할 수 있다. 이것이 어렵다면 그만큼 더 열심히 하면 된다! 그것은 뇌가 도전받고 있다는 것을 뜻한다.

우리는 독서를 더 많이 하거나 새로운 언어를 배우기 위해 공공도서관을 이용할 수 있다. 독서클럽에 참여할 수도 있고 인터넷에서 세계의 지식을 탐구할 수도 있다. 나이에 상관없이, 비공식적으로 수업을 듣거나 학위를 따기 위해 공부를 할 수도 있다. 중년과 노년에 이른 많은 사람이 대학이나 심지어 고등학교를 마치려고 되돌아간다. 어떤 사람이 한 고민상담 칼럼니스트에게 나이가 의학 학위를 따는 데 장애가 되는지 묻는 편지를 썼다. 그 사람은 "7년 안에 마치면 마흔 살이 됩니다"라고 했다. 응답자가 물었다. "만약 의대에 가지 않으면 7년 뒤에 나이가 어떻게 되십니까?" 한 지인은 군 생활을 하면서 심리상담 학위를 얻으려고 학교로 돌아갔다. 그는 퇴역하는 대신 다른 퇴역 군인이 일반 시민으로 돌아갈 수 있도록 도와주고 있다. 퇴역 군인은 그래서 더 좋고, 그 역시 그러하다. 아마도 그 가장 위대한 예가 조지 도슨[31]일 텐데, 그는 98세에 글 읽는 법을 배워서 100세에 자서전을 썼다.

과거에 안 한 것은 안 한 것일 뿐이다. 일찍이 인지 은행 계좌에 투자했다면 훌륭했겠지만, 우리는 아직도 우리가 결심만 하면 언제라도 예금을 할 수 있다. 바로 그 노력하는 행위가 새로운 인지의 주화를 만들어낼 것이다. 20퍼센트를 얻는 40세, 또는 10퍼센트를 얻는 80세는 자신의 인지 연령을 몇 년 떨어뜨릴 것이다. 유년기의 지능을 고쳐놓지 못한다 하더라도 우리는 분명히 시계를 더 멀리 물리칠 수 있다.

빠를수록 좋지만, 너무 늦는 법은 없다.

MAXIMUM BRAINPOWER

- 고등교육은 치매 위험을 3분의 2 줄인다. 대학 자체가 깊은 지혜의 샘을 만드는 것이 아니라 더욱 흥미롭고 도전적인 일의 세계를 열어 보인다.

- 정신적 능력은 대개 '유전자 곱하기 환경'의 결과로 충분히 발달한다. 유전적 자질이 우리에게 자극을 주는 환경으로 이끌면, 수행능력을 향상하고 강화를 긍정적으로 순환해 훨씬 더 자극을 주는 환경으로 우리를 데리고 간다. 그 반대 또한 참이다. 자극을 주지 않는 환경에서는 타고난 능력이 꽃을 피울 수 없다.

- IQ는 성공의 예측변수로 가장 좋다고 생각한다. 높은 점수는 학문적·직업적 성공을 예견하고, 낮은 점수는 그 반대를 예견한다. 그러나 IQ는 지능만큼이나 사회적·경제적 환경과 연관되어 있다.

- 어떤 사람들의 인지능력은 나이가 들면서 빠르게 쇠퇴하는 반면, 다른 사람들은 나이와 상관없이 정신적으로 명민한 상태를 유지한다. 평생 뇌에 도전하는 사람들은 그렇지 않은 사람들보다 더 잘해낸다.

- 사람들이 오늘 어떻게 살아가는지에 기초해 미래의 인지건강을 예견할 수 있다. 더 복잡한 일을 할수록, 여가활동에 더 많이 참여할수록 그리고 더 많이 운동할수록 인지적으로 더 잘할 것이다.

- 여가 활동과 운동의 다양성이 활동의 총량보다 인지건강에 더 중요한데, 우리가 하는 각각의 일이 다양한 방법으로 뇌를 자극하기 때문이다.
- 치매의 유전적 경향을 통제할 수 없지만, 뇌에 대해 요구하는 노력의 양을 통제할 수는 있다. 평생 뇌에 도전하는 것이 유전적·의학적인 다른 어떤 요인보다도 뇌 건강을 보호하는 데 더 많은 것을 한다.

| CHAPTER 07 |
생각의 훼방꾼들

마이크를 다시 만나보자. 그는 대학에 다니지 않았지만 수완이 있었다. 긴 여행을 할 여유는 없었지만 차로 갈 수 있는 모든 주와 국립공원에서 야영하고 낚시하고 탐험했다. 게다가 열렬한 독서가였다. 성인이 되어 하는 이 모든 활동의 결과로 그는 예를 들어 치매 위험을 20퍼센트 줄인다.

우리는 이제 또 다른 질문을 마주하는데, 그것은 뇌의 생물학과 치매의 전개 그리고 우리가 치매를 막거나 늦출 수 있는 방법을 이해하는 데 중요한 질문이다. 인지적 자극이 뇌 질병의 진행을 예방하고 늦추거나 멈추게 할까, 아니면 어떻게든 뇌 질병의 영향을 상쇄할까? 마이크는 물론 바로 앞 장에서 본 인지적으로 건강한 모든 사람은 그 나이에서 보통 보는 사람들보다 뇌의 신체적 문제를 덜 일으킬까? 아니면, 그 사람들도 다른 사람들과 똑같이 질병에 걸리는 과정을 밟지만 더 잘 견디는 것일까?

이 질문에 답하려면 햄릿의 권고[32]를 마음에 새기고 수녀원으로 가야 한다. 종교 공동체는 의학적으로 아주 훌륭한 연구 수단이다. 유사하고 안정적인 생활 조건이 그곳에 몸담은 사람들의 환경적 변수를 대부분 통제하기 때문이다. 유사하게 절제하는 식이요법과 생활방식을 실천하는 종교 교단과 평신도 집단에 관한 연구에서 식이요법과 심장병이나 암 같은 질병 사이의 연관성을 확인할 수 있었다. 수녀들이 자궁암에 걸리는 비율은 낮지만 유방암에 걸리는 비율은 높다는 사실을 발견하면서 독신생활이 두 질병에 미치는 영향을 조사하게 되었다. 자궁암이 발병하는 주된 원인은 섹스 중 옮겨가는 바이러스인데 독신생활이 그것을 방지해주는 반면, 임신 중 호르몬 변화가 유방암 발병 비율을 낮춰주는 것으로 밝혀졌다.

우리는 또한 데이비드 스노든과 그의 동료들이 수행한 그 유명한 수녀 연구 결과에서 뇌와 연령과 치매에 대해 엄청나게 많은 것을 알게 되었다(이 연구에는 언제나 '유명한'이라는 형용사가 수식어로 붙는데, 심리학자들 사이에서 아주 높이 평가된다).

스노든은 하나의 수녀회에 속한 가톨릭 수녀 678명을 25년 이상 연구한 전염병학자이자 신경학 교수다. 수녀들의 나이는 75세에서 106세까지 걸쳐 있었다. 참가자들은 정기적인 인지 검사를 하는 데 동의했다. 결국 그들은 대부분 학자들이 뇌의 물질적 상태와 인지적 역사, (대부분의) 최종적인 정신적 쇠퇴를 연관 지어 살펴볼 수 있도록 자신들이 죽은 뒤 뇌를 검시하는 데 동의했다.

초기에 스노든은 모든 수녀가 평균 22세에 처음 수녀회에 들어왔을 때 요약적 전기를 한 쪽씩 썼다는 사실을 알게 되었다. 그와 그의 팀은 '생각 밀도idea density', 즉 각각 분리된 채 나타나는 생각의 수에 기초해 그 전기들의 인지적 복잡성 정도를 분석했다. 만약 전기문의 길이가 같다면, 뚜렷한 생각이 20개인 수녀는 뚜렷한 생각이 10개인 수녀보다 생각 밀도가 두 배인 것이 된다(기술적으로 그 글들은 열 단어마다 생각이 몇 가지 담겨 있는지를 기준으로 계산되었다). 각 수녀의 전기문은 평균 80세에 점수가 매겨져 지금의 인지능력과 비교되었다. 22세에 낮은 생각 밀도를 보였던 수녀의 35퍼센트가 80세에는 표준 시험에서 정신적 약화를 보여주었다. 이에 비해 22세에 높은 생각 밀도를 보였던 사람들은 2퍼센트만이 그랬다. 이보다 훨씬 더 충격적이게도, 알츠하이머에 걸린 수녀 가운데 90퍼센트가 22세에 낮은 생각 밀도를 보여주었는데 비해, 건강한 수녀들은 13퍼센트만이 그랬다. 스노든은 젊은 시절의 자서전을 평가함으로써 수녀들 가운데 누가 알츠하이머병에 걸릴지를 예언할 수 있었다!

수녀의 젊은 성인기와 노년기에 인지하는 힘 사이에 있는 이 극적인 상관관계를 바탕으로 스노든 팀은 인지적 활력에 후천적 영향이 미치는 효과를 무시하게 되었다. 연구자들 자신이 이 결과를 받아들이는 데 힘든 시간을 보냈다. 사람들은 나중의 교육이나 직업이 영향이 없다는 사실을 '기이하다'고 여겼다.

그러나 스노든의 책《우아하게 늙기》의 특징을 이루는 많은 수녀는 이 책 바로 앞 장에서 설명한 바와 같이, 교육과 자극을 주는 직업에서 혜택을 받았다. 이 수녀들의 90퍼센트가 교사였고, 45퍼센트는 석사학위나 그 이상을 가지고 있었다. 자신의 인지적 재능을 노년까지 잘 유지한 수녀 가운데 많은 수가 중년이나 그 이후 고급 학위를 취득했거나 학교와 다른 기관에서 지도자직을 맡았다. 그들 대부분이 정상적인 은퇴 연령이 지난 뒤에도 계속해서 일을 잘해냈다. 그들은 사람과 데이터 모두를 가지고 복잡한 일을 하며 생애를 보냈다.

예컨대 돌로레스 수녀는 29세에 학사학위를 취득했다. 44세에 석사학위를, 51세에 다른 분야에서 두 번째 석사를 취득했고, 55세에 박사학위를 땄다. 그녀는 67세에 아프리카에서 숲 다시 가꾸기 노력을 주도했고 76세에 컴퓨터를 배웠다. 그녀의 직업적 위업은 평생 인지적 활력을 유지한 수녀들의 전형이었다. (고등학교 졸업장을 갖기 전인) 17세에 교사 생활을 시작한 니콜레트 수녀는 여러 학교에서 공부를 해서 결국 학사학위와 석사학위를 얻었고, 79세에도 여전히 활동적이어서, 병들어 집에만 틀어박혀 있는 사람들을 보러 가려고 자기 마을의 고개가 많은 길을 자주 넘어 다녔다. 또 다른 수녀는 자신이 48년 동안 대학에서 가르쳤고, 단 이틀만 일하지 않았다는 사실을 자랑스럽게 공표했다.

스노든의 연구는 직업이 인지건강에 거의 영향을 미치지 않는다는 것이 아니라 실제로는 그 반대임을 증명할 수 있다. (그들의 전기에서 증명된 바와 같이) 지적인 힘을 보여준 젊은 여성들은 교사가 되거나 학교나 종교조직에서 지도자 직책으로 이끌어주는 경력 과정, 즉 교회의 '속성 과정 fast track'을 밟도록 장려되었다. 지적인 재능이 부족한 젊은 여성일수록 일반적으로 수녀회 안에서 덜 도전적인 직책, 즉 특별한 기술이 필요 없는 직책을 종종 택했다. 문제는 젊은이들의 인지적 차이가 유전으로 변화가 불가능했다는 사실에 있는 것이 아니라, 수행능력이 더 낮은 수녀들의 덜 자극적인 일이 60년에 걸쳐서 '낮은 생각 밀도'를 유지하고 강화했다는 사실에 있다. 재능이 좀 떨어지는 상태로 출발했지만 점점 더 도전적인 환경 속에서 길러진 젊은 농구 선수와 마찬가지로, 훌륭한 천부적 재능을 지닌 수녀들은 그것을 두드러지게 만드는 길을 갔다.

뇌 질환에 드는 엄청난 비용

연구자들은 대부분 직업이 나중의 인지적 활력에 영향을 미치지 않는다는 스노든의 결론에 동의하지 않는다. 하지만 그의 연구는 언제, 어떻게 치매가 발생하는지를 합리적으로 결정하는 것과 인지건강을 연관 짓기 때문에 중요하다.

치매는 중요한 정신적 쇠퇴를 가리키는 데 쓰이는 넓은 의미의 용어다. 치매는 근본적인 유기체적 원인이 가져온 증상으로, 대개 혈관성 또는 알츠하이머성 증상으로 분류한다. 혈관성 치매는 몇 가지 각각 다른 문제 때문에 나타날 수 있는데, 그 모두가 뇌 세포를 직접 죽인다. 출혈은 뇌 조직에 피가 흘러들게 한다. 혈전은 소동맥에 머물면서 혈류를 방해한다. 혈관 경련도 마찬가지 영향을 미친다. 원인은 저절로 생길 수도 있고, 머리에 타격을 가한 것과 같이 외적일 수도 있다. 혈관성 치매가 있으면 환자의 고통은 심한 정도와 손상된 부위에 비례하는데, 그 고통은 때때로 의학적 치료를 즉각적으로 받으면 줄어들 수 있다. 언어장애가 있거나 사지를 움직이지 못하거나 다른 운동신경 장애를 겪을 개연성이 있음에도 모든 정신 능력이 온전치 않다면, 가벼운 뇌졸중으로도 종종 큰 타격을 입는다.

혈관성 치매는 점진적으로 한 사람의 인지능력에 큰 손상을 입힐 수 있지만, 각각의 사건은 서로 별개다. 일단 뇌졸중이 있었으면 나중에 비슷한 질병을 예견하지만 꼭 그렇게 되는 것은 아니다. 혈관 질병에 대해 무언가를 할 수도 있다. 즉 혈압을 낮추는 약이나 피를 묽게 해주는 아스피린과 다른 약들을 쓰거나, 당뇨병과 같은 합병증을 줄이기 위해 식이요법을 할 수 있다. 또한 뇌졸중 이후 계속 치료해서 잃어버린 능력 중 많은 것을 회복할 수 있다.

전 세계에서 약 3,500만 명이 치매를 앓고 있고, 그에 따른 직접적·간접적 비용은 1,600억 달러로 추산된다. 세계 인구가 증가하고 나이가 많아짐에 따라 치매 환자 수가 20년마다 두 배로 늘어서 2030년에는 6,600만 명이 되고 2050년에는 1억1,500만 명이 될 것으로 예상된다. 치매를 앓는 사람은 대부분 집에서 돌봄을 받는다. 그럼에도 모든 양로원 거주자의 3분의 2 이상이 치매 환자라는 통계는 충격적이다.

알츠하이머는 대다수 치매 환자의 질병 원인이다. 미국에서만 환자가 5,300만 명 있다. 미국에서 알츠하이머에 들어가는 비용은 1,000억 달러로 추산된다. 미국에서만 이 질병에 대해 노인의료보험Medicare에서 1년에 400억 달러, 저소득층의료보장보험Medicaid에서 300억 달러를 지출한다. 우리는 대부분 이것이 꾸준히 진행되면서도 지금까지는 불가역적 영향이 있다는 주된 이유로 알츠하이머를 두려워한다. 일단 그것에 걸리면 되돌아가는 일은 없다. 여러 해에 걸쳐 단기기억을 잃고, 그다음에는 추리와 계획 능력을 잃는다. 언어 기능이 나빠지고, 읽기와 쓰기를 하는 데 안간힘을 써야 한다. 결국 육체적으로 자기 스스로 돌보는 능력을 잃는다. 그러나 가장 나쁜 것은, 자기 자신을… 자신의 성격과 기억, 우리를 인간으로 만들어주는 모든 것을 잃어버리는 일이다. 약물이 알츠하이머의 속도를 일시적으로 늦춰줄 수 있지만 지금까지는 아무것도 그 은밀한 진행과 끔찍한 희생을 멈출 수 없다.

진단 이후 예상 수명은 평균 5년이지만, 질병의 전체 과정은 20년에 걸칠 수도 있다. 알츠하이머는 노인들에게 엄청난 손상을 가한다. 85세를 넘긴 모든 미국인의 45퍼센트가 이 질병을 가지고 있다. 이것은 이 나라에서 여섯 번째로 죽음의 주요 원인이 된다. 돌보는 사람들도 극도의 피로, 높은 스트레스와 연관된 질병을 앓는다. 알츠하이머 환자와 함께 주당 평균 47시간을 보내는 가족 구성원은 종종 우울증, 사회적 고립, 수면 박탈, 그리고 다른 문제들을 겪는다. 의사들은 알츠하이머를 가장 효과적으로 다루는 방법은 환자와 보호자 두 사람을 치료하는 것이라는 사실을 이해하기 시작했다.

만약 (주로 알츠하이머에서 비롯하지만 다른 원인으로도 발병하는) 치매가 50세 이상에게서 2년 늦춰질 수 있다면, 미국에서만 전체 환자 수가 다음 40년 동안 200만 명은 줄어들 것이다. 이 환자 감소가 비용과 생산성 감소로 환산한 사회적 부담을 줄여주는 것은 말할 것도 없고, 환자와 그 가족, 친구들의 삶의 질에 미칠 영향을 상상해보라.

알츠하이머는 어떻게 진행되는가

1907년에 같은 이름의 알로이스 알츠하이머가 처음 발견된 알츠하이머는 플라크와 신경세포의 뒤얽힘이 축적되는 것을 특징으로 하는 뇌의 점진적 퇴화다. 플라크는 베타아밀로이드 단백질이 신경세포 사이의 공간에서 만들어지면서 신경세포의 소통과 그 밖의 뇌 기능을 방해할 때 생성된다. 뒤얽힘은 정상적으로는 비계처럼 기능하는 타우 단백질tau protein이 스스로 꼬이며 신경세포를 파괴하는 뒤얽힘을 만들어내기 시작할 때 생성된다. (베타아밀로이드 단백질을 신봉하는) '침례교도'와 타우주의자tau-ist 사이에 맹렬한 논쟁이 벌어지고 있다. 예컨대 스노든이 수녀 250명을 부검했을 때 플라크보다는 뒤얽힘과 알츠하이머의 '훨씬 더 강한' 상관관계가 드러났다. 반면에, 다른 연구자들은 일정한 플라크 형태로 존재하는 독소들이 뇌 세포에 치명적이라는 사실을 시사했다.

초기의 모든 잠재적 치매 환자 가운데에는 '건강 염려증'으로 알려진 이들이 있다. 이따금 나타나는 '기억 깜빡증'이 좀더 심각한 무언가의 서곡일 수 있지만, 대개 그것은 아무것도 아니다. 결국 이 집단 가운데 어떤 사람들은 가벼운 인지적 손상MCI을 일으키기도 한다. 1년 뒤, MCI를 지닌 사람들 가운데 약 10퍼센트가 치매로 빠지고, 이어서 해마다 또 다른 10퍼센트가 이 병에 굴복한다. 그러나 MCI에 걸리는 어떤 사람들은 악화되지 않는다.

만약 MCI를 지닌 사람이 알츠하이머에 걸리면, 초기 증상은 뇌의 토대 근처에서 형성되기 시작한 플라크와 뒤얽힘의 결과물이다. 그 손상이 서서히 더 크고 깊게 해마33와 새겉질34 속으로 번진다. 알츠하이머는 여섯 단계로 확산된다. 손상이 뇌의 작은 부분으로 국한되어 있는 초기 단계는 가벼운 기억 손실이 있을 뿐 인지적 쇠퇴는 없거나 거의 없는 것으로 특징지어진다. 손상이 해마 속으로 이동해버린 중기 단계는 더 심한 기억 손실, 그리고 혼란과 불안을 포함하는 인지적 쇠퇴를 특징으로 한다. 새겉질 속으로 손상이 번진 마지막 단계는 심각한 기억 손실과 치매, 운동기능 손실을 포함한다. 스노든은 부검으로 1단계와 2단계에 있는 수녀들 가운데 22퍼센트가 치매에 걸렸고, 3단계와 4단계에 있는 수녀들 가운데 43퍼센트가 치매에 걸렸으며, 5단계와 6단계에 있는 수녀들 가운데 70퍼센트가 치매에 걸렸다는 사실을 보여주었다.

알츠하이머는 레트로제너시스retrogenesis 35로 알려진 것에 따라 진행된다. 능력이 사라지는 순서는 유년기 발달 과정이 거울에 비친 형상과 같다. 첫 번째 것이 오고, 마지막 것이 간다. 마지막 것이 오고, 첫 번째 것이 간다. 추리 능력과 장기기억을 계획하는 기능은 마지막으로 발달하고 첫 번째로 가는 것이다. 운동기능은 첫 번째로 발달하고 마지막으로 가는 것이다.

이에 대한 명백한 이유가 두 가지 있다. 첫째는 타우 뒤얽힘과 플라크의 결과다. 뒤얽힘에서 오는 손상과 플라크에서 오는 염증은 뇌 세포를 자극해서 재생되려고 애쓰게 만드는 것처럼 보이지만, 사실 세포들은 의도한 효과를 얻지 못하고 스스로 파괴한다. 그 결과, 짐작건대 고도의 사고에 관여하는 영역으로 뇌에서 신진대사가 가장 활발한 부분이 제일 많이 영향을 받는다. 둘째는 말이집탈락demyelination 36이다. 신경세포의 보호막인 말이집myelin을 잃어버리면 전선에 입힌 절연재가 없어지는 것과 같은 효과가 나타난다. 뇌의 신호가 방해를 받는 것이다. 예컨대 다중경화증과 함께 면역체계가 척수에 있는 말이집 덮개를 조금씩 갉아먹으면서 뇌와 근육 사이의 의사소통을 방해한다. 시간이 흐르면서 말이집이 서서히 두꺼워지고, 그에 따라 뇌에서 가장 먼저 발달하는 부분(기본 기능과 관련된 가장 오래된 뇌 구조)이 제일 두꺼운 막을 갖게 된다. 뇌에서 최후로 발달하는 부분은 고도의 사고와 관련된 새겉질 영역인데, 이것은 보호막이 가장 얇다. 신경세포 주위의 말이집이 닳기 시작함에 따라 막이 가장 얇은 최신 뇌 영역이 가장 먼저 손상을 보인다. 병이 바닥에서부터 위로 번져나간다 할지라도 손상은 꼭대기에서 아주 심하게 나타나 아래로 향한다.

언젠가 우리는 이 과정을 더 잘 이해할 테지만 궁극적 결과는 같다. 알츠하이머에 걸린 뇌는 물질적으로 부패한다. 부검 결과 알츠하이머 환자의 뇌는 종종 뇌 용량의 30퍼센트에서 40퍼센트가 위축되어 있었다. 우리 마음이, 아이였을 때 정신이 앞으로 걸었던 것과 똑같은 걸음으로, 그렇지만 방향은 반대쪽으로, 즉 정신 발달 면에서 '뒤로 걷는다.' 돌보는 사람들은 알츠하이머 환자들이 어린애처럼 행동한다고 종종 불평한다. 맞는 말이다. 가벼운 알츠하이머 증상이 있는 사람은 8세에서 12세의 인지능력을 갖는다. 중간 정도 알츠하이머를 앓는 사람은 5세에서 7세의 인지능력을 갖는다. 알츠하이머를 심하게 앓는 사람은 유아의 인지능력을 갖는다.

병이 진행됨에 따라 심리적으로 더욱더 미성숙하게 된다는 사실을 이해하는 것이 환자를 위한 치료 효과를 높이고 돌보는 사람의 스트레스를 줄여줄 수 있다. 초기 알츠하이머 환자는 반항하는 10대처럼 행동할 수 있다. 특정 현실에 참여하기를 거부하거나 부정하는데, 자기 행동에 따르는 책임을 받아들이고 싶어하지 않기 때문이다. 무언가를 잃어버렸다기보다 도둑맞았다고 주장하고 싶어한다. 우리는 아홉 살 먹은 애가 짜증내는 것에는 대비되어 있다. 만약 엄마나 아빠가 생물학적으로 아홉 살 수준으로 퇴행했다는 사실을 이해하지 못한다면, 어른의 짜증을 받아들일 확률이 훨씬 낮아지게 된다. 사회화되고 행동을 완수하고 불만을 다루는 능력이 모두 점점 더 어린애 같아지는 환자 마음과 함께 서서히 쇠퇴한다.

알츠하이머 환자는 나이에 관계 없이 보살핌, 도움, 칭찬, 인내, 움직이면서 노는 능력 그리고 사회적 상호작용을 할 기회가 필요하다. 상호작용을 잘하는지는 중요하지 않다. 어린아이들 역시 또래 아이들과 상호작용을 잘 못하지만, 사회적 환경에 있음으로써 여전히 이익을 얻는다. 이러한 쇠퇴가 잘 이해되기 때문에 우리가 끊임없이 쇠퇴하는 환자의 심리적 나이에 맞춰 행동을 면밀히 계획하는 한 끝나는 순간까지 '나이에 적합한' 행동을 찾는 것이 가능하다.

사실, 어떤 프로그램은 똑같은 심리적 나이에 가까운 어린아이와 치매 노인에게 성공적으로 도입되었다. 발달 곡선에서 어른들이 아이들보다 약간 앞서 있어서 여러 공예 활동에서 조언자 구실을 해줄 수 있을 때 가장 크게 성공할 수 있다. 이 젊은이들과 함께 시간을 보내면, 어른들은 더욱 건설적인 행동과 참여 그리고 다른 행동과 비교했을 때 불만이 줄어든 모습을 보인다. 병이 아주 많이 진행되기까지는 강하게 남아 있는 어른들의 우월한 장기기억과 더 나은 조정력과 자질에서 아이들은 이익을 얻는다. 이러한 프로그램은 아주 조심스럽게 계획해야 한다. 예컨대 어른들은 미리 완벽하게 과제를 숙지해야 하고 과제의 정확한 순서를 물질적으로 생각나게 하는 것이 필요하다. 또한 어른과 아이들이 개인적으로 유대를 만들기 위해 정기적으로 만나야 한다. 그러나 잘 짜인 프로그램은 양쪽 모두 마음으로는 젊은이인 사람들에게 이익이 된다는 사실이 증명되었다.

맹공격 견디기

뇌 질환이 원인이 된 심각한 신체적 저하를 뇌가 일정 기간 견딜 수 있다는 것이 일부 수녀들에 대한 스노든의 또 다른 발견으로 입증되었다. 알츠하이머 증상이 있는 사람들 가운데 93퍼센트는 어떤 혈관 손상 또한 입었다. 치매가 있는 수녀들의 57퍼센트만이 알츠하이머병만 앓았다. 수녀 단 한 사람만이 뇌졸중으로 치매를 앓았다. 달리 말하면, 중증 치매가 있는 수녀들은 대부분 알츠하이머와 (작고 눈에 띄지 않는 뇌졸중을 포함하는) 뇌졸중 모두로 신체적 손상을 입었다. 알츠하이머나 뇌졸중만 앓은 경우 수녀들은 수많은 신체적 손상의 영향을 상쇄할 수 있었다. 스노든과 다른 이들의 후속 연구는 알츠하이머와 혈관 질환이 결합된 공격을 받을 때 치매에 걸릴 확률이 가장 높다는 사실을 확인해준다.

훨씬 더 새롭게 알게 된 사실은 몇몇 수녀의 인지건강과 근본적인 신체적 뇌 건강 사이의 관계였다. 말기 단계 알츠하이머(5단계와 6단계)가 있는 수녀들의 70퍼센트가 치매 증상을 보였지만, 중요한 뇌 손상을 입은 수녀들 30퍼센트는 그렇지 않았다. 마거릿 수녀는 뒤얽힘에 대해 90번째 백분위수에 있었지만 치매 증상은 적었다. 버나뎃 수녀는 중증인 6단계 신체적 손상을 입었지만 치매는 없었다. 이 두 수녀는 젊은 수녀들과 마찬가지로 인지능력에서 높은 점수를 받았는데, 바쁘고도 자극이 충만한 생활을 영위했다. 이들은 '탈주자'라 불리는 집단의 일부였는데, 심각한 신체적 뇌 질환에도 치매 증상을 거의 보이지 않았기 때문이다. 몇몇 수녀는 나이가 많은데도 뇌의 병적 증상을 전혀 보이지 않았다. 이들은 뇌 질환에 대한 주목할 만한 복원력을 보여주는 작은 집단의 일부였다. 치매 없이 90세에 이르는 사람들은 70세보다 뇌 질환에 걸릴 개연성이 적다.

거꾸로 말하면, 알츠하이머 초기 단계인 사람들은 치매가 거의 없거나 없었어야 하지만, 22퍼센트가 그러한 증상을 보였다. 마리아 수녀는 2단계일 뿐이었지만, 중증 치매를 앓았다. 그녀는 돌로레스 수녀와 함께 독일에서 이주해왔는데, 그때 그들은 모두 젊었고 학교에서 학업 성적이 비슷했다. 그녀는 돌로레스 수녀와 마찬가지로, 학교 교사로 사회생활을 시작했다. 학위를 여러 개 취득하고 책무를 계속해나간 돌로레스 수녀와 달리 마리아 수녀는 심각한 병과 심한 우울증을 앓아서 장기간에 걸쳐 일할 수 없었다. 결국 그녀는 교육에서 물러나 재봉사로 일했다. 그녀의 경력 중 일부만이 인지적으로 도전적인 것으로 간주되었고, 그마저도 산발적이었다. 게다가 우울증에 걸린 사람들은 우울증이 하나의 촉발적 요인인지 시작 초기 징후인지 분명치 않으나, 다른 사람들보다 알츠하이머에 걸릴 확률이 두 배 가까이 높다. 마리아 수녀의 예처럼 우울증은 대개 수십 년은 아니라 하더라도 치매보다 여러 해 앞서서 온다.

이 연구와 다른 연구들은 이 장의 맨 앞에서 제기한 의문에 답을 준다. 인지적 활력을 높인다 해도 뇌의 손상은 막지 못한다. 그보다 인지기능에 투자하는 것이 뇌 손상에서 정신적 능력을 보호하는 데 도움이 되는 상쇄적 비축을 이뤄낸다.

뇌 손상을 막아라

파괴적 뇌 질환을 견뎌내는 가장 중요한 방법은 인지적 비축, 즉 부가적 인지능력을 발전시키는 것이다. 그것의 물리적 측면을 '뇌 비축'

이라고 한다. 뇌의 크기나 신경세포의 수치(뇌 세포의 수)에서 얻는 뇌 비축은 수동적인 것, 운 좋게 물려받은 복권 같은 것으로 생각된다. 그것은 뇌에 능력을 더해주거나 효율성을 높이는 모든 물질적 구조를 포괄한다. 뇌 용량은 인지건강이나 치매에 대한 상관 요인 가운데 하나다. 뇌가 큰 사람이 더 영리하기 때문이 아니라 좀더 큰 뇌가 손상을 더욱더 많이 입을 수 있지만, 기능에 필요한 회백질이 충분해서 인지적 쇠퇴를 상쇄하기 때문이다. 하나의 집단으로서 남자는 일반적으로 뇌가 더 크기 때문에 여자보다 치매를 덜 앓는다.

'인지적 비축'은 선택에 영향을 받기 때문에 역동적으로 생각된다. 우리가 교육이나 참여하는 일 그리고 인생에서 선택하는 다른 힘든 정신적 도전으로 발전한다는 것은 뇌 속의 부가적인 물질적 연결부를 포함하는 인지능력과 관계되어 있다. 대학교육을 1년 받으면 치매 위험을 11퍼센트 감소시킨다는 앞선 통계는 똑같이 뇌 손상을 입었을 경우 대학에 다닌 사람이 대학에 다니지 않은 사람보다 낮은 수준의 치매에 걸렸다는 결과를 가져왔음을 부검에서 보여주었다. 이와 별개로, 밥 제이콥스는 베르니케 영역 Wernicke area 37을 연구하기 위해 특별히 언어를 이해하는 뇌 부위를 해부하였다. 그는 다른 뇌 세포들에서 신호를 받는 수지상 돌기 樹枝狀突起와 촉수 모양의 신경세포 연장 부분의 수를 셌다. 그는 교육이 수지상 돌기에 있는 가지의 수를 늘린 결과 다른 뇌 세포와 상호 접속하는 수를 증가시킨다고 결론지었다.

여기서 다시 우리는 원인과 결과에 대한 의문에 직면한다. 더 큰 인지적 비축을 하는 사람이 자연스럽게 교육과 높은 자극 분야를 찾아가서 성공하는 것일까, 아니면 교육과 높은 자극 분야가 인지적 비축의 발달을 돕는 것일까? 제이콥스가 교육받은 사람들 속에서 수지상돌기의 연결부를 더 많이 발견한 것이 언어 기능을 높게 타고난 사람들이 대학에 가는 경향이 있기 때문일까, 아니면 교육이 이 연결부를 발전시키는 데 도움을 주었기 때문일까? 다른 연구들은 대부분 후자를 지지하지만 스노든의 연구는 전자를 암시한다. 의심할 바 없이, 아주 강한 인지적 비축을 하는 사람들은 더 큰 신경세포 수치를 제공하는 몇몇 유전적 이점이 있을 개연성이 있지만, 그 이점은 긍정적으로건 부정적으로건 반드시 환경의 영향을 받는다.

이 논쟁에서 흥미롭고도 결정적인 연구 가운데 하나는 런던 택시기사들과 관련한 것이다. 이들은 (택시를 모는 것 ^{taxiing} 뿐만 아니라) 세계에서 가장 크고 번잡하며, 무척 복잡한 도로 체계 가운데 하나를 돌아다녀야 하는 힘든 ^{taxing} 일에 종사하고 있다. 이 택시기사들의 후부 해마, 즉 공간 기억을 담당하는 뇌 부위는 다른 사람들의 그것보다 더 컸다. 택시기사가 이 직업에 종사한 지 오래되었을수록 후부 해마의 크기가 더 컸다. 택시기사들이 타고난 조종술을 가지고 있다고 가정하더라도(그들은 면허를 얻기 위해 어려운 시험을 통과해야 한다), 이 부위가 사용 정도에 따라 팽창한다는 사실은 강화된 환경이 인지적 비축을 향상하는 뇌의 수많은 신체적 변화를 가져온다는 것을 보여준다.

인지적 비축을 상당히 한 사람들은 그 손상이 일정 지점에 도달할 때까지 인지적 쇠퇴에 저항할 수 있지만, 그 뒤에는 다른 사람들보다 더 빠르게 쇠퇴한다. 인지적으로 건강한 사람들이 급속히 쇠퇴하는 것은 직관에 반하는 일처럼 보일 수도 있다. 이를 설명하기 위해 마이크에게 돌아가보자. 우리는 그가 선택한 생활방식 덕분에 평균적인 사람보다 20퍼센트 많은 인지적 비축을 할 수 있었다고 가정했다. 황혼기에 마이크는 10퍼센트 인지적 결손을 보았음을 보여주는 시험을 치렀다. 그 결손양은 공교롭게도 인지적 비축이 없는 또 다른 사람과 같은 수치였다. 인지적 결손이 같기 때문에 마이크의 근본적인 뇌 손상이 다른 평균적인 사람보다 더 많이 진척되어 있을 확률이 높다! 그의 비축이 뇌 질환을 방지해주는 것이 아니라 상쇄한다는 사실을 기억하라. 신체적 장애가 그것을 상쇄하는 능력을 일단 넘어서면, 더욱 심각하고 근본적인 신체적 손상이 인지능력에 가해져 보통의 경우보다 더 빠르게 악화되도록 만든다. 그의 쇠퇴는 평균보다 늦게 시작될 수 있지만, 더 빠르게 가속화된다. 인지적으로 가장 건강한 사람이 대개 제일 빨리 나빠진다는 사실이 불공평해 보이지만, 그 반대도 사실이다. 즉 인지적 비축은 인생이 종말에 아주 가까이 갈 때까지 우리가 그 질을 유지할 수 있게 해준다. 갈 때는 빨리 가는 것이다.

건강한 뇌를 위한 유일한 방법

내가 좋아하는 작가 가운데 한 사람이 아일랜드 출신 영국 작가 아이리스 머독이다. 소설, 희곡, 시, 철학에 관한 책을 쓰는 머독은 총명하고 독립심이 강한 여성으로 인식되었다. 생기발랄한 젊은 여성으로 사는 그녀의 삶과 악화된 알츠하이머로 고통받는 나이 많은 여성의 삶을 대조한 영화 〈아이리스〉는 엄청나게 충격적이었다. 그것은 치매가 인간성을 해체하는 방식과 가족 구성원을 짓누르는 엄청난 압력 또한 가슴 아프게 보여주었다. 머독은 79세까지 살았는데, 우리는 그녀의 인지적 비축이 정신 능력의 붕괴를 늦췄음이 틀림없다고 생각할 수 있다. 그러나 그녀처럼 총명한 사람이 알츠하이머에 굴복했다는 것은 아무도 안전하지 않다는 사실을 분명히 보여준다. 인지적 비축은 뇌 질환을 막지 못한다. 그것은 뇌 질환의 위험을 상당히 줄여주고, 대개 뇌 질환이 나타나는 시기를 늦춰줄 뿐이다.

치매의 다양한 형태 가운데 알츠하이머가 가장 무서운데, 머독의 분열은 이 질환에 걸리는 모든 사람의 분열이기 때문이다. 각양각색으로 사람들을 괴롭히는 후발성 알츠하이머는 유전적으로, 특히 아포리포단백질E ^ApoE^ 라 불리는 유전자 층과 연관되어 있다. ApoE는 효소처럼 기능할 수도 있고, 세포벽을 만드는 데 이용될 수도 있으며, 에너지를 저장하는 데 도움을 줄 수 있는 지방과 단백질의 복잡한 구조인 특정 지방단백질의 신진대사에 필수적이다. 우리 가운데 약 3분의 2는 ApoE-3 유전자를 가지고 있는데, 이것은 '알츠하이머-중성'처럼 보인다. 약 10분의 1은 ApoE-2를 가지고 있는데, 이것은 알츠하이머를 막는 데 도움이 되는 것처럼 보이지만, 심혈관 질환의 위험을 증가시킨다.

약 5분의 1은 ApoE-4를 가지고 있는데, 이것은 알츠하이머의 위험을 보통 사람보다 세 배 증가시킨다. 1퍼센트나 2퍼센트는 부모 모두에게서 ApoE-4 유전자를 물려받아 보통 사람보다 여덟 배에서 아홉 배 사이로 위험이 커진다. 그렇더라도 이 유전자는 매우 예측하기 힘들어서(대체로 알츠하이머에 걸리는 사람들 절반이 ApoE-4를 가지고 있지 않다) 의료계 종사자들은 대부분 '나쁜' 형태의 ApoE-4를 가지고 있는지 판별하기 위한 유전자 검사를 요구하지 않는다. 알츠하이머의 다른 원인이지만 아직 발견되지 않은 유전적 합병증일 개연성이 있다. 그것은 분명히 흔할 터인데, 아주 오래 산다고 할 때 그중 절반이 알츠하이머로 죽기 때문이다.

우리 중 그렇게 높은 비율이 몇 가지 잠재적 살인 유전자를 지니고 있다는 사실은 반직관적이기는 하지만 진화한 결과다. 유전자는 아기를 만드는 데에만 관심이 있다. 만약 어떤 특성이 우리가 건강한 자식을 생산할 만큼 오래 살게 도와준다면, 그 특성이 선택될 것이고, 그것이 여러 세대에 걸쳐 사람들 사이에 퍼질 것이다. 아이를 갖는 기간에(그리고 그것을 넘어서) ApoE 유전자가 신진대사에 주는 혜택은 잠재적 치매의 불리한 면을 생물학적으로 능가하며, 보통 출산을 끝내고 시간이 오래 흐른 뒤 나타난다.

알츠하이머에서 가장 큰 걱정은, 그것이 아직까지 발견되지 않은 몇몇 의학적 처방에 따라 앞으로 치료할 수 있는 분명한 질병이 아닐 수도 있다는 사실이다. 그것은 나이가 들면서 몸의 여러 부위에서 보게 되는 정상적 마모와 산화 스트레스, 염증이 생기는 과정이 축적된 것일지도 모른다. 몸에서 보이는 염증 반응의 일부인 수준 높은 C반응성 단백질은 뇌졸중이나 심장마비뿐만 아니라 치매와도 관련되어 있다. 닳아 해진 엉덩이나 무릎 관절 또는 손상된 간이나 신장과 달리, 우리에게는 쇠약해지는 뇌를 대체할 방법이 없다.

알츠하이머를 치료할 수 있으려면 오랜 세월이 필요할 것 같다. 다양한 염색체에 있는 많은 유전자, 타우단백질, 플라크, 뇌졸중, 일반적염증 과정 등 아주 여러 가지 요인이 개재되어 있다. 산화방지 비타민, 비스테로이드성 항염증제NSAIDs, 스타틴[38] 그리고 잠재적 백신에 대한 연구조차 서로 모순되거나 매우 실망스러울 만큼 낡은 것이 되었다. 지금은 특정 음식에 첨가되는 엽산과 토마토에 있는 리코펜이 어느 정도 이로운 물질로 보인다. 스노든은, 리코펜 수치가 높은 수녀들 가운데 70퍼센트와 낮은 수녀들 가운데 13퍼센트만이 그런 예에 해당했는데, 이들이 최초 연구 이후 6.5년을 생존한다는 사실을 알아냈다. 다른 연구자들도 이 두 물질에 대해 비슷하게 긍정적인 결과를 발견했다.

리코펜이 알츠하이머의 위험을 낮추는 데 도움이 되는지 또는 단순히 좋은 건강의 지표인지는 불분명하지만, 토마토소스를 규칙적으로 섭취하는 것은 현명한 예방책이다. 비타민 B도 도움이 될 수 있지만, 어떤 것도 너무 많이 먹으면 몸이 역반응을 하게 할 수 있다. 나머지 식이요법과 관련해 가장 좋은 사실은 심장에 좋은 것은 무엇이든 뇌에도 좋다는 것이다. 우리는 어머니와 의사의 권고에 주의해서 신선한 채소와 견과류, 과일, 잡곡을 많이 먹고, 붉은 고기와 고도로 가공처리된 단 음식의 소비를 최소화해야 한다. 한 끼 먹는 양에 주의해야 한다. 술을 마신다면 적당히 그리고 친구들과 함께 마셔야 한다!

대단한 차이를 만들어내기 위해 우리가 할 수 있는 일은 끊임없이 뇌에 도전하는 방법을 찾아 인지적 비축을 하는 것이다. 지금 눈에 보이는 알츠하이머 치료법 없이도, 인지적 비축은 우리가 그 원인이 무엇이든 간에, 뇌에 대한 신체적 손상을 상쇄하는 데 도움을 주기 위해 기댈 수 있는 전부다. 줄기세포, 항체 그리고 세포 속으로 바이러스를 주입하는 것을 포함하는 신종 실험들이 이 질환에 대한 저항력을 높이고자 하는 바람과 함께 진행 중이지만, 예상되는 위험 감소는 오늘날 운동과 정신적 자극으로 성취할 수 있는 것보다 크지 않다! 인지적 비축은 많은 사람이 오랜 세월 뇌의 외상과 질환을 견딜 수 있게 해준다. 목표는 맑은 정신으로 더 오래 살다 죽는 것이다. 그리고 물론 우리가 충분히 오래 산다면, 과학은 치료법을 찾아낼 것이다.

우리는 인지적 비축 연구의 길에서 반쯤 와 있다. 6장에서는 인지능력을 발전시키고 유지하는 것이 치매 확률을 낮추고 늦출 수 있는 유일하게 중요한 방법이라는 것을 배웠다. 이 장에서는 우리 능력을 발전시키는 것이 뇌의 신체적 쇠퇴를 멈추는 것이 아니라 인지적 비축을 함으로써 그것을 상쇄할 수 있게 해준다는 것을 보았다. 다음 두 장에서는 뇌의 생물학에 관해 우리가 지금 이해하고 있는 놀라운 사실을 설명할 것이다. 거의 어떤 상황에도 적응하는 뇌 능력이 새로운 인지능력을 만들기 위한 구조를 어떻게 가져오는지 보게 될 것이다.

알츠하이머 연구는 이제까지 더디고 어렵게 진행되었다. 유전자 치료와 다른 접근 방법에 더해 400가지 이상의 약물 치료가 연구되었다. 미국 정부는 알츠하이머 연구에 1년에 약 6억 4,000만 달러를 쓰는데, 더욱 많은 사람이 알츠하이머에 걸리는데도 이것은 유방암에 쓰는 것보다 적은 액수다.

이 글에서 밝힌 바와 같이, 한 가지는 심각한 부작용 때문에 실제로 시장에 나오지 못했지만, 다섯 가지 약물이 알츠하이머 치료용으로 승인되었다. 남아 있는 세 가지 약물인 아리셉트, 엑설론, 라자딘은 한 신경세포에서 다음 신경세포로 신호 전달을 용이하게 하는 화합물인 아세틸콜린을 보존하는 데 도움을 준다. 이 약물들은 아세틸콜린을 파괴하는 효소에 개입해서 신경전달물질이 더 오래 활동할 수 있게 해준다. 뇌 속으로 아세틸콜린을 날라주는 나무 모양 신경구조는 알츠하이머의 맹공격 아래에서 계속 말라죽어 인지기능의 고장을 가속화한다. 이 약물들은 우리에게 끔찍한 선택지를 내놓는다. 이 약물들에 최상의 생명을 부여하기 위해 누군가 정신이 아직 꽤 민감할 때 그것들을 사용할 것인가? 아니면, 최악의 치매를 늦추기 위해 나중에 사용할 것인가?

효율성이 떨어졌는데도, 약물이 없는 경우보다 앞서서 환자들의 인지적 상태를 유지하는 데 약물이 도움이 된다고 많은 의사가 믿는다. 환자들은 종종 이 약물들 중 한 가지를 몇 년 동안 처방받는다(2011년에 아리셉트와 효능이 같은 약을 일반 복용량으로 구할 수 있게 되었다).

제4의 약물인 나멘다는 뇌 속의 글루타민산염 수치를 낮춰준다. 또 하나의 화학적 전달자인 글루타민산염은 크게 반응하는 세포의 겉면이다. 신체적 상해나 알츠하이머를 통한 정신적 외상은 글루타민산염을 촉발해 근처의 신경세포들을 심각하게 손상할 수 있다. 따라서 항글루타민산염 활동은 이 세포 파괴에 따른 이차적 손상을 줄일 수 있다. 어떤 이유 때문에 이 약물은 질환이 많이 진척된 사람들에게 더 잘 듣는다. 의사들은 종종 콜린에스라아제 억제제들 중 한 가지를 쓴 뒤 이것을 사용한다. 알츠하이머의 근본 원인을 치료하지 않기 때문에 현재 약은 그것에 대단치 않은 영향만 미칠 뿐이다.

MAXIMUM BRAINPOWER

- 알츠하이머병은 기능적 쇠퇴뿐만 아니라 정신적 쇠퇴 또한 일으킨다. 알츠하이머 환자의 어린애 같은 행동은 환자의 정신이 아이 수준으로 퇴화된 결과다.
- '인지적 비축'은 교육과 일과 우리 삶에서 다른 힘든 정신적 도전을 통해 발달시키는 인지적 능력이다. 인지적 비축은 뇌 질환을 방지해주는 것이 아니라, 뇌 질환의 영향을 상쇄해줄 수 있다.
- 치매를 늦춤으로써 가족의 부담과 사회적 비용을 줄일 수 있다. 더 중요한 것은, 수많은 사람이 최후까지 정신과 생활의 질을 유지할 수 있도록 해준다는 점이다.

CHAPTER 08

생각만 해도 뇌는 단련된다

1980년대 중반까지 공군에서는 유망한 조종사들이 복잡한 전투기를 조종하려고 손과 눈의 동작을 일치시키는 능력과 반사 신경이 있는지 알아낼 목적으로 일련의 특정한 감각운동 시험을 했다. 그러한 기능은 개인 생리에 본래부터 있는 것이라 믿어졌다. 필요한 자질을 갖고 있든지 그렇지 않든지 했던 것이다.

이러한 가정과, 20개에서 30개뿐인 자리를 채우기 위해 지원자 수천 명을 가려낼 목적으로 개발한 시험들은 팩맨Pacman 을 하면서 자라난 조종사 지망 세대에게 실행되지 않았다. 1980년대 문화적 상징이자 역대 가장 인기 있는 게임이었던, 점을 잡아먹는 이 비디오게임이 아주 많은 젊은이의 손과 눈의 동작을 일치시키는 능력을 향상했기 때문에, 군대에서 미래의 비행사를 가려내기 위해 그때까지 해오던 시험 방법을 더는 사용할 수 없었다. 너무 많은 사람이 시험에 통과했던 것이다.

운동기능에 대한 비디오게임의 긍정적 효과는 그 이후 여러 번 입증되었다. 게임을 하지 않는 사람들에 비해 비디오게임을 하는 사람들은 시각정보를 더 빨리 처리할 수 있고, 30퍼센트 더 많은 대상을 추적할 수 있으며, 다른 두 위치에 있는 표적 두 개를 더 잘 추적할 수 있다. 또한 시각적·청각적 단서들에 반응하는 데 20퍼센트 더 빠르다. 이러한 기능은 게임하는 것을 넘어서 일반적인 인지적 과제로 보편화될 수 있는 것처럼 보인다.

한 실험에서, 게임하는 사람들은 똑같은 정확성으로, 게임하지 않는 사람들보다 25퍼센트 더 빠르게 일반적인 질문에 답했다. 특히 환경적 신호에 반응해 빠르게 행동하는 능력은 적들로 가득 찬 하늘에서 전투기를 조종하는 사람과 아이들이 꽉 들어찬 지역에서 차를 모는 사람에게도 마찬가지로 귀중하다. 그러나 이러한 이득 때문에 부모들이 게임 시간을 무제한 허용해야 할 필요는 없다. 게임에 시간을 과도하게 소비하는 것은 적어도 그것만큼 귀중한 다른 기능이 발달하지 못한다는 것을 의미하기 때문이다. 다른 무엇보다도 고등학교 학생들이 숙제를 한 뒤 비디오게임을 하면 텔레비전을 본 것보다도 더 잠을 잘 자지 못했다. 게임하는 강도가 공부 주제보다 우위에 있었기 때문에 학생들은 숙제를 더 잘 기억하지 못하기도 했다.

삶을 예언하는 범주의 예술로, 모두 1980년대 중반에 나온 영화

〈최후의 스타파이터〉와 소설 《엔더의 게임》은 은하계에서 전쟁하는 우주선을 조종하기 위해 의심을 품지 않는 10대를 훈련시키는 데 비디오게임과 시뮬레이션이 이용된다는 전제에 근거를 두었다. 오늘날 군사 조직들은 인질을 교섭하는 싸움에서 언어능력 개발에 이르기까지 모든 것에서, 게임 시뮬레이션의 가장 큰 구매자에 속한다. 이러한 시뮬레이션의 주된 목적은 사람들을 혼란스럽거나 위험해질 개연성이 있는 상황에 대처할 수 있게 훈련하는 안전하고도 값비싸지 않은 방법을 제공하는 것이다.

비행 시뮬레이터는 전문가용이건 게임용이건 이런 식으로 오랫동안 이용되면서 실제 추락사고 염려 없이 조종사들이 나쁜 날씨와 작동하지 않는 시스템 속에서 이륙과 착륙을 연습할 수 있도록 도왔다. 어떤 게임들은 한 집단의 모두가 아닌 일부만 구출할 수 있는 것과 같은 어려운 선택 과제를 참가자에게 제시함으로써 지도력 기능을 발달시킨다. 이런 점에서 볼 때, 비디오게임과 시뮬레이션은 피험자가 현장 비상사태 가운데에서 완전히 새로운 상황과 맞닥뜨릴 개연성이 없게 하려고 광범한 사례 학습 정보를 제공한다. 그러나 속도에 초점을 맞추는 게임은 게임자의 인지적 민첩함과 경험의 목록을 더해주었다.

런던 택시기사들과 그들의 운전 솜씨와 마찬가지로, 게임하는 사람들이 다른 사람들보다 더 나은 선천적 반사 신경을 반드시 갖고 있는 것은 아니다. 그들은 경험을 통해 손과 눈의 동작을 일치시키는 향상된 능력과 더 빠른 반응속도를 습득했다. 더군다나 그들은 게임을 하는 데 '더 영리한' 것도 아니고, 다른 많은 것에서 하나의 대상을 골라내는 데 더 나은 전략을 갖고 있는 것도 아니다. 그저 더 빠를 뿐이다. 우리는 대부분 두정엽을 통해 손과 눈의 움직임을 일치시킨다. 뇌 정밀촬영을 해보면 게임 경험이 많은 사람들은 이 두 움직임을 일치시키려고 두정엽이 아닌 전두엽 피질을 사용하는 것을 알 수 있다. 그렇게 하는 것이 게임하는 데 필요한 신체적 통제와 속도를 증가시키기 때문이다. 뇌가 완전히 새로운 영역을 구성해서 정보처리 과정을 돕도록 한다. 중독성이 매우 크고 종종 아쉽기도 한 비디오게임이, 올바른 자극이 주어지면 뇌가 얼마나 많이 변화할 수 있는지 증명할 때, 놀랄 만한 경험이라는 것이 드러난다.

뇌는 놀랍도록 유연하다

중립적 유연성은 새로운 자극의 결과로서 신체적으로 변화하는 뇌 능력을 말하는 공식적 관용구다. 가장 단순한 업무에 숙달하는 것이나 가장 간단한 기억을 저장하는 데에는 대개 뇌에서 신경세포 변화가 적게 필요하다. 유연성, 즉 피질을 재배치하는 것은, 뇌의 좀더 큰 영역에서 대규모 변화가 일어나는 것을 의미한다. 게임의 예에서와 마찬가지로, 한 기능을 위해 통상 사용되는 뇌의 기관들은 또 다른 기능을 수행하는 데 동원될 수 있다.

유연성에 관한 지식은 몸에서 나오는 감각적 자극과 관련된 일련의 연구에서 나온다. 이 연구 중 많은 것이《들은 것을 본 흰족제비》,《손가락이 언 음악가》,《반쪽 뇌를 가진 여인》과 같은 기이한 공상과학소

설처럼 들린다. 공상과는 거리가 멀게도, 그것들은 100년 동안 받아들여진 과학적 사고를 뒤집어엎은 합리적 연구 결과다.

과학자들은 뇌에서 감각적 자극이 일어나는 위치를 그려낼 수 있는데, 이 위치가 개인마다 약간 다르다 하더라도 그것은 가능하다. 입술과 손가락처럼 몸에서 민감한 기관들은 덜 민감한 기관들보다 더 큰 뇌 지도를 가지고 있고, 가까이 붙어 있는 몸의 기관들은 (예컨대 손가락에서 나온 자극이 나란히 처리되는 것처럼) 인접한 뇌 기관에서 처리된다. 처리 부위가 물리적으로 인접해 있다면 뇌의 한 기관이 또 다른 용도로 쓰일 확률이 높아진다.

다른 누구보다도 상을 받은 과학자들인 마이크 머제니크와 에드워드 토브가 한 동물 연구가 뇌 유연성의 결정적 증거를 보여준다. 한 연구에서, 흰족제비의 시신경을 제거하고 청신경을 시각 피질에 연결했다. 흰족제비는 정상으로 볼 수 있었다. 원숭이의 중지 신경을 잘라서 뇌로 가는 공급을 끊었다. 양쪽에서 손가락을 담당하는 뇌 부위가 지금은 쓰지 않는 뇌 공간을 침범해서 이전 크기의 두 배로 자랐다. 백색소음에 오랫동안 노출되면 쥐의 청각피질이 재배치된다. 그 결과, 소음에 노출된 쥐는 보통 쥐보다 소음이 있는 환경에서 더 잘 들었지만 조용한 환경에서는 잘 듣지 못했다.

인간의 유연성 역시 놀랄 만하다. 음악가의 뇌 지도는 그들이 연주하는 음악의 유형에 따라 다양해진다. 점자 독자들의 뇌에 있는 손가락 지도는 보통 사람들보다 훨씬 크다. 이보다 훨씬 놀라운 사실은, 그 지도가 점자를 접하는 독자의 수준에 따라 다양하다는 것이다. 피험자들은 일주일간 점자 훈련을 쌓은 뒤 금요일마다 가장 큰 점자 지도를 지녔고, 주말을 쉬고 난 월요일에는 가장 작은 것을 지녔다. 이들의 뇌는 손가락에 기반을 둔 읽기를 돕기 위해 사용하지 않는 시각 피질의 일부를 썼다. 이와 마찬가지로, 주변 시야와 관련된 뇌 부위는 귀가 들리는 사람들보다 들리지 않는 사람들이 몇 배 커서, 귀가 들리지 않는 사람들은 자기 옆에서 멀리 떨어져 움직이는 대상을 더 빠르고 정확하게 탐지할 수 있다. 청각 기능이 없으면, 시각 처리과정이 '버려진' 청각세포를 넘겨받아 사용한다. 엄마의 뇌는 출산 후 첫 몇 달 동안 배선을 새로 해서, 뇌의 용량이 커지고 모성 자극과 관련된 부위에서 다른 구조적 변화가 일어난다(영장류 연구에서는 같은 일이 아빠가 된 이들에게도 일어난다는 것을 보여준다).

유연성은 특별한 적응 능력을 불러온다. 내이^{內耳} 신경이 손상돼 고통을 받던 한 여성에게 심각한 균형 문제가 있었다. 그녀의 혀에는 그녀가 기대는 방향에 따라서 앞쪽과 뒤쪽, 왼쪽과 오른쪽에 가벼운 전기적 자극을 주는 장치가 되어 있었다. 그녀의 내이에서 나오는 불명확한 신호를 보강하려고 뇌가 이 자극을 이용했고, 그녀는 뒤뚱거리며 걷기를 금세 멈췄다. 시각장애인은 소리의 반향을 일으키거나 공기의 움직임을 변화시키는 방법으로 대상을 감지할 수 있다. 박쥐처럼 음파를 탐지하려고 딸깍 하는 소리를 이용한 한 시각장애인 소년은 자전거도 타고 스포츠도 즐길 수 있었다.

이 연구들, 특히 머제니크의 연구는 아주 흥미로운 사실을 보여준다. 처음에 학습할 동안 뇌 지도가 확장되었다. 학습이 계속되자 그것이 약간 움츠러들기 시작했다. 최초 연결부는 확산되었다가 다시 굳었다. 뇌가 더욱 조직화됨에 따라 지도가 더 세련되고 상세해졌다. 신경세포들이 더욱 빠르게 흥분되었다. 과제가 더 잘 학습될수록 뇌가 더욱더 능률적으로 되었다.

유연성의 이 모든 요소가 어떻게 더해졌는지가 하나의 유형 연구, 즉 뇌의 오른쪽 반구만 가지고 태어난 한 여성에 관한 연구로 입증되었다. 왼쪽 뇌의 반구가 없다는 사실을 고려한다면 그녀의 인지능력은 아주 조금 상실되었다. 통상적으로 오른쪽 반구는 얼굴 표정, 감정과 다른 이들과의 감정적 연결부 그리고 음악과 다른 예술적 능력 같은 비언어적 의사소통에 관계한다. 오른쪽 반구는 '창조적'인 면이라고 생각된다. 왼쪽 반구는 말하기, 쓰기, 추상적 사고를 책임진다. 왼쪽 반구는 '논리적'이고 조직화된 면이라고 생각된다. 사람들이 대부분 알듯이, 몸의 감각신경과 운동신경은 뇌의 오른쪽 면이 몸의 왼쪽 면을 담당하는 운동신경을 통제하고 또 그 반대로도 하려고 뇌에서 위치를 전환한다.

그 여성은 오른팔과 오른쪽 다리가 약하고 오른쪽 시야가 보이지 않는다. 그녀의 남동생은 그녀의 감자튀김을 슬쩍 먹는다. 그녀는 추상적 사고를 할 때 애를 먹고 길을 쉽게 잃는다. 그러나 그녀는 구체적인 것들은 잘한다. 그녀는 계산 능력은 석학 수준이고, 청력과 촉각은 극도로 예민하다. 책을 읽고 음악을 즐기며, 파트타임으로 일하고 아주 정상적으로 말한다. 그녀는 어린 시절부터 음악을 워낙 즐겼으며, 아버지는 그녀를 기어다니게 했는데, 이는 걷는 법을 배우도록 도와주는 훈련이었다. 대체로 그녀는 행복하게 생활한다.

이 모든 경우가 지난 몇 년 동안 과학문학에 나타났다. 뇌가 반쪽뿐인 여성을 포함해 그중 많은 것이 노먼 도이지의 책《기적을 부르는 뇌The Brain That Changes Itself》에 수록되어 있다. 도이지는 이 과학과 과학자들과 환자들을 기렸는데, 이 환자들 중 일부는 그들의 인지 장애에 대한 해결책을 만들어내는 일을 도왔다. 도이지는 신경과학과 뇌 유연성 연구 역사의 기술적·인간적 개관을 모두 해주었다.

유연성은 일반적으로 '순응성'을 의미하지만, 새로운 과제를 학습하는 능력은 지나치게 잘 학습된 과제가 우리를 곧장 인지적 경직성으로 이끌 수 있다는 것을 의미하기도 한다. 예컨대 전문적 음악가는 같은 손가락들을 너무 많이 함께 사용하기 때문에 때때로 그것들을 따로따로 사용하는 능력을 잃어버린다. 인접한 뇌 부위가 함께 융합하다 보니 두 손가락이 하나처럼 반응하는 것이다. 그 해결책은 한 손가락을 붕대로 묶고 다른 손가락을 강제로 사용해 뇌 지도가 다시 분리되게 하는 것이다. 이와 비슷한 일이, 시간이 흐르며 반복되다 충동이 강화되는 강박신경증 환자들과, 반복해서 일어나는 불쾌한 생각으로 고통받게 되는 신경증 환자들에게 일어난다.

감각적 자극이 새로운 뇌 연결부를 만든다 하더라도 우리는 사고가 똑같은 효과를 불러온다는 사실을 거의 인식하지 못한다. 마음속으로 피아노를 연습하면 물리적으로 연습하는 것과 똑같은 신체 변화가 뇌 속에서 일어난다. 어떤 사람의 실제 연주가 마음속 연주와 똑같이 좋지는 않을 것이다. 그러나 실세계에서 짧게 연습하는 것으로 물리적으로만 연습하는 사람들을 따라잡을 수 있다. 유아들은 스스로 어떤 대상에 손을 뻗을 때와 마찬가지로 어른이 그것을 잡으려고 손을 뻗을 때도 뇌에서 같은 부분을 밝게 한다. 그들의 뇌 지도는 상상력을 통해 변화한다! 수많은 전문 운동선수는 자신의 최고 기술에 정신적으로 '주파수를 맞추기' 위해 자기가 가장 잘한 경기를 반복해서 본다. 이러한 준비는 머릿속으로 해보는 슛이나 골과 함께 심리적인 것 이상으로 도움이 된다. 그것은 적당한 신경구神經溝, neural groove를 만들어준다.

유연성은 어떻게 생기는가

뇌 유연성은 생물학적으로 아주 뿌리 깊이 생득적이라서 출생 이전에 시작된다. 엄청나게 많은 잉여 신경세포가 임신 기간에 만들어져 그 신경세포들이 분화를 시작하기 직전에 절정을 이룬다. 이 시점부터 아이가 태어나고 몇 년 뒤까지가 뇌의 신경 가지치기에서 한 주기가 된다. 이것은 제럴드 에델만이 만든 용어인 '신경학적 다원주의'의 결과인데, 생물학을 통한 그의 우회적 접근 방법이 면역학과 신경과학 모두에서 돌파구를 만들어냈다. 그는 항체의 구조를 밝히고 정확한 항체를 만들어내는 세포들이 생식에 우선 선택된다는 사실을 입증한 공로로 노벨상을 받았다. 이 다원적 답변이 우리가 질병을 막아내는 데 필요한 것, 즉 몸이 가능한 모든 유형의 방어를 하려고 거대한 상비군을 유지할 필요 없이, 특정한 외부 침입자를 죽일 수 있는 세포를 빠르게 증식하는 것이다.

에델만은 가장 적합한 신경세포를 선택할 수 있는 하나의 유사한 경쟁 원리를 주장했다. DNA는 뇌라는 전체 구조물, 즉 주요 부분과 회로, 주요 기능, 그리고 뇌 구조가 전개하는 규칙 등을 만들어낸다. 그러나 DNA는 인간과 같은 복잡한 생물 뇌의 전체 지도를 그리기 위해 아주 복잡해지지는 않는다. 개별 신경세포와 신경세포의 작은 집단에서 유전 암호 부여에 영향을 주는 유전적 지시와 국소 생화학물질 그리고 모든 생물과 뇌에 특유한 환경과 상호작용하면서 연결부가 빌딜한다.

인간의 경우, 신경세포가 임신 초기에 분당 수천 개씩 만들어진다. 순전히 뇌 세포와 연결부의 개수만이, 같은 감각적 자극에 반응하는 능력이 한 개 이상 뇌 부위에서 발달할 수 있도록 해준다. 예컨대 어떤 특정한 대상을 추적하고 그것에 초점을 맞추는 유아의 능력은 시각 피질 속에 있는 한 개 이상의 신경세포 다발에서 생겨날 확률이 높다. 아주 효율적으로 활동하는 다발은 더 많은 연결부를 꾸준히 축적한다. 연속적인 효과가 하나의 신경 다발을 만들어내 대다수 유사한 자극을 차단하고 반응하는데, 우세를 점하기 전에는 처음의 차이는 크지 않아도 된다. 목이 좋지 않은 곳에 자리 잡은 패스트푸드 가게처럼 경쟁력이 작은 신경다발은 더욱더 빠르게 움직임이 쇠퇴하며, 주변 신경세포들과 화학적 결합을 상실하면서 얼마 안 가 폐업하게 된다. 이런 비유가 적절한 이유는 시장에서 이 경쟁력 있는 현상에 '네트워크효과'라는 딱지가 붙기 때문이다.

여기서 우리는 뇌의 유연성, 즉 자극과 관련된 생물학적 경쟁력의 근본적 이유를 알게 된다. 빈곤한 환경은 더 적은 연결부와 뇌가 보통보다 10퍼센트에서 20퍼센트 작은 동물들을 만들어낸다. 시각 자극 없이 길러진 새끼고양이는 더 적고 짧은 수지상 돌기와 70퍼센트 적은 시각 피질의 신경접합부를 가지고 있다. 한쪽 눈의 시각 자극을 차단했다가 회복해주었을 때 시각 피질에 있는 사용되지 않은 처리 영역 대부분을 다른 쪽 눈이 빼앗아버렸기 때문에 시각 자극이 차단되어 있던 한쪽 눈은 심각하게 손상되었다. 우세한 눈을 물리적으로 없애고 그 경쟁력을 제거하자 손상된 눈에 해당하는 뇌 영역이 상당히 확장되었다. 이 예들은, 유전자가 뇌의 기본 구조가 발달하도록 추동하지만, 잘 다듬어진 뇌 구조가 발달하도록 추동하는 것은 환경의 자극과 경쟁력이라는 사실을 보여준다.

자궁 안에서 최초의 가지치기는 신경세포가 특화되기 시작함에 따라 가속화된다. 임신 중 마지막 10주에서 12주 동안 신경세포의 수가 70퍼센트까지 급속히 줄어든다. 그 과정에는 두 요인이 있는데, 신경세포의 가지치기인 뇌 세포 수 감소와 신경접합부의 가지치기인 연결부 수 감소가 그것이다. 가장 적합한 신경세포와 신경접합부가 통로와 기능적 집단 그리고 평생 살아남아 번성하는 상호관계의 형태를 만든다. 이 강화 과정이 대개 1세, 3세, 13세에 정점을 이루면서 아동기 내내 지속적으로 일어난다. 12세에서 14세 아이들은 25퍼센트의 델타파 감소와 잠자는 동안 일어나는 깊고 느린 뇌파를 보인다. 연구자들은 이런 것이 뇌가 재조직되는 증거라고 본다. 이런 변화가 간접적으로 연관되었을 개연성이 있다 하더라도, 성적인 성숙보다는 나이와 연관되어 있다. 10대에서는 피질 양이 약간 손실된다. 쥐에 대한 연구를 보면 이 신체적 성숙 단계가 신경세포의 손실에 따른 것이라는 사실을 확인할 수 있다.

결과적으로, 성인의 뇌에서 신경세포의 수는 갓난아이 신경세포 수의 41퍼센트에 지나지 않는다. 그리고 훨씬 더 적은 수이기는 하지만, 평생 날마다 가지치기가 계속된다. 그렇게 엄청난 비율로 뇌 세포를 잃어버리는 것이 무서워 보일 수도 있지만, 우리는 필요한 것보다 훨씬 더 많이 가지고 시작한다. 이 남아도는 세포들이 경쟁의 장을 마련한다. 한 번 또는 두 번 우리에게 무슨 일이 일어나면, 뇌는 그 자료를 비축한다. 그러고는 아무것과도 비교할 수 없는 일이 다시 한 번 일어난다. 그 연관성이 거의 소용없다 보니 뇌는 그것을 버리고 중요한 연결부를 위한 재료들을 마련하며, 가지치기를 해서 말라죽은 가지를 없앤다. 연결부가 강하고 활동적인 신경세포들이 살아남는다. 손상된 것들을 포함해 연결부가 거의 없는 신경세포들은 제거된다. 바로 적자생존이다.

그렇게 많은 가지치기가 끝난 뒤 우리에게는 무엇이 남을까? 뇌는 지구상에서 가장 복잡한 기관이다. 일반적인 추산에 따르면, 성인 뇌의 신경세포 수는 100억 개에서 1,000억 개다. 이 중 많은 쪽은 은하수에 있는 별의 개수와 같은데, 이것이 논객을 매료하는 우연의 일치다. 방사성 동위원소를 이용한 최근 연구에서는 공식적으로 성인 남성의 뇌에 있는 신경세포의 수를 '861±81억' 개로, 비신경세포(교질

세포)의 수를 그보다 약간 적은 '846±98억' 개로 본다. 연구의 정밀성이 우리로 하여금 말문이 막히게 할뿐더러 위안 또한 준다. '좋은' 신경세포, 활동적인 신경세포는 다른 신경세포와 1만 개에서 3만 개 사이의 연결부를 가질 수 있다. 연결부를 10억 개 가지고 있는 뇌의 한 부분이 핀 끝 이상의 공간을 차지하지 않는다. 우리의 뇌는 연결부를 몇 조 개 가지고 있다. 신경세포들 간의 연결부는 대부분 국부적이어서 뇌가 어떻게 그렇게 방대한 전체 세포들 사이에서 통합적 방식으로 의사소통을 하는지 의아할 수 있다. 은하수에 십자선을 가설하려 한다고 상상해보라! 그런데 MIT의 마빈 민스키는, 10억 개의 독립적 '인자'(한 가지 일을 하는 적은 수의 신경세포들)가 단 30개의 다른 작은 인자들과 연결되어 있다면, 뇌의 어떤 두 인자들 사이에도 '6등급의 분리', 즉 여섯 개의 연결만이 있게 된다고 말한다. 그러니 우리는 각각의 인자가 만들어내는 30개가 아니라 보통 수만 개의 연결부를 갖고 있는 것이다!

DEEP SEARCH
복잡성을 생각해보라

초파리는 오랜 세월 무수한 과학적 연구의 대상이었다. 파리의 생물학은 인간을 포함하는 큰 생물들과 비교할 정도로 복잡하지만, 깊이 연구해볼 만큼 아주 단순하다. 최근에 과학자들은 파리 뇌의 상당 부분을 한 번에 하나의 신경세포 지도로 그릴 수 있었다. 그들은 형광성 녹색 염료를 이용해 파리의 전체 신경세포 10만 개 가운데 약 1만 개의 위치를 추적했다.

그들은 파리의 아주 작은 뇌 안에 있는 복잡한 컴퓨터를 발견했다. 파리의 뇌에는 적어도 부분 처리 단위 41개와 허브 6개, 격자무늬 모양 구조 58개가 있다. 그것은 IBM의 왓슨 같은 슈퍼컴퓨터 조합이나 인터넷 같은 광역 연산체계처럼 보인다.

인간의 뇌는 파리의 뇌보다 86만 배 크다. 그러니 얼마나 많은 CPU와 격자를 가지고 있겠는가?

아주 많은 일이 보닛 밑에서 벌어진다

'보닛 밑에서' 벌어지는 일이 뇌가 평생 유연한 상태를 유지하는 능력을 설명해준다. 뇌가 새로운 경험을 도전받을 때마다 수많은 생물학적 과정이 작동된다. 새로운 자극에 반응하는 것이 뇌의 육체적 속성을 실제로 변화시킨다.

나는 1983년에 뇌의 PET 스캔을 처음으로 본 것을 어제 일처럼 기억한다. 나는 연구하기 위해 여러 해 동안 사진에 의존한 뒤에야 마침내 살아 움직이는 뇌를 볼 수 있었다. PET 스캔(양전자 방사 단층 X선 촬영법)은 피험자에게 주사된 특수한 포도당 속에 있는 방사능 염료를 포착한다. 뇌가 에너지를 얻기 위해 특수한 포도당을 물질대사하면 PET 스캔이 활동적인 부분에 강조표시를 함으로써 어느 부분이 특정 임무와 연관되어 있고, 어느 부분이 질병이나 정신적 외상 때문에 적절히 활동하지 못하는지 연구자들이 더욱 정확하게 알아볼 수 있게 해준다. 이 스캔은 활동하는 부분에서 혈류가 증가하는 모습을 보여주기도 한다.

정신적 운동과 육체적 운동 사이의 유사성이 내 눈길을 끌었다. 운동하고 있는 근육으로 가는 혈류는 근육이 성장하도록 한다. 운동하고 있는 신경세포로 가는 혈류도 분명히 비슷한 효과를 나타낸다. 활동적인 뇌 세포는 피, 산소, 포도당과 그 밖의 영양분 등 맛있는 것들을 몰래 날라 간다. 더 좋은 순환은 물질대사 부산물의 제거를 촉진한다. 노폐물 제거는 뇌에 축적되는 플라크, 글루타민산염 또는 다른 독성 물질을 지닌 사람에게 특히 중요하다. 좋은 혈류를 가진 세포는 활동적이지 않은 세포보다 물질적으로 더 강하고 건강하게 된다. 정신적 노력은 더 좋은 뇌 건강과 같은 말이다.

물론 이러한 인식은 내게만 독특한 것이 전혀 아니었다. 수많은 과학자가 그 영향을 추적했다. 훗날의 연구에서는 정신적 노력이 뇌를 신체적으로 개선해 유연성의 원동력이 될 수 있다는 사실을 확인해주었다. 쥐를 심적으로 훈련한 결과, 대뇌피질 속의 뇌 무게가 5퍼센트 늘어나는 동시에 신경세포는 25퍼센트 더 많이 가지를 자라나게 하고 혈액을 공급할 수 있게 했다. 환경적인 자극을 받은 쥐들은 45일 뒤 신경세포가 15퍼센트 증가했고 열 달 뒤에는 다섯 배 증가했다.

유연성은 뇌 안에 있는 수많은 하위체계의 도움을 받는데, 대부분 화학물질이다. 뇌는 그 조직 속으로 스며드는 화학적인 목욕 없이는 뇌가 될 수 없다. 이 화학물질에는 무수한 기능이 있다. 즉 유전자가 전개되는 방식에 영향을 주고, 세포 이동을 안내하는 냄새의 흔적을 남기며, 신호 전달에 도움을 주고, 다른 수많은 과정을 통제한다. 그러한 분자들 가운데 한 집단인 뉴로트로핀[39]은 신경세포의 성장과 생존에 영향을 준다. 그중 가장 중요한 것이 신경성장인자[NGF]다. NGF는 세포에서 여러 중요한 구실을 한다. 이름이 암시하듯이, 그 기능 가운데 하나가 신경 성장을 자극하는 일이다. 그러나 그것의 주된 목적은 세포 활동의 잘못을 바로잡는 일이다.

세포처럼 복잡한 것은 어디서든 오류가 있는 법이다. 우리의 다른 기관들 속에 있는 세포는 대부분 일상적으로 죽고 대체된다. 작은창자의 내벽은 대략 한 주에 한 번 교체된다. 피부의 외층은 35일마다 새로워진다. 다른 기관들의 세포는 대부분 몇 년에 한 번씩 교체된다. 그러나 뇌 세포는 대부분 우리의 지금 상태만큼 늙어 있다. 어떤 복잡한 기계와도 마찬가지로, 나이가 듦에 따라 유지하는 것이 더욱더 중요해진다. 신경세포는 더 활발히 활동할수록 NGF를 더욱 많이 분비한다. 또 NGF를 더 많이 분비할수록 더욱더 건강해진다. 따라서 우리는 뇌를 많이 사용할수록 좋은 물질을 더 많이 얻는다.

학습을 통한 확장

유연성의 가장 일반적인 예는 수지상 돌기화[dendritization]다. 신경세포의 투입 측면인 수지상 돌기는 세포의 몸통에서 곧장 뻗어 나오는 나무 모양의 필라멘트다. 이것은 산출 측면인 축색돌기로부터 신호를 받는데, 축색돌기는 대개 원통형 구슬을 닮은 일련의 말이집 덮개에 덮인 한 개짜리 더 긴 부속물이다. 축색돌기는 전기화학적 신호를 작은 간극인 신경접합부를 통해 인접한 수지상 돌기로 보내는 (대개는 하나이지만 때로는 몇 개인) 꼬투리에서 끝난다. 수지상 돌기의 수용체는 아주 작은 가시털로 되어 있는데, 아주 작고 촘촘해서 50개 또는 그 이상이 사람 머리털 너비보다도 좁은 곳에 튀어나와 있다. 뇌에서 엄청나게 많은 연결부를 만들어내는 것은 각각의 신경세포 위에 있는 막대한 수의 가시털이다.

뇌는 사용하지 않는 것을 가지치기하는 것과 마찬가지로 활동함에 따라 확장된다. 어떤 학습도 수지상 돌기의 수와 길이, 가지의 수, 그리고 그 수용체 가시털의 밀도를 증가시켜 장기기억을 만들고 유지하기 위한 신경 통로를 강화한다. 신경접합부 연결부의 강도와 빈도는 종종 몇 초 안에 가시털의 모양과 두께와 수를 변화시킨다. 어떤 신경세포는 불과 몇 시간 안에 그 가시털의 10퍼센트에서 20퍼센트를 얻을 수도 있고 잃을 수도 있다. 그 과제를 시도하기가 더 어렵고 학습이 더욱 성공적일수록 수지상 돌기의 재배치 범위가 더욱더 넓어진다. 수지상 돌기화는 뇌가 새로운 정보를 다루는 방법이다. 수지상 돌기의 연결부와 관련된 전기화학적 활동이 세포의 생존을 돕기 때문에 가능한 한 새로운 정보를 많이 가지고 뇌에 도전함으로써 신경세포의 생존 기회를 늘릴 수 있다. 생존하여 번성하는 신경세포가 많을수록 인지적 비축이 더 많아진다.

- 우리가 처음에 학습하면, 사용되는 뇌의 부분(뇌 지도)이 확장된다. 학습이 향상됨에 따라 그 지도는 조금씩 더 작아지고 더욱 세밀해진다. 즉 더 잘 조직된다. 하나의 과제가 더 잘 학습될수록 뇌는 더욱더 효율적으로 된다.

- 감각의 투입('실제적인' 어떤 것)은 뇌의 새로운 연결부를 만들어내는데, 사고('실제적이지 않은' 어떤 것) 역시 그렇다! 어떤 과제를 정신적으로 실행하는 것은 그것을 물리적으로 실행하는 것과 마찬가지로 뇌의 신체적 변화를 만들어낸다. 상상력은 실제가 할 수 있는 만큼 뇌를 변화시킬 수 있다.

- 신경세포들의 생물학적 경쟁력이 가장 강한 연결부의 생존을 가져온다.

- 정신적 훈련(학습)은 뇌의 무게, 혈액 공급, 신경세포가 지닌 가지의 수를 증가시킨다. 가능한 한 새로운 정보를 가지고 많은 뇌 세포에 도전하는 것이 생존하는 신경세포의 수를 늘려 인지적 비축을 증가시킨다.

CHAPTER 09

뇌가 성장하는 원리

이제 우리는 뇌 과학에서 흥미로운 발견 가운데 하나와 만난다. 신경과학의 아버지 산티아고 라몬 이 카할Ramon y Cajal의 저작들 이래 100년 이상 모든 뇌 세포가 출생 이전이나 생의 첫해 또는 둘째 해 안에 만들어진다는 것이 과학적 정설이었다. 12년 전에는, 신경과학계의 어느 누구도 성인 뇌가 새로운 신경세포를 만들 수 있다는 사실을 믿지 않았다. 신경과학에 관한 최근 텍스트들조차 이 전통적 견해를 계속해서 반복하였다. 오늘날 우리는 성인의 신경발생이 허구가 아니라는 사실을 안다. 실제로 그것은 뇌 유연성에서 하나의 주요한 요인이다. 뇌 적응성의 일부는 이미 있는 뇌 세포의 재조직과 재배치만이 아니라 새로운 뇌 세포의 창조에서도 나온다.

신경발생이 최근에야 현재의 뇌 연구에서 뜨거운 주제로 떠오른 것은 이 분야에서 1960년대 조지프 앨트먼의 작업을 무시한 슬픈 결과다. 앨트먼은 훗날 연구자들의 것과 같은 방사능 표시 기술을 이용해 쥐에서 성체의 신경발생을 찾아냈을 뿐만 아니라 새로운 신경세포가 뇌 한가운데의 출생지에서부터 최종 위치로 이동하는 통로를 찾아내기도 했다. 아무도 이 작업이 믿을 만하다고 생각하지 않았다. 과학자들은 이동하는 세포들이 신경세포라기보다는 지지세포, 즉 신경아교세포라고 추정했다.

앨트먼은 연구자가 정상적인 것에서 어긋나는 발견을 했을 때 아주 가끔 있을 수 있는 경우의 한 예다. 발견은 노골적인 조롱은 아니라 하더라도 불신과 마주한다. 박테리아가 위궤양을 일으킨다는 사실을 알려주는 연구는 거의 100년 동안 무시되었는데, 박테리아가 위장의 높은 산도를 견뎌낼 수 있다는 사실을 믿지 않았기 때문이다. 오스트레일리아의 의사들인 배리 마셜과 로빈 워런이 결국 1982년에 실제 박테리아를 분리해냄으로써 노벨상을 받았다. 현기증 요법으로 일련의 급격한 고개 운동을 개발한 의사들은 다른 의사들이 같은 사실을 필요한 만큼 발견하기 전 실수를 계속할 때 돌팔이로 취급되었다. 일반적 형태의 현기증인 양성발작성 두위현훈증BPPV은 내이 안에 있는 작은 균형 관련 결정체가 이동함으로써 일어난다. 갑작스러우면서도 적절히 연속되는 고개 운동이 그 결정체를 흔들어 제자리로 되돌려놓을 수 있다. 나는 30년 전쯤 심신을 쇠약하게 만드는 현기증으로 고생했다. 갑자기 방향을 돌리면 몸이 아팠고, 갑작스러운 출발과 멈춤이어지럽게 만들어 엘리베이터를 이용할 수 없었다. 그때 의사들은 나한테서 아무런 문제도 찾아낼 수 없었기 때문에 내게 바이러스가 있다고 말했다. 결국 이 증상은 사라졌지만 나는 이것의 치료법을 알고싶었는데, 이것이 지금 주류가 되었다.

앨트먼과 신경발생도 마찬가지였다. 1980년대가 되어서야 페르난도 노테봄이 새로운 노래를 학습하는 새들에 관한 연구에서 성체의 신경발생을 확인해주었다. 앨트먼의 동료인 셜리 베이어와 또 다른 과학자 마이클 카플란이 각기 별도로 쥐의 신경발생이 사실임을 보여주었다. 훗날 1990년의 연구들은 인간 이외의 영장류에서 성체의 신경발생을 확인해주었다. 마침내 앨트먼의 최초 실험이 있은 지 몇 년 뒤 모든 포유류 종은 아니라 하더라도 대부분 성체의 뇌가 새로운 뇌세포를 만들어낼 수 있다는 사실이 받아들여졌다.

성체에서 하루에 새로운 신경세포가 1,000개 만들어질 수 있지만, 반 또는 그 이상이 몇 주 안에 죽는다. 세포 창조가 늘 일어나는 일처럼 보이지만, 새로운 뇌 세포의 생존은 학습과 직접 연관된다. 세포의 생존, 시도하는 과제의 어려움, 새롭게 꾸려진 세포가 학습하는 과제를 개인이 제어하는 방법 사이에 강한 상호관계가 있다. 신경발생은 뇌졸중이 있은 후 짧은 시간 뇌졸중 환자한테서도 일어나는데, 그것이 환자의 회복을 돕는 것으로 보인다. 우울증 치료제는 신경발생을 자극하는 것으로 보이는데, 이는 우울증 치료제가 우울증을 완화하는 방식을 설명하는 데 도움이 될 만한 발견이다(프로잭 Prozac 은 쥐의 해마에 있는 세포의 수를 3주에 70퍼센트 증가시킨다!). 새롭게 탄생한 세포들이 학습에 관여하는 방식은 논리적으로는 그것들이 체계에 더 많은 연관 능력을 더한다고 생각할 수 있지만, 아직 알려지지 않았다. 해마 속에 있는 새로운 신경세포, 즉 학습과 장기기억에 관련된 뇌 부위는 적당한 때 가까이서 함께 태어나는 신경세포가 서로 묶일 확률이 높기 때문에, 적절한 때에 기억을 연결해주는 구실도 할 수 있다.

성숙되지 않은 신경세포神經芽細胞, neuroblast는 뇌 내부의 출생지로부터 필요한 곳으로 이동하는데, 정확한 원리는 알려져 있지 않다. 일단 그것이 자리를 잡으면, 화학적 환경이 세포들을 그 부위에 적합하게 특화된 신경세포 유형으로 구분 지어지도록 해주는 유전자의 스위치를 켠다. 새로운 세포들이 기존의 신경회로에 통합되는 법을 배우는 방식은 오랫동안 중요하게 여겨졌음에도 알려져 있지 않다. 새로운 세포들이 활동한다는 사실은 잘 기록되어 있다.

다음의 예들을 숙고해보라. 다 자란 쥐들에 관한 연구는 새로운 냄새가 신경아세포로 하여금 부후구副嗅球, accessory olfactory bulb 속으로 이동하도록 자극한다는 결과를 보여주는데, 이 부위는 뇌에서 후각에 관여한다. 두 주 안에 세포들은 성체 신경세포로 발달한다. 이 새로운 세포들의 운명은 받아들이는 냄새 자극의 양과 관련되어 있다. 두 가지를 주목할 만하다. 첫째, 신경학적 다윈주의가 여기서도 작동한다. 최초 이동의 물결이 지나간 뒤에는 새롭게 만들어지는 세포 수를 줄이는 경쟁이 벌어진다. 둘째, 새롭고도 다른 냄새만이, 즉 학습되어야 할 어떤 것만이 신경세포의 창조와 냄새 기관 이동 그리고 오래된 세포와 새로운 세포의 성공적 통합을 촉발한다.

신경발생은 신경성장인자^{NGF}의 친척에게서 도움을 받기도 한다. 뉴로트로핀 가족의 또 다른 구성원인 뇌 유래 신경영양인자^{BNDF}는 새로운 신경세포와 구분 짓기, 장기기억형성에 도움을 준다. BNDF 는 정상적 신경발달과 성체 신경발생 모두에서 제구실을 한다. 스트레스가 인지건강에 미치는 부정적 영향은 적어도 부분적으로는 스트레스 호르몬이 BNDF를 억압하는 방식 때문인데, 그것이 해마의 위축을 가져올 수 있다. 놀랄 것도 없이, 수준이 낮은 BNDF는 우울증과 관련되어 있기도 하다.

과제의 난이도가 유연성을 결정한다

뇌 유연성에 관한 이러한 통찰은 학습과 뇌 건강을 자극하는 것의 중요성을 이해하는 데 도움을 준다. 뇌 유연성의 정도는 우리가 도전받는 정도와 연관된다. 우리가 어렵고도 새로운 과제나 정보에 통달하고자 노력하건 중요한 정신적 외상에서 회복되고자 노력하건 이것은 마찬가지다.

뇌졸중 환자들에 대한 전통적 치료법은 모두 뇌졸중 때문에 손상되거나 잃어버린 능력을 보충하는 것과 관련되어 있다. 잘 쓰던 팔을 못 쓰게 된 환자를 생각해보라. 우리는 대개 그 환자가 쓰지 않던 팔로 면도를 하고, 글을 쓰고, 다른 일상적인 일을 하는 데 상당히 능숙해지도록 도우려 한다. 이 행동과 관련된 뇌 부위들은 자극될 테지만, 손상된 뇌 부위는 무시될 것이다. 최소 필요조건 추구, 즉 '충분히 좋은' 해결책을 수용한 덕분에 환자의 뇌는 팔을 못 쓰게 만든 정신적 외상을 극복하는 데 에너지를 쏟을 이유를 찾지 못할 것이다. 이 접근 방법으로는 환자가 잘 쓰던 팔은 좋아지지 않는다. 에드워드 토브는 근본적으로 다른 해결책을 제시했다. 만약 우리가 전통적인 접근 방법을 포기하고 환자의 보충적인 팔을 하루에 몇 시간 묶어두어 환자로 하여금 못 쓰게 된 팔을 계속해서 사용하게 한다면, 그 팔은 기능을 되찾기 시작할 것이다. 영원토록 해야 할 일처럼 보일 테지만, 지속적으로 하면 애쓴 보람이 있을 것이다. 몇 달 뒤에는 손이 간단한 동작을, 그다음에는 좀더 복잡한 동작을 할 수 있게 된다. 결국 기능이 상당히 되살아날 것이다. '충분히 좋은' 해결책이 사라지면, 뇌는 최선을 다해 회복을 추구한다.

환자의 뇌 내부에서 벌어지는 일을 생각해보라. 환자의 뇌는 노력이라는 스트레스를 받으면서 손상된 부위 주변의 신경 연결부를 변경하기 시작한다. 환자가 과제들을 다시 제어하기 시작하면서 수지상돌기가 자라나고 새로운 연결부와 교차연결부가 형성된다. 손실된 처리 능력을 대체하기 위해 근처의 뇌 부위들이 다시 소집되고, 재생과 새로운 학습을 돕기 위해 최신 신경세포들이 손상된 부위 속으로 십중팔구 흘러들어간다. 회복하는 데는 시간이 걸린다. 갓 만들어진 신경세포들은 걷는 법을 배우는 데 1년쯤 걸리고 다른 기본적인 신체적·운동적·정신적 과제를 익히는 데 몇 년이 더 걸린다. 성인 한 사람이 심각한 뇌 손상에서 회복하는 데 어떻게 그보다 시간이 덜 걸리겠는가?

세포를 생산하는 비율은 나이와 상응하므로 어린 사람들이 성인들, 특히 노인들보다 더 빨리 정신적 외상에서 회복된다. 올바른 치료법을 쓰면, 젊은 환자는 1년 안에 회복될 수 있다. 마흔에서 일흔 살된 사람은 시간이 그보다 열 배 걸릴 수 있다. 너무나 자주, 우리는 노인이 뇌졸중의 영향에서 벗어날 수 없다고 상정하는데, 일흔 살 노인은 종종 그 십 년 기간에 다른 어떤 것 때문에 죽거나 추가로 발생한 뇌졸중이 더 많은 차질을 불러오기 때문이다. 그러나 시간이 충분하고 결단력 있게 노력한다면, 잃어버린 인지능력을 대부분 되찾을 수 있다. 종종 회복될 수 없다고 판단되는 경우는 대개 뇌가 최근 학습한 것을 굳히는 일시적 안정기다. 뇌졸중 이후 8년 이상이 되지 않아 강제유도 요법을 시도하지 않은 경우에조차, 환자들은 여전히 평균 30퍼센트 개선되었다.

유연성의 기초가 되는 모든 구조는 뇌에 대한 도전을 수반한다. 그 도전이 어려울수록 개조 작업이 더 많이 일어난다. 그것은 마술이 아니라 희망적 사고 또는 심리적 사색이다. 학습은 특히 실제 집중이 필요한 어떤 과제에 대한 학습도, 신체적으로 뇌에 능력을 더해주고 뇌가 건강하게 유지되도록 돕는다. 자극을 받은 결과 신체적으로 변화한 뇌는 우리가 학습할 수 있게 해준다. 컴퓨터가 이 능력을 발달시키면, 즉 우리 학습이 뇌 속의 배선을 일상적으로 변화시키는 것처럼, 작동하는 소프트웨어가 기본적 하드웨어 회로의 배선을 변화시킬 수 있으면 뇌와 더 비슷해질 것이다.

유연성은 뇌 기능의 정수에 해당한다. 태어나기 전부터 죽는 날까지, 자극과 경쟁이라는 역동적인 짝패가 체내의 다윈주의를 추동해 가장 경쟁력 있고 용도가 다양한 신경세포를 만들어낸다. 그 결과가 바로 지구상에서 가장 대단한 1.4킬로그램짜리 원형질 덩어리다. 우리는 DNA 99퍼센트를 침팬지와 공유하지만, 많은 차이는 뇌와 관련해 생긴다. DNA의 차이는 대개 나선형의 DNA 가닥을 고정하는 화학물질인 염기쌍으로 설명된다. 침팬지의 대뇌피질은 두 염기쌍, 즉 두 세트의 복잡한 유전적 지시에 따라 닭의 대뇌피질과 구별된다. 인간의 대뇌피질은 염기쌍 열여덟 개로 침팬지의 염기쌍과 구별된다. 아주 가깝지만 아주 먼 것이다.

수지상 돌기화와 신경발생은 혈류, 수많은 성장 인자와 신경전달물질 그리고 아직도 발견될 확률이 매우 높은 다른 원리의 중재로 뇌가 유연성을 유지하는 원리가 된다. 진화는 단일한 길을 취하는 일이 거의 없어서 미래의 연구는 뇌 기능의 다른 흥미로운 비밀을 풀어낼 법하다. 예컨대 우리는 신경세포에 대해 아는 것이 거의 없지만, 그 동료인 신경아교세포에 대해서는 아는 것이 많다. 신경아교세포는 신경세포의 회색 물질을 지지하는 뇌 속의 흰색 물질이다(적절하게도 그 이름이 '풀'을 뜻한다). 신경아교세포는 신경세포를 제자리에 붙잡아두고 영양을 공급하며, 독소로부터 막아주고, 축색돌기 주변에 덮개를 만들어준다. 또 새로운 신경접합부의 생성을 도와주고, 손상된 신경세포들을 치료하거나 제거해준다. 신경아교세포는 신경세포보다 부차적인 것이라고 간주된다. 그러나 불과 수십 년 전만 해도 과학자들은 대뇌피질 자체가 하는 일을 알지 못했다. 지금은 뇌 기능과 인간성에 필수불가결한 것으로 생각되지만, 대뇌피질은 뇌 속의 더 깊은 다른 부위와 다소 관련이 없거나, 적어도 부차적이라고 생각되었다.

우리는 오늘날 신경아교세포와 관련해 똑같은 위치에 있을지 모른다. 더구나 우리는 나이가 들면서 신경세포를 더 많이 얻는다. 우리가 살면서 얻는 다른 유일한 것은 경험이다. 뇌는 신경세포와 대략 같은 수의 신경아교세포를 가지고 있지만, 대뇌피질은 신경세포 수의 거의 네 배나 되는 신경아교세포를 가지고 있다. 대뇌피질의 수행능력이 높은 신경세포들이 다른 뇌 부위보다 훨씬 더 많은 지지가 필요하거나, 신경아교세포가 기억과 사고에서 현재 믿어지는 것보다 더 복잡한 구실을 하는지도 모른다. 우리는 이것을 알지 못한다. 이는 뇌에 관해 남아 있는 수수께끼 중 하나일 뿐이다.

이것은 신경과학에서 가장 흥미롭고도 어려운 질문의 후렴구에 해당한다. "우리는 알지 못한다." "그 원리는 알려져 있지 않다." 지난 20년 동안 뇌에 대해 우리가 알게 된 모든 것에도 불구하고, 신경과학은 아직 유아기에 있다. 이 말을 50년 뒤는 말할 것도 없고 10년 뒤에도 듣게 될 사람은 누구든, 빛이 공간 속을 이동하도록 해준다고 생각되었던 '에테르'에 대해 했던 19세기 토론을 현대 물리학자가 보는 것과 마찬가지로, 우리의 현재 이해를 진기하게 여길지도 모른다.

우리는 인지능력의 기초를 이루는 모든 놀라운 원리는 우리가 현실세계와 실제로 관계 맺는 것에 의존한다는 사실을 알고 있다. 우리가 뇌에서 만드는 논리적·예술적 연결부의 수, 우리 경험과 우리가 만들어내는 기억의 수는 기초적인 물리적 연결부의 수, 밀도와 직접적으로 연관되어 있다. 함께 발사되는 신경세포들은 함께 엮이고, 따로 발사되는 신경세포들은 따로 엮인다. 신경세포는 발사되지 않으면 엮이지 않는다. 엮이지 않으면 사라진다. 사용하지 않으면 잃어버린다. 신경과학은 그렇게 대중적 표현을 택했다. 만약 뇌 세포들이 죽어야 한다면, 우리는 그것들을 아무것도 하지 않는 것으로 만들고 싶어한다. 그러나 모든 뇌 세포를 어떤 건설적인 작업에 투여하는 편이 낫다.

최대두뇌력은 규칙적으로 움직이는 신경세포에 전적으로 달려 있고, 규칙적인 움직임은 정신적 노력에 달려 있다. 외로운 신경세포는 죽는다. 그 죽음과 함께 인지적 활력도 시든다. 연결되어 있는 신경세포는 번성한다. 그 연결과 함께 인지적 비축이 증가한다. 인지적 노력은 뇌에 물리적 힘을 주고 마음에 정신적 활기를 주는 낮은 수준의 생물학적 과정을 추진한다.

강한 뇌, 약한 턱?

인간의 뇌는 침팬지 뇌의 대략 세 배 크기인데, 뇌로 하여금 부가적인 세포 분할 주기를 겪게끔 하는 유전자 전환이 일어난 결과다. 과거에는 때때로, 우리 조상들 중 한 사람이 이 돌연변이를 겪고 그것에서 이익을 얻어 계속해서 상당한 수로 재생산되었음이 틀림없다.

그러나 조상들의 머리는 침팬지와 아주 비슷하게 작았다. 어떻게 그들의 뇌가 두개골 안으로 무언가 쑤셔 넣지 않고도 더 커질 수 있었을까? 하나의 가능한 대답이 뇌 과학자가 아니라 근육을 만드는 유전자의 유전적 문제를 연구하는 한 외과의사한테서 나왔다. 핸셀 스테드먼 Hansell Stedman 은 가장 특이한 장소, 즉 인간의 턱에서 결함을 지닌 채 근육을 만드는 유전자를 발견했다. 우리는 그 근육을 위해 영장류 유전자의 물리적으로 깨진 변종을 가지고 있다. 그 결과, 턱을 아래로 고정하는 인간의 근육은 원숭이나 침팬지가 가지고 있는 똑같은 근육의 10분의 1밖에 안 되는 힘을 가지고 있다. 우리가 기형인 것이다!

영장류가 태어날 때 두개골은 분리되어 있고 신축성이 있다(일부 아기들이 출산 직후 두개골 모양이 이상하게 되는 이유도 이 때문이다). 침팬지의 두개골은 아주 일찍, 즉 세 살쯤 붙는다. 그렇지 않다면 침팬지의 강력한 턱 근육이 자기 두개골을 갈가리 찢어놓을 것이다. 턱 근육이 약하기 때문에 인간의 두개골은 서른 살이나 먹을 때까지 굳을 필요가 없다. 그것은 수십 년 동안 상당히 팽창할 수 있다.

우리는 때때로 뇌 세포의 재생산을 통제하는 유전자 전환이 인간에게서 불발에 그친다는 사실을 알고 있다. 그 전환이 너무 빨리 멈추면, 소두증(작은 머리)이라 불리는 상태를 만든다. 이 고장 때문에 뇌는 대략 정상 크기의 반이 되고, 종종 심각한 정신적 결손을 불러온다. 이 상태를 겪는 아이들을 데리고 작업하는 신경학자 크리스 월시가 그 원인이 되는 유전자를 분리했다.

반대 시나리오를 생각해보라. 수백만 년 전에 원시 조상들 중 일부가 턱 근육에 해당하는 고장 난 유전자를 발달시켰는데, 그것이 음식을 먹는 능력에 아주 조금 영향을 미쳤다(아마도 이것 때문에 음식을 요리하기 시작했을 것이다). 그러다가 그들 중 한 명이 너무 짧다기보다는 너무 오랫동안 변화된 채 있었던 뇌 세포의 재생산 통제용 유전자를 물려받았다. 그래서 뇌가 더 커졌다. 두개골이 그것을 담으려고 팽창할 수 있었다. 보라, 원시인이 호모 사피엔스로 가는 거대한 발걸음을 뗀 것이다.

몇몇 과학자는 이 시나리오가 교차적 돌연변이가 어떻게 한 종에서 극적 변화를 가져올 수 있는지를 그럴듯하게 설명한다고 생각했다. 다른 과학자들은 그것을 억지라고 생각했다. 만약 사실이라 하더라도, 그것이 시간적 진화가 직선으로 나아가지 못한 첫 번째 사례는 아닐 것이다. 우리 지능은 뇌 세포와 못 쓰게 된 턱 유전자의 무성한 성장이라는 좌우 펀치로 생겨날 수 있었다.

MAXIMUM BRAINPOWER

- 성체 신경발생, 즉 성체에서 새로운 뇌 세포가 만들어진다는 것은 최근에야 과학적 사실로 받아들여졌다. 그러나 세포의 생존은 새로운 뇌 세포가 얼마나 많은 학습을 하도록 요구받는지에 달려 있다. 시도되고 있는 과제가 더 어려울수록, 그것을 더 성공적으로 제어할수록, 새로운 세포가 살아남을 확률이 더 높다.

- 보충은 뇌졸중 환자들을 위한 전통적 요법이었다. 그러나 환자로 하여금 잃어버린 능력을 되찾도록 노력하게 만들면 대개 상당히 회복된다. 노력이 뇌로 하여금 손상된 부위를 치료하거나 그 주변에서 일하도록 자극한다.

- 학습, 특히 실제적 집중이 필요한 과제는 무엇이든 뇌를 물리적으로 만들어내고 건강하게 유지하도록 돕는다.

스트레스가 뇌에
미치는 영향

MAXIMUM
BRAINPOWER

CHAPTER 10

변화는 왜 몸에 좋지 않은가

활동 중인 뇌가 장기기억과 정신적 활력에 중심 구실을 하고, 그 활력이 뇌가 새로운 자극을 끊임없이 수용하면서 나온다면, 그때 가장 좋은 생활은 변화로 가득 찬 생활임이 틀림없다. 왜 우리는 항상 변화를 구하지 않을까? 그 답은 스트레스 때문이다. 비행기의 항력이 속도와 함께 증가하는 것처럼, 스트레스는 생활 속에서 변화되는 양에 따라 증가한다.

좌절을 겪고 있는 중년의 데이브에게 일어나는 일을 생각해보라. 단 1년 사이에 그는 이혼하고 오래 살던 집에서 작은 아파트로 이사했으며, 경기 침체 속에서 직장을 잃었고 부모 중 한 분이 돌아가셨다. 이 고통스러운 감정적 경험이 그의 연령 집단의 평균과 비교할 때, 중대한 건강 위험을 50퍼센트 증가시킨다.

스트레스와 그 해로운 영향에 관한 과학적 문헌은 방대하다. 40년도 더 전에 토머스 홈스와 리처드 래히가 개발한 하나의 단순한 시험이 있다. 이것으로 결혼, 아이 출생, 실직, 경제적 실패처럼 지난 6개월에서 24개월간 한 사람이 겪은 변화의 수에 따라 질병 확률을 예측할 수 있다. 그 질병은 심장마비(가장 확실한 것)와 암(가장 불확실한 것)처럼 심각한 것부터 흔한 감기처럼 가벼운 것까지 걸쳐 있다.

5,000명 이상의 사례를 연구하면서 홈스와 래치는 더 격변하는 생활을 해온 사람들이 평온하고 정돈된 생활을 해온 사람들보다 병에 걸릴 확률이 더 높다는 사실을 알아냈다. 변화가 심할수록 병에 걸릴 확률이 더 높았다. 연구자들은 다양하고 가능한 생활 변화에 따른 스트레스의 영향을 무게로 매겼다. 가장 중대한 변화인 배우자의 죽음은 '100'이라는 무게를 받았다. 배우자 관계 변화에서 경제적 좌절과 가벼운 교통 위반에 이르는 변화에 걸치는 다른 사건들은 그보다 적은 충격을 주어서 더 낮은 점수를 받았다. 생활 변화에서 점수를 150점 이상 받은 사람은 누구나 질병 위험이 50퍼센트 늘었다. 300점 이상을 받은 사람은 질병 위험이 80퍼센트 증가했다.

홈스와 래히는 미 해군에 대해서도 연구했는데, 모항에 있는 여섯 달 동안 생활 속에서 무슨 일이 일어났는지 알아내려고 선원들을 조사했다. 연구자들은 생활 변화의 수에 토대를 두어 감기처럼 상대적으로 가벼운 질병을 포함해 바다에 배치되어 있는 동안 어느 요원이 질병을 가장 많이 앓을지 예측할 수 있었다. 이 연구의 미덕은 앞을 내다보았다는 사실에 있다. 의사들은 변화를 건강 문제와 연관 지을 수 있었을 뿐만 아니라, 생활 변화의 양에 기초를 두고 건강 문제를 예측할 수도 있었다.

그 이후 정신의학적이고 의학적인 질병들(예컨대, 스트레스와 관련된 심장마비)을 폭넓게 예측하기 위해 다른 시험이 아주 많이 개발되었다. 참전용사와 인질을 위해 개발된 시험과 심한 스트레스로 고통을 받는 사람들이, 연구자들이 잠재적 문제를 예측하는 데 도움을 주었다. 그 개연성은 서로 다른 질병에 따라, 각각의 연구에 따라 다양하지만 모든 연구자가 똑같은 결론에 이르렀다. 짧은 기간에 겪는 생활 변화의 수가 병의 위험을 증가시킨다. 변화 규모는 질병이 얼마나 빨리 발생하고 어느 정도 심각할지와 깊이 연관되어 있다.

그보다 덜 분명한 것은 그런 변화가 반드시 부정적일 필요는 없다는 점이다. 마법지팡이를 휘둘러서 불쌍한 데이브에게 끔찍한 한 해 대신 신나는 한 해를 만들어주자. 그는 결혼한 뒤 승진하고 다른 도시로 이사 가서 새 집을 사며, 새로운 사회적 관계를 진전시키고 아이를 갖는다. 즐거운 정서적 경험이 고통스러운 경험으로 얻게 될 것과 정확히 똑같이 질병의 위험을 증가시킨다! 새롭고 좋은 일이 많은 것도 우리를 압도할 수 있다. 우리는 하나의 주된 변화에는 잘 적응할 수 있지만, 한 무더기 변화에는 문제를 갖는다. 충격은 누적되고, 스트레스에 대한 예방접종은 없다.

스트레스: 변화에 대한 신체의 반응

'스트레스'는 모든 사람이 이해하지만 아무도 쉽게 정의 내릴 수 없는 개념이다. 사람들은 심리학적으로 볼 때 똑같은 방식으로 스트레스에 반응하지만, 서로 다른 스트레스와 서로 다른 수준의 스트레스에 반응한다. 천장을 통해서 한 사람에게 전달되는 시끄러운 소음이 다른 사람에게는 의식되지 않을 수도 있다. 어떤 사람을 흥분시키는 새로운 직업이 다른 사람은 아주 겁먹게 할 수도 있다. 어떤 사람들은 비행기 타기를 즐기시만 다른 사람들은 울어버릴 수도 있다. 변화에 따라 만들어지는 스트레스에 강조점이 있으므로 1936년 한스 젤리에 Hans Selye가 만든 본래의 정의로 되돌아갈 것이다. 젤리에는 스트레스 연구를 개척한 인물이다. 그는 스트레스를 '모든 변화에 대한 신체의 비특이성 반응'이라고 정의했다.

스트레스는 어느 정도까지는 긍정적이다. 잘 지내려면 최적 수준의 심리적 자극 위에서 기능할 필요가 있다. 최적 수준은 사람마다 다르지만, 자극이 너무 적다면 모두 같은 증상으로 고통을 받는다. 바로 지루해지는 것이다. 지루함은 심리적으로 고통스럽게 느껴진다. 지루한 종업원들은 일을 너무 많이 하는 종업원들과 거의 마찬가지로 스트레스를 받는다. 충분한 자극이 없으면, 우리는 잠이 드는 경향이 있다. 재미없는 책을 읽거나 지루한 강의를 들을 때 집중하고자 하면, 좀더 정신을 차리려고 종종 손가락으로 얼굴 피부나 입술을 만지거나 머리카락을 쓰다듬는다. 이렇게 가만히 못 있는 행동은 도서관에서 눈에 띈다. 나는 몰래카메라로 이러한 행동을 담은 영화를 만든 적이 있다. 그것은 자기 몸의 털을 다듬는 원숭이를 보는 것 같았다. 자지 않고 깨어 있으려면 자극이 필요하다.

'유스트레스eustress, 좋은 스트레스'는 실행을 자극하는 스트레스를 설명하려고 젤리에가 만든 말이다. 중요한 신체적·정신적 경쟁력에 선행하는 스트레스는 몸이 움직이고 마음이 집중하는 데 도움을 주어 정신력을 모으고 최선의 노력을 할 수 있게 해준다. 4분 내에 1마일을 주파하든 대학입학시험에서 완벽한 점수를 얻든, 준비 더하기 두려움약간이 생산적 결합물이 될 수 있다. 유스트레스는 잠재력을 발달시키도록 북돋운다. 외적 요인은 우리를 낙담하게 하기보다는 북돋워준다. 그럼에도 유스트레스는 다른 스트레스와 마찬가지로 몸을 힘들게한다. 우리는 날마다 신체적·정신적 경쟁력이 '최고조에 달할' 수는없다. 녹초가 되어버릴 테니까 말이다.

스트레스가 미치는 영향을 평가할 때 중요한 것은 스트레스의 절대적 수준이 아니라 한 사람의 기준선(그 사람이 익숙한 수준)에서 스트레스 변화다. 대도시에서 자란 사람은 요란한 소리와 사회적 소동이아무렇지도 않다. 전통적인 생활방식을 따르는 조용한 시골에 익숙해진 사람은 도시에 있기만 해도 극도로 스트레스를 받을 수 있다. 일주일 내내 빡빡하게 돌아가는 고성장 산업에서 첫 번째 주된 직장을 가진 사람은 정신없이 바쁘게 돌아가는 속도를 보통으로 여길 것이다. 좀더 조용하고 속도가 느린 작업 환경에서 일하는 사람이 고성장 산업으로 이동하게 되면, 쇠약하게 만드는 스트레스 때문에 고통을 받을 수 있다. 한 첨단기술 관리자는 자기가 하는 주된 일이 신입사원들에게 혼란은 보통 있는 일이니 그들 산업의 일부인 무질서에 굴복하지 말라고 가르치는 것이라고 했다. 그가 사용하는 비유는 급류 래프팅이다. 래프팅을 하는 사람은 질서 있고 예측 가능한 급류 타기를 하려고 강을 길들일 수는 없지만, 그것을 성공적으로 하려고 받은 훈련과 기술을 이용할 수는 있다.

새로운 상황이 스트레스를 만들지 유스트레스를 만들지는 대개 우리가 준비한 정도에 달려 있다. 유스트레스는 성공할 확률이 높다고 믿을 때 발생한다. 잘 준비된 학생이나 잘 훈련된 운동선수가 느끼는 스트레스는 수업시간 내내 잠을 잔 학생이나 계절 훈련을 대부분 빼먹은 운동선수의 스트레스와는 상당히 다르다. 후자의 준비 결여는 준비가 부족하다는 의식 탓에 악화된다. 스트레스가 좋을지 나쁠지는 결과를 통제하는 것에 대한 지각 여부와 결과 자체가 긍정적일 개연성이 있는지에 달려 있다. 결혼을 앞두고 대부분이 느끼는 예측 스트레스는 앞으로 할 개심수술에서 느끼는 것과 다르다.

어떤 사람들은 실제 상황이 그것을 마주하게 되는 사람이 어떻게 평가하느냐보다 덜 중요하다고 믿는다. 리처드 라자루스가 개발한 '인지적 평가'에서는 만약 우리가 해낼 수 있다고 생각한다면, 덜 스트레스를 받는다는 사실을 상정한다. 해낼 수 없다고 생각한다면 또 다른 사람이 해낼 수 없다 하더라도 스트레스를 받는다. 라자루스는 인지적 평가를 두 단계로 나눈다. 첫 번째 평가는 어떤 사건이 위협인가 도전인가 하는 것이다. 두 번째 평가는 우리가 그것에 관해 무언가를 할 수 있느냐는 것이다. 우리는 그것에 대응할 수 있는가, 그렇지 못한가? 이 분석 결과가 어떤 사건이 가져올 중요하거나 가벼운 또는 전혀 없을 스트레스를 결정한다. 라자루스의 견해는 여러 해 동안 일반적 이론으로 받아들여져 인지적 평가가 스트레스에 대한 우리 반응과 관련되어 있다는 사실에 의문의 여지가 없었다.

그러나 그 논리적 결과에 이르게 되면, 인지적 평가라는 개념은 스트레스를 완전히 주관적인 일로 만들어버린다. 만약 어떤 사람이 위험에 처하거나, 궁핍하거나, 협박당하고 있는데 스트레스를 받지 않는다면, 그땐 모든 것이 괜찮다. 이러한 시각은 사람들이 괜찮다고 느끼는 한 사람들을 비참한 상태에 내버려두는 것을 정당화하는 데 이용할 수 있기 때문에 위험하다. 수단과 인도 빈민가의 불쌍한 아이들은 미국의 중산층 아이들보다 더 자주 웃는다. 이것이 그 아이들이 그러한 상태에서 더 잘산다는 것을 의미할까? '무지는 축복이다'는 빈곤하게 사는 이들을 암흑 속에 내버려두는 것을 정당화하는 데 종종 사용하는 문구다. 만약 그들이 무엇을 잃어버리고 있는지 모른다면, 그들은 그것을 열망하지 않을 것이다.

이러한 사고방식은 매우 못마땅하다. 우리는 궁극적 결과로 더 나은 삶에 가난한 이들이 스트레스를 더욱 많이 받느냐와 상관없이, 무지와 빈곤에 맞서 싸워야 한다. 역사 속에서, '기대 상승의 혁명' 이론은 더 나은 가능성에 대한 의식이 개인들로 하여금 자신들의 삶을 향상하는 데 필요한 위험을 감수하게 함으로써 인간 진보 대부분을 추동해왔다는 것을 사실로 받아들인다.

스트레스를 평가하는 순전히 주관적인 접근 방법은 두 가지 이유로 문제가 있다. 어떤 사람들은 객관적 기준으로도 최악의 조건에서 살지만 병리학적으로 스트레스를 받는 행동을 하지 않는다. 다른 사람들은 모든 것을 가지고 있지만 늘 투덜거린다. 우리는 균형을 찾아야 한다. 주관적 평가는 중요하고 우리가 스트레스를 다루는 데 도움을 줄 수 있다. 그러나 현실의 문제도 있다. 임상심리학자와 사회사업가의 차이를 생각해보자. 심리학자는 환자에게서 직접 얻는 주관적 자료만 가지고 있다. 사회사업가는 환자의 집을 방문해서 그 가족과 만나기도 하고, 객관적 상황과 주관적 상황 사이의 어떤 불일치도 찾아낼 수 있다.

DEEP SEARCH
스트레스 비용

- 노동자 가운데 40퍼센트는 자기 일이 매우 또는 극도로 스트레스를 준다고 말하고, 25퍼센트는 자기 일이 세상에서 스트레스를 가장 많이 준다고 본다.
- 날마다 노동자 100만 명이 스트레스 때문에 결근하고, 모든 노동 결손의 절반 이상이 스트레스와 연관되어 있다.
- 남성들은 대개 스트레스의 연구 대상이다. 여성들에 대한 한 주요 조사는 스트레스를 주는 일에 종사하는 여성들이 스트레스를 받지 않는 여성들보다 전반적으로 40퍼센트 이상 심장 문제가 있음을

보여주었다. 일자리를 잃을까봐 걱정하는 여성들은 혈압과 콜레스테롤 수치가 더 높다.

- 컨설턴트 회사인 왓슨 와이어트에 따르면, 정신건강 문제는 장기 신체장애 보험금 청구 가운데 72퍼센트, 단기 청구 가운데 82퍼센트의 중심 문제다.

- 컨설턴트 회사인 크리살리스에 따르면, 스트레스는 장기 결근의 19퍼센트, 이직률의 40퍼센트, 신체장애 보험금 비용의 30퍼센트, 산업재해 사고의 60퍼센트의 원인이 된다.

- 스트레스를 받는 노동자들의 의료보호 비용은 다른 노동자들의 비용보다 46퍼센트, 개인당 약 600달러가 더 많이 든다.

- 해고는 나이 많은 노동자가 심장마비와 뇌졸중을 일으킬 확률을 두 배 이상 증가시킨다. 일자리를 잃은 사람은 건강 문제를 일으킬 확률이 83퍼센트 높아진다.

단기 스트레스에 대처하기

진화의 관점에서 보면, 인간은 아직 수렵·채취자다. 생물학적으로 볼 때 우리는 사냥감을 찾고 견과와 과일과 다른 먹을 것을 모으면서 수만 년 동안 들판을 헤매고 다닌 동족이다. 과거에 우리가 맞닥뜨린 유일한 스트레스 요인은 생존과 직접 관련되어 있었다. 저기 저 짐승이 우리를 먹어버리지 않을까, 아니면 우리가 저걸 먹을 수 있을까? 우리가 산불보다 빨리 달리거나 미친 듯이 몰아치는 강물을 걸어서 건널 수 있을까? 인간은 성공했거나 아니면 성공하지 못했다. 아무도 분기별 성과나 해고 가능성 또는 투자포트폴리오가 은퇴한 뒤에도 지속될지 날마다 걱정하면서 만성적인 스트레스로 고통받지 않았다.

하나의 종으로서 우리의 생명 활동은 생명을 위협하는 위험의 즉각적 스트레스를 다루기 위해 진화해왔다. 사자를 재빨리 피하든 주먹 싸움을 하든, 우리는 짧고도 극적인 사건에 대처한다. 움직이고 달리거나 싸운 뒤 스트레스라는 '약 기운이 떨어진다.' 만약 스트레스가 오늘 우리 생명을 구해준다면 우리는 그것의 장기적인 불리한 면에 마음을 쓰지 않는다. 사실을 말하면, 지난 100년 이전에는 죽음에 이르게 하는 만성 스트레스를 겪을 만큼 오래 산 사람은 거의 없었다.

스트레스를 가져오는 사건들이 상대적으로 가볍다 할지라도 인간은 만성 스트레스를 다룰 만큼 충분히 준비되어 있지 않다. 매출 감소, 비현실적인 마감 시간, 동료와 불화, 이 모든 귀찮은 상황이 신체적 공격이나 협박과 마찬가지로 위협적 반응을 촉발한다. 만약 뇌가 '위험'을 지각하면, 현실적인 것이건 심리적인 것이건 중요하지 않다. 몸 안으로 스트레스 호르몬을 퍼붓는 것으로 1초 안에 반응한다. 아홉 시부터 다섯 시까지, 하루 종일 일하면서 긴장하는 사람은 다섯 시부터 아홉 시까지 밤사이 집에 있는 동안에도 긴장한다. 불행한 결혼은 오랜 옛날부터 두루 있어왔지만, 전통사회에서는 생활방식이 단순하고, 배우자 사이에 할 일이 잘 규정되어 있으며, 생존을 위한 싸움이 시간을 대부분 차지한다. 현대사회는 (종종 배우자 둘 모두에게) 오래 따로 떨어져서 보내는 노동시간, 남편과 아내 사이의 끊임없이 변하는 소임, 채워내야 하는 상당한 여가시간, 일을 시키는 게 아니라 교육하고 놀아줘야 하는 아이들이라는 모순되는 요소를 도입한다. 이러한 요소는 어떤 관계에도 내재하는 스트레스를 상당히 부가한다.

우리는 대부분 날마다 조금씩 긴장한다. 우리 몸은 몇 달 또는 몇 년 동안 반복적으로 '투쟁-도주' 모드로 뛰어든다. 축적되는 충격이 압도한다. 생리학 중 아무것도 우리에게 이것을 대비해주지 않는다. 70년 전에 시작된 젤리에의 연구는 스트레스가 심장마비, 뇌졸중, 신장병, 류머티즘성 관절염을 일으킨다는 사실을 보여주었다. 이어진 연구 결과 현대사회에서 발견되는 거의 모든 질병에 장기 스트레스가 관련되어 있음이 나타났다.

스트레스는 정말 병을 일으킨다

아마도 스트레스의 주요 표현은 두려움, 즉 몸이 위험에 맞서기 위해 갑자기 속도를 낼 때 느끼는 감정일 것이다. 물론 두려움은 목전의 위협에 적응하는 것이다. 예컨대 취업면접이나 중요한 수술 또는 대학 시험을 기다리는 동안 지속되는 장기적 두려움에 어떻게 반응할까? 우리는 잘하지 못하는 것처럼 보인다. 몇 달 뒤로 예정된 중요한 구두 시험을 준비하는 대학생들은 비행기에서 첫 번째 점프를 앞둔 공수부대원들보다 더 높은 정도로 스트레스를 보였다! 몇 달간 불안이 지속된 뒤, 학생들의 스트레스 정도가 시험 당일에 치솟았다. 상당한 시간을 앞두고 수술이 예정되어 있는 외과 환자들은 그렇게 오래 기다리지 않아도 되는 사람들보다 더 깊은 마취가 필요하다.

　시간과 스트레스의 관계를 판단하려고 내 연구팀은 전기 충격으로 지원자들을 위협하는 실험을 마련했다. 피험자들은 가짜 전극에 연결되었고, 우리는 (거짓말 탐지 시험과 아주 비슷하게) 그들의 심박동수와 호흡, 땀을 감시했다. 세 집단의 지원자에게 각각 3분, 6분, 12분에 충격이 있을 거라고 말해주었다. 모든 사람이 볼 수 있는 범위에 시계를 놓았다. 마지막 순간 모든 집단에게 "긴장 푸세요. 충격은 없을 겁니다"라고 말해주었다.

　모든 피험자가 충격을 받을 것이라는 말을 처음 들었을 때 스트레스가 급등하는 모습을 보였다. 그 뒤 3분 조의 스트레스 정도가 줄어들기 시작했다. 충격이 없을 거라는 것을 참가자들이 알았을 때 스트레스가 차츰 감소했다. 6분 조도 마찬가지로 (훨씬 더 낮은 수준으로) 감소를 보였지만, 3분쯤 뒤부터 정도가 다시 높아지더니 처음 시점보다 현저히 더 높아졌다. 12분 조도 마찬가지로 스트레스가 처음에는 줄어들다가 꾸준히 올라가는 형태를 보이더니, 마침내 다른 집단들보다 훨씬 높아졌다.

　두려움이 점점 더 높은 수준으로 배양되는 이 결과는 다른 실험실에서도 반복되었다. 어떤 사람이 다가오는 불길한 사건을 알게 되면, 스트레스가 약 30분 동안 계속해서 높아지다가, 전체적 스트레스는 높게 유지된다 하더라도 몸의 심박동수를 무리가 안 되게 유지하려는 보상 조치의 효과가 나타난다. 뇌가 위협하는 이미지와 두려운 사건의 부정적 결과에 더욱더 몰두하는 반면 안심시키기("걱정하지 마,

모두 잘될 거야") 같은 자기위안 방법은 효과를 잃는 경향이 있다. 일반적으로, 잠재적으로 나쁜 사건을 더 오래 알수록 더욱더 그것이 마음속에서 곧 닥칠 것처럼 보인다. 대비할 추가 시간을 사용할 수 있다 할지라도, 오랜 기간은 도움이 되기보다 더욱 쇠약하게 만든다. 이것은 우리가 짧고 빠른 스트레스와 길지 않고 느리지 않은 스트레스에 적합하도록 되어 있다는 또 다른 암시다.

면역체계는 바이러스, 박테리아, 곰팡이, 다른 병원균으로부터 우리를 보호한다. 만성 스트레스는 면역체계를 위태롭게 해서 질병에 문을 열어준다. 스트레스는 특히 생물학적 침입자들에 대한 첫 번째 방어선인 림프구와 백혈구에 해로운 영향을 미친다. 몸은 골수에서 백혈구를 만들어내 지라와 흉선에 저장했다가 필요한 시점에 피 속으로 내보낸다. 감염이 없으면, 피에는 상대적으로 백혈구가 적다. 감염된 동안에는 백혈구가 많다가 골수에서 대체 세포들이 만들어지는 동안 그 정도가 떨어진다. 백혈구 생산 속도를 늦추거나 그것의 파괴를 증가시키는 어떤 것도, 암을 포함해 질병을 피하는 능력을 손상시킨다.

오하이오주립대학교 바버라 앤더슨과 연구자들은 유방암을 앓는 여성들 가운데 스트레스가 높은 여성들이, 스트레스가 낮은 여성들보다 침입자를 공격하는 일종의 백혈구인 NK세포natural killer cell가 15.4퍼센트 더 많다는 사실을 보여주었다. 스트레스가 높은 여성들한테서는 몸에서 NK세포의 활동을 증진하는 자연물질인 감마 인터페론에 대한 반응이 20.1퍼센트 감소되고, 감염에 맞서 싸우는 림프구의 또 다른 종류인 T세포의 반응이 19.8퍼센트 낮다.

높은 스트레스와 심각한 우울증은 에이즈 바이러스가 있는 환자들의 NK세포와 T세포 수치를 떨어뜨리기도 한다. 적정한 T세포 수는 에이즈 바이러스와 관련된 일곱 가지 흔한 암에 대한 보호물로 쓰일 수 있고, 그 수가 줄어들면 이 암들의 위험이 상당히 증가된다. 스트레스는 다른 많은 방식으로 면역체계를 손상시킨다. 캘리포니아대학교에서는 만성적으로 스트레스를 받는 사람들의 면역세포가 가장 낮은 스트레스 정도를 지닌 사람들의 면역세포보다 10년 더 늙은 것에 상당한다는 사실을 알아냈다. 스트레스는 폐결핵과 패혈증, 인두염 같은 박테리아에 감염될 개연성을 증가시키고, 알레르기에 대한 반응을 상당히 악화시킨다.

높은 스트레스와 우울증은 면역체계의 유효성을 감소시킬 때 함께 작용한다. 배우자가 죽고 1년 뒤 살아남은 사람의 우울증 비율이 보통 때보다 네 배 높고, 배우자가 죽은 뒤 1년 안에 연세가 많은 분이 돌아가실 확률이 통상보다 훨씬 높다. 나는 이 통계를 직접 확인할 수 있는 사건을 알게 되었다. 한 친구의 아버지가 심각한 병을 앓게 되었다. 그 뒤 곧바로 어머니가 마찬가지로 앓기 시작했다. 부부는 서로 상대방 병세가 위험하다는 사실을 알았다. 간호 때문에 두 분은 서로 붙은 방에서 치료받았다. 어머니가 돌아가시자 가족은 아버지에게 말씀드리기로 했다. 딸이 아버지에게 말했다. "아빠, 엄마가 돌아가셨어요. 계속 애쓰시지 않아도 돼요." 아버지는 가슴이 미어지도록 울부짖는 말씀을 하시더니, 혼수상태에 빠져들고는 어머니가 돌아가신 지 77시간 만에 돌아가셨다.

스트레스 호르몬은 면역체계에 손상을 주는 대부분의 원인으로 보인다. 그 주된 당사자가 코르티솔인데, 이것은 부신膊腎 40에서 만들어진다. 짧은 시간에 심장과 폐와 근육이 활동하도록 준비시키는 코르티솔은 치료를 촉진하고 출혈을 줄이기 위한 자연 응고제를 만들어내려고 혈소판을 입히며, 면역체계의 주된 조정자이기도 하다. 급성 스트레스는 NK세포의 방출을 자극하기도 하는데, 이것이 스트레스 호르몬 중 하나이기 때문으로 추정된다. 위에서 설명한 '충격' 실험 중 일부로 우리는 피험자들이 전기 충격의 위협을 받기 전과 후에 혈액 샘플을 채취했다. 그들의 두려움(급성 스트레스)이 혈액 속에 있는 NK세포의 수를 증가시켰다. 이 백혈구가 대폭 줄어드는 것은 스트레스가 만성화될 때다.

실제로, 오랜 기간에 걸쳐 과도한 코르티솔은 면역체계, 특히 NK세포와 프로스타글란딘을 억제하는데, 이것들은 면역 기능의 지원을 돕는 호르몬과 같은 물질이다. 코르티솔은 단기간에 세포벽의 수리를 돕는 이른바 '나쁜' 콜레스테롤인 LDLlow density lipoprotein cholesterol 생산을 촉진하기도 한다. 만약 우리가 신체 손상과 관련된 스트레스로 고통을 겪는다면 이것은 꽤 유용하다. 그러나 시간이 흐르면서 LDL은 돌을 만들기 위해 쓸개에 쌓이거나 위험한 플라크를 만들기 위해 동맥 내벽에 달라붙을 수 있다. 코르티솔은 특히 뇌의 해마 부위에서 신경세포를 손상할 수도 있는데, 해마 부위 자체가 코르티솔의 분비를 통제한다. 코르티솔을 더 많이 방출할수록, 미래에 지나치게 많이 방출돼 스트레스 반응을 증가시킬 확률이 높아진다.

이와 반대로, 오랜 기간 계속된 스트레스는 부신을 소진해 우리 몸이 지나치게 적은 스트레스 호르몬을 방출하기 시작하는 '부신피로'를 가져올 수 있다. 규제가 적어지므로 면역체계가 활동과잉이 되면서 자가 면역과 염증 문제의 위험을 증가시킬 수 있다.

만약 스트레스가 질병에 기여한다면, 스트레스 감소가 질병, 심지어 심각한 질병을 이겨낼 가능성을 높인다는 것은 당연하다. 이러한 결론은 반복되어 산출되었다. 10년 이상 지속된 오하이오 주 연구에서 심리 상담을 받은 여성들은 유방암 재발 위험이 45퍼센트 감소되었다. 재발한 경우, 상담받은 여성들은 생존 가능성이 59퍼센트 높았다. 상담이 환자들에게 스트레스와 암의 관계를 이해하는 데 도움을 주었고, 생활 속에서 스트레스를 줄이는 계획을 가르쳤으며, 의사와 의사소통을 증진하는 데 도움을 주었다.

멀티태스킹에 대한 오해

스트레스는 건강을 저해할 뿐 아니라 인지기능을 손상시키기도 한다. 하나의 시사적인 예가 젊은이들 사이에서 불고 있는 멀티태스킹(다중작업) 열풍이다. 만약 어떤 젊은 성인이나 젊은 전문가가 키보드를 두드리면서 페이스북, 트위터, 블로그, 음악 듣기, 유튜브 보기를 동시에 하지 않는다면, 그 사람은 분명히 멋이 없고 아마도 생산적이지 않을 것이다(모든 학생의 절반이 숙제하면서 텔레비전을 보거나 인터넷을 한다). 모든 노동자가 디지털 장치에 바로바로 접속할 수 있다는 추정이 멀티태스킹을 일에 더욱더 필수적인 것으로 만든다. 그 믿음이란 멀티태스커(다중작업자)가 한 번에 한 가지 일에 꾸준히 집중하는 우둔한 동료들보다 더 많은 일을 더 빠르게 해낸다는 것이다.

실제로는 멀티태스커는 자신의 뇌 능력을 위축시킨다. 문제의 일부는 세대 간 무지, 즉 모든 새 인구 집단이 스스로 윤리에서 기술에 대한 로맨스로 향하는 모든 것을 발견한 첫 세대라고 믿는 것이다. 역사를 통해, 모든 번잡한 산업은 일반적인 말의 의미로 다중작업을 하는 것, 즉 한 번에 여러 가지 일을 책임지고, 빠르게 움직이고 반응하며, 시간 제약 아래에서 여러 중요한 결정을 하느라 바빴다. '멀티태스킹'이라는 말은 회사들이 똑같은 속도로 흥성했다가 몰락하고 비즈니스 리더들이 되풀이해서 추방된 컴퓨터 산업이 일어나는 동안 현재와 같은 용법으로 쓰였다. 그 속도가 '인터넷 시간'과 언제나 빠른 변화를 지속적으로 가속화했다. 일찍이 상식 있는 멀티태스커들이 모두 전문가들이었다는 사실이 역사의 뒤안길로 잊혔다. 여러 해 동안 같은 산업에 종사했기 때문에 그들은 어려운 문제를 빠르게 효율적으로 해결하려고 폭넓은 전문지식을 쓸 수 있었다.

오늘날의 젊은이들에게로 건너뛰어 가보자. 이들은 거대한 사례와 지식에 기초를 두고 곡예 부리듯 자기 할 일을 하거나 재빨리 판단하려고 다중작업을 하지는 않는다. 그보다는 학교나 직장에서 다중작업을 통해 학습하려고 애쓴다. 이들은 단일한 과제를 애써서 해내기보다는 광범위한 정보를 가지고 '순간 편집'을 해냄으로써 더 많은 지식을 완전히 소화할 수 있다고 믿는다. 그러나 객관적으로 시험한 결과 뇌 능력을 만들어내는 데 이 방법은 완전히 실패했다.

이 첨단기술의 귀재들이 정신 능력에 대해 훌륭한 집중력과 통제력을 지녔다는 사실이 입증될 것이라고 추측했던 스탠퍼드대학교 연구자들은 다중작업자들이 바로 정신적 과제에서 한결같이 형편없다는 사실을 발견하고 충격을 받았다. 그들은 다중작업을 하지 않는 사람들보다 연관성 없는 항목 때문에 훨씬 더 집중하지 못했고, 기억력이 더 나빴으며, 과제를 전환하는(!) 데 더 느렸다. 하나의 자극에서 그다음 자극으로 꾸준히 옮겨가도록 훈련하는 데, 수학을 배우는 개만큼 주의 집중시간을 보였다.

이런 결과들은 전혀 동떨어진 것이 아니다. 밴더빌트대학교 연구자들은 피험자들이 두 가지 일을 한꺼번에 하다 보니 아주 단순한 일에서 1초 더 느려진다는 사실을 알아냈다. 런던대학교 정신과학연구소에서는 이메일과 전화 통화 때문에 정신이 산만한 노동자들의 IQ가 대마초 흡연자의 IQ보다 두 배나 떨어진다는 사실을 보여주었다. 일반적으로, 사람들이 집중을 방해하는 것들에서 벗어나 본래 일로 돌아오는 데에는 15분에서 25분이 걸린다.

멀티태스킹을 하려고 애쓸 때는 뇌의 기본 구조가 방해를 받는다. 인간은 세심하게 주의할 때 한 종류의 기억을 만들어내고, 부분적인 주의만 할 때 또 한 종류의 기억을 만들어낸다. 지속되는 집중을 통한 과제 학습은 해마를 작동해서 '서술 기억'을 형성한다. 사건에 충분한 주의가 필요한 이런 종류의 기억은 다른 익숙하지 않은 상황에도 적용할 수 있다. 그러나 산만한 상태에서 과제를 학습하는 것은 기억이 뇌의 또 다른 부분인 선조체에서 만들어지게 한다. 산만하지 않게 학습하는 사람들은 산만함 때문에 고통받는 사람들보다 지식을 유사한 문제에 적용할 때 훨씬 더 높은 성공률을 보인다.

게다가 한 번에 몇 가지 자극에 반응해야 하면 뇌는 장애에 부딪히게 된다. 컴퓨터와 마찬가지로 전후 맥락을 바꾸게 되면 오버헤드[41]가 발생한다. 한 가지 이유 때문에 우리의 기본적인 생물학적 구조를 되돌아보게 된다. 새로운 자극을 하나씩 인지할 때마다 뇌는 우선 판단해야 한다. 쓸모 있는가, 그렇지 않은가?(선사시대에는 이 질문이 이랬다. 친구인가, 적인가?) 변화는 스트레스를 주기 때문에 끊임없이 과제를 바꾸려고 애쓰게 되면 코르티솔과 아드레날린이 방출되어 장기간 부정적 영향을 미치고 단기기억의 형성도 방해받는다.

젊은이들 사이에서 점점 더 주의력이 부족한 무질서한 문화가 산만함을 불러오는 활동을 부추기는 것이 이상하게 보인다. 윌리엄 제임스가 '극단적인 주의력 이동성'과 산만함의 '잿빛 혼돈의 무차별성'이라고 한 만성적 집중 불능은 전통적으로 미성숙한 정신의 전형적 특징이라고 간주되었다. 다중작업에서 받는 스트레스는 엄청난 양의 정보를 끊임없이 피상적으로 훑어봄으로써 축적하는 어떤 가치도 무색하게 만든다. 실용적 측면에서 보면, 다중작업은 한 번에 한 가지 이상을 엉망으로 만드는 것에 지나지 않는다.

다중작업은 현대 생활에 내재하는 변화의 축소판이다. 변화는 스트레스를 가져온다. 스트레스는 몸과 마음 모두에 나쁘다. 우리는 스트레스를 없애면 건강이 향상된다는 사실을 안다. 그럼 스트레스와 마주할 때 무슨 일이 벌어질까? 다음 장에서 보게 되듯이, 스트레스에 대한 우리의 첫 번째 반응은 종종 그것을 처리하는 것이 아니라 사라져주기를 바라는 것이다.

- 스트레스는 아주 강력하고도 일관되게 영향을 미치므로 어떤 사람이 생활 속에서 최근에 겪은 변화의 수에 기초해 그 사람이 병에 걸릴 개연성을 예측할 수 있다. 지나치게 많은 긍정적 변화는 지나치게 많은 부정적 변화와 마찬가지로 나쁠 수 있다!

- 뇌가 적절히 개입하고 기능하려면 일정 수준의 자극이 필요하기 때문에, 지나치게 적게 일하는 것은 지나치게 많이 일하는 것과 거의 마찬가지로 스트레스를 불러온다.

- 스트레스가 미치는 영향은 절대적인 스트레스 정도보다는 한 사람이 겪는 보통 수준의 스트레스 변화에 더 많이 달려 있다.

- 스트레스가 좋은가, 나쁜가는 우리가 그 결과에 대한 통제를 인지하느냐와, 그 결과가 긍정적인가에 달려 있다. 만약 그렇게 해낼 수 있다고 생각한다면, 우리는 스트레스를 덜 느낀다.

- 어떤 위협에 대해 오래 생각해야 할수록 두려움이 커지고 스트레스도 커진다.

- 인간은 현대 생활의 장기적 스트레스가 아니라 생활을 위협하는 즉각적 스트레스에 대처하도록 되어 있다. '싸울지 도망칠지' 결정하도록 만드는 생물학적 구조가 시간이 흐름에 따라 몸을 물리적으로 지치게 만든다.

- 스트레스 호르몬은 질병과 싸우는 백혈구와 면역체계의 다른 기관을 손상한다. 스트레스를 줄이면 병에 걸릴 위험이 줄어들고 질병에서 회복될 개연성이 높아진다.

CHAPTER 11

뇌는 어떻게 스트레스를 다루는가

우리는 스트레스가 나쁘다는 이유로 그 존재를 부정하는 경향이 있다. 스트레스에 대처하는 가장 흔하고 원시적인 방법은 그것을 전혀 생각하지 않는 것이다. 이러한 반응은 개인 차원뿐만 아니라 제도 차원에서도 나타난다. 1970년대까지 의료계에서는 중증 또는 말기 질병으로 고생하는 환자들에게 그 사실을 부정하라고 조장했다. 의사들이 환자들에게 암에 걸렸다는 사실을 말해주기보다는 이런 식으로 말을 지어내곤 했다. "당신 간에 곰팡이가 있지만 우리가 치료할 수 있습니다." "당신에게 심각하게 나쁜 것은 없습니다만, 화학요법과 방사능 치료를 받으러 병원에 꼭 다시 와야 합니다." 실제로는 엄청난 충격을 느끼는 환자들을 다루면서 받는 자신의 스트레스를 덜기 위해 의사들은 환자들의 걱정을 덜어준다며 온갖 잘못된 정보를 이용했다. 이럴 때 이용된 하나의 정당화가 바로 사람들이 자기 상태의 진실을 알면 낙담할 거라는 점이었다. 사실, 심각한 병을 앓는 사람들이 자살하는 빈도는 충분한 정보를 들은 사람들 사이에서보다 장밋빛 미래라는 그림을 받은 사람들 사이에서 더 높다.

의사, 친척, 친구 등 모든 사람이 이 게임에 참여한다. 심각한 병에 걸린 환자들은 친척들이 찾아와 눈물을 흘릴 뿐 아니라 자기 몸이 나빠지는 것을 포함해 자신이 듣고 있는 것과 자기 힘으로 알 수 있는 것 사이의 단절 때문에 걱정이 커진다. 이들에게는 비밀을 털어놓을 사람도 없고 삶과 죽음에 대해 진지하게 이야기를 나눌 표현 수단도 없다.

내 어머니는 암으로 돌아가셨는데, 우리 가족은 이 '나쁜 것 말하지 않기' 방법을 경험했다. 나는 크게 소리 높여 반대했다. 결국, 이스라엘암협회는 내게 의사가 환자에게 무슨 말을 해주어야 하는지는 물론이고, 미국에서 공부했고 의사-환자의 의사소통을 다루는 더 좋은 방법을 입증한 젊은 의사들을 포함해 여러 전문가에게서 어떤 도움을 받을 수 있을지 더욱 합리적인 정책을 개발하는 데 도움을 달라고 요청했다. 새로운 방법에서는 의사에게 환자들을 위해 솔직하지만 열정적으로 상황을 상세히 설명해서 다양한 치료법의 효율성 또는 치료법 없음에 관한 현실적 예측과 판단을 할 수 있게 해달라고 요구한다. 말기 환자들에게는 심리적 지원과 더불어 죽음과 맞붙어 싸우거나 사랑하는 이들에게 작별을 고해야 할 시간을 알려준다. 이 지침은 그 과정에 상식과 인간성을 더해주었고, 의사가 환자를 희생하면서 자기 자신의 스트레스를 회피하려 했던 관행이 종식되었다.

만약 세상에서 많이 교육받고 합리적인 사람들 중 일부가 포함되어 있는 의료계가 진실을 회피하려고 그렇게 열심히 일한다면, 스트레스 부정이 우리 마음속에 얼마나 깊이 뿌리박힐까? 사람들은 어떻게 스트레스를 부정할까? 그렇게 회피한 결과는 무엇일까? 나는 이런 점들이 궁금했다. 이때가 1980년대 초였고, 스트레스 부정이라는 개념에 대해서는 그 이전에 아무도 체계적으로 연구한 적이 없었다. 나는 이런 의문을 해소하려고 그런 종류로는 처음인 중요한 회의를 하나 마련했고, 잇따라 이 주제를 다룬 책을 한 권 펴냈다. 내 연구는 우리가 스트레스를 부정하는 데 일곱 가지 중요한 방식이 있는데, 그것을 모두 스트레스를 유도하는 근본 문제에 대해 걱정할 필요가 없도록 스스로 확신시키는 데 이용한다는 사실을 보여주었다. 그것들은 다음과 같다.

1. 개인적인 관련 부정: 그 일은 나한테 일어날 수 없다.
2. 긴급함의 부정: 일어날 수 있지만 한참 동안 일어나지 않는다.
3. 취약성의 부정: 혹시 언제든 일어나더라도 감당할 수 있다.
4. 걱정 자체의 부정: 무언가 일어날 것을 알지만 걱정하지 않는다.
5. 감정의 부정: 내 감정을 인정하지만 그 근원은 인정하지 않는다. 심장이 두근거리고 아픈 이유는 운동을 했기 때문이다.
6. 위협적인 정보의 부정: 어떤 위협도 인식하지 않으려고 정보를

걸러낸다.

7. 모든 정보의 부정: 진실을 보여주면, (종종 기절 같은 심리적 반응을 통해) 그것이 존재한다는 것 자체를 부정한다.

스트레스를 주는 사건이 우리에게 한 가지 형태를 부정하게 만들거나, 더 많은 정보가 방어선을 뚫고 스며들어옴에 따라 몇 가지 부정을 경험할 수 있다. 흡연자는 폐암에 걸릴 개연성을 부정한다. 통계와 마주하면 암의 개연성은 인정하지만 그 위험을 먼 미래에 일어날 것으로 치부한다(물론 그 훨씬 이전에 담배를 끊을 것이다). 흡연과 관련된 질병의 어떤 징후가 나타나더라도, 어떤 관련성도 부정할 것이다. 기침이 나도 그저 감기로 여긴다.

기절은 긴급한 상황에서 스트레스를 부정하는 방식의 극단적인 예다. 나쁜 소식을 들으면 혈관을 수축해 문자 그대로 뇌에서 피를 짜내는 충격을 일으킨다. 무의식이 우리를 일시적으로 보호한다. 정신을 차리면, 우리를 돌봐주면서 정서적 고통을 완화해주는 사람들에게 둘러싸여 있다.

스트레스를 부정하는 이유

스트레스를 부정하는 것 자체가 이상한 현상이다. 그것은 뇌로 하여금 무언가를 알게 하면서 동시에 알지 못하게 하기 때문에, 철학자들 사이에는 '중간지식'으로 알려져 있다. 역설적인 사실은, 만약 그

암시가 우리를 위협하기 때문에 무언가를 생각하기 두려워한다면, 우리는 두려울 만큼 충분히 그것을 생각했음이 틀림없다는 것이다. 이 모순은 뇌가 정보 처리 방법을 다양하게 가지고 있음을 추가로 보여준다. 즉 하나는 의식적인 것이고 적어도 한 가지는 의식적이지 않은 것이다.

충분한 정보가 지워지는 것을 막는 위협 반응을 촉발하려면 이것이 문턱을 넘어서야 한다. 우리는 이유도 모르면서 긴장감을 느끼거나 근심스러워질 만큼 데이터를 처리할 수도 있다. 그러고 나서는 의식하지도 못하는 사이에 방어물이 세워진다. 예컨대 심각한 병을 앓는 환자들은 주위 사람들의 태도에서 자기 상태의 진짜 본질에 대한 온갖 단서를 알아차릴 수 있다. 그러나 속임수에 넘어가지 않는 한 그들이 반드시 진실과 마주하기를 바랄 필요는 없다.

뇌는 무의식적으로 불쾌한 생각에 반응하고 스스로 방어한다. 통상적인 시험에서, 어떤 단어를 피험자에게 아주 빠르게 획 내보이면 피험자는 그것을 의식적으로가 아니라 잠재의식적으로 인지한다. 시간 노출이 한 번에 1,000분의 몇 초 연장되면 그 말이 의식의 문 안으로 들어가서 피험자가 읽을 수 있다. 두려움을 유도하는 말(살해, 피, 죽은 등)은 중립적인 말(종이, 토마토, 책상 등)보다 뇌가 처리하는 데 시간이 더 오래 걸린다. 명백히 부정적으로 함축된 말을 보는 순간 우리는 그것을 가능한 한 오랫동안 차단하려고 한다. 이것은 나쁜 소식을 가능한 한 오래 미루어두는 자동적·원시적 방법이다. 뇌는 부정적인 말이 어떤 실제적 위협을 가할지 판단하려고 무의식적으로 그것을 평가한다. 나치가 유대인 관람자들에게 갈고리십자형 기장을 보여주곤 했듯이, 히치콕 영화에서는 긴장감을 높이려고 열 개 장면마다 해골과 십자뼈 문양의 잠재의식 이미지를 보여주었다. 말보다도 상징물이 잠재의식적으로 가장 큰 충격을 주는 것처럼 보이는데, 아마도 그것이 해석이 덜 필요하기 때문일 것이다.

정보를 잠재의식적으로 인지하는 능력은 잠재의식적 광고가 제품 판매를 늘릴 수 있다는 잘못된 믿음의 기초. 스크린에서 잠재의식적 메시지를 휙 내보임으로써 한 극장이 1957년에 부드러운 음료와 팝콘 판매를 늘렸다는 기발한 주장은 거짓으로 판명되었다. 훗날 연구에서는 그러한 메시지가 구매 충동을 불러일으키지 않는다는 사실을 보여주었다. 그러나 잠재의식적 광고가 유발하는 두려움은 아주 강해서 통신위원회에서조차 확실하게 금지했다.

어떤 사건에서도 일어나는 스트레스를 부정하려면, 스스로 잠재의식적 정보에 반응할 능력이 있으며 그것이 인지와 기억을 형성하는 능력이라는 점을 상정해야만 한다. 나는 반은 남성, 반은 여성으로 구성된 젊은 성인 집단 피험자들이, 자신들과 나이가 같은 한 여성이 쓴 것으로 추정되는 전기문의 한 구절을 읽는 (발표되지 않은) 연구를 한 적이 있다. 그것은 그녀가 자기 유방에서 어떻게 혹을 발견했는지를 다룬 이야기였다. 그녀는 조직검사 결과를 기다릴 때 자기 생각과 감정을 기술했다. 거기에는 그녀가 선호하는 옷, 신발, 색깔 등 병과 상관없는 세부 사항도 많이 포함되어 있었다.

그 뒤에, 읽은 사람들이 그 이야기에서 기억하는 것에 대해 시험을 받았다. 남성들은 그 구절의 모든 면을 똑같이 잘 기억하거나 그렇지 못했다. 그러나 여성들은 그 이야기 가운데 암과 마주한 그 여성과 자기 자신을 구별해주는 면을 아주 잘 기억했다. 예컨대, 그녀가 자신과 옷을 다르게 입었을 경우와 같은 것이었다. 그들은 이야기 가운데에서 그 여성과 자신이 동일한 면은 아주 잘 기억하지 못했다. 예컨대, 그녀가 자신과 같은 음식을 좋아한 경우와 같은 것이었다. 그들은 무의식으로 유방암의 위협에서 스스로 거리를 두고 있었다.

암 환자의 반 정도가 자신이 암에 걸리는 것을 두려워해서 의사를 찾아가는 일을 미룬다! 의학적으로 비만인 사람들의 10퍼센트는 자기 몸무게가 괜찮고 자신이 전체적으로 건강하다고 느낀다. 진실을 마주하고 싶어하지 않는 것이 신기하게도 사람들이 진단과 치료를 회피하는 변명거리가 된다. 만약 스트레스 부정이 그렇게 가엾은 결정을 하도록 해서 죽음을 부른다면, 왜 우리는 그렇게 뿌리 깊은 마음가짐을 갖는 것일까? 그것은 부정이 만성적이고 장기적인 스트레스에서보다는 급성의 즉각적인 스트레스에서 이점이 있기 때문이다. 개인이 마주하는 정신적 외상이 너무도 극적이어서 그것이 완화되어야 할 때 부정은 도움이 된다.

큰 홍수와 지진에서 살아남은 사람들을 연구한 결과, 겉보기에 무슨 일이 벌어졌는지 이해하지 못한 채 혼란스러운 상태에서 주변을 걸어 다니며 여러 시간 대재난을 경험한 사람들은 세상이 파괴되어버렸다는 사실을 즉각 파악한 사람들보다 장기적으로 볼 때 더 잘 지내는 경향이 있었다. 만약 자신에게 무슨 일이 일어났는지 완전히 알지 못한다면 심각한 심장마비를 겪은 사람들은 더 잘 지낸다. 부정은 전체적 파괴의 초기에 다리를 놓는 데 도움이 될 수 있다. 나쁜 소식을 시간을 두고 넓게 펼쳐주고 그 충격을 줄여줌으로써 뇌가 그 나쁜 소식에서 우리를 보호해준다.

부정은 어렵거나 엄청나게 충격적인 상황에서 좋지 않은 결과를 다루는 데 유용할 뿐 아니라, 완전히 속수무책이고 스트레스를 주는 상황을 완화할 방법이 없을 때 효과적일 수 있다. 그러나 스트레스를 주는 상황은 대부분 생명을 위협하지 않으며, 만약 그것이 생명을 위협할 지경까지 상황을 나쁘게 만든다면 부정은 아주 해로울 수 있다.

스트레스에 대처하는 두 가지 방법

우리는 나쁜 소식에 대처할 수 없는 상황을 두려워하기 때문에 스트레스를 부정한다. 현실에서 실제로 대처할 때는 부정하기보다 장기적으로 대처하는 것이 에너지가 덜 필요하고 더 성공적이다. 우리는 앞으로 나아가기 전에 대처할 수 있다고 믿기만 하면 된다. 성공적인 대처는 모든 것이 괜찮아질 거라는 긍정적 기대를 만들어내기 시작할 때 가능해진다. 스트레스에 대처하는 기술을 다룬 책이 여러 권 나왔기 때문에, 여기서는 기본적인 것에 초점을 맞추겠다. 두 가지 유형의 대처법, 즉 문제에 초점을 맞추는 대처와 감정에 초점을 맞추는 대처 사이에 가장 중요한 차이가 있다. 라자루스와 수전 포크만이 제안한, 스트레스를 해결하기 위한 이 두 접근 방법의 차이는 폭넓게 받아들여진다.

문제에 초점을 맞추는 대처는 스트레스를 일으키는 근본적 상황을 알아보면서 그것을 해결하고자 하는 것을 의미한다. 만약 스트레스가 일 때문에 일어난다면, 문제에 대한 대처법을 통해 시간의 효율성을 분석하고, 계획과 과제의 우선순위를 매기며, 중요한 문제를 다루는 팀을 구성하는 등의 일을 하게 된다. 스트레스가 질병 때문에 발생한다면, 문제 대처법을 통해 의사를 찾아가고, 질병에 대한 모든 것을 연구하며, 다른 의사들의 의견을 찾아 듣고, 치료 계획을 세우게 된다. 이렇게 하지 않으면 그 질병과 관련된 실제 문제에 몰두하게 된다.

이와 대조적으로, 감정에 초점을 맞추는 대처는 사회적 지원, 도움, 상담이나 우울증에 도움이 되는 약물을 찾거나 운동 수업처럼 스트레스를 방출하는 활동에 열중하고, 스트레스의 영향을 줄여주는 다른 활동을 함으로써 스트레스가 주는 아주 좋지 않은 감정적 결과를 다루는 것을 의미한다.

문제를 해결하는 데 큰 상을 주는 '네 운명을 통제하라'는 미국식 기풍은 문제에 초점을 맞추는 대처를 더 적절한 방법으로 보는 경향이 있다. 그러나 이 접근 방법은 그 문제의 근원을 피할 수 없고 쉽게 다룰 수 없을 때 스트레스를 더욱 심각하게 만들 수 있다. 사람들이 쉽게 직장을 바꾸지 못하게 만드는 하강 국면의 경제에서 직장 상사와 사이에 생기는 문제가 한 예다. 불치병이 또 다른 예다. 이와 대조적으로, 아시아 문화에서는 실제 대처보다는 수용을 더 중시한다. 상황에 맞게 행동하는 것이 대개 두 유형의 대처법을 쓸 때 가장 효과적이다. 예컨대 직장에서 문제가 있다면, 스트레스를 줄이기 위해 우선 문제 대처법을 적용하고 나서 불가피하게 남는 스트레스를 다루기 위해 그다음으로는 친구와 가족의 도움을 구함으로써 감정적 대처법을 적용할 수 있다.

많은 스트레스 상황에서 감정이 아주 압도적으로 될 수 있어서 실제 행동, 즉 문제에 초점을 맞추는 대처가 불가능해질 수 있다. 이런 상황에서는 먼저 감정에 초점을 맞추는 대처를 하고 나서 문제에 초점을 맞추는 대처로 나아가는 것이 가장 좋다. 하나의 좋은 사례가 바로 전투기 조종사가 통제할 수 없게 되는 비행기를 버려야 할 때의 의문과 연관되어 있다. 한편에서, 조종사들은 "너를 먼저 구해야지 비행기를 구하려고 하지 마라"라는 말을 듣는다. 다른 한편으로는, 만약 이 명령을 무시하고 마지막 순간에 다시 비행기를 통제할 수 있게 되면 자기 자신을 위험에 빠뜨린 일에 대해 잔소리를 듣지 않는다. 그 대신 비행 솜씨와 지상에 있는 사람들의 생명과 수백만 달러짜리 비행기를 구한 일로 찬양을 받는다.

이렇게 엇갈리는 메시지들이 중요한 딜레마를 가져온다. 긴급 상황이 발생했을 때 조종석에 있는 조종사를 상상해보라. 붉은 등이 번쩍거리고 경보음이 요란하게 울리며, 고도가 서서히 낮아지고 있다. 조종사에게는 두 가지 또는 세 가지 절차만 시도할 시간이 있다. 만약 절차를 취하지 않는다면 긴급 탈출을 해야 한다. 과거에는 조종사들이 긴급 탈출을 할지 말지, 또 언제 해야 할지 때문에 스트레스를 너무 받아서 비행기를 구해야 하는 짧은 순간 무엇을 해야 할지 판단할 수 없었다. 소용이 없다 할지라도 그들은 보통 똑같은 것을 반복해서 시도하곤 했다.

나는 이스라엘 공군에 조종사들이 아주 체계적으로 되도록 훈련해야 한다고 조언했다. 언제 자기 비행기를 버릴지에 대해 분명한 명령을 내리는 것이 조종사들의 스트레스를 줄여준다. 본질적으로 모든 중요한 판단은 비행 전에 지상에서 할 것이다. 이스라엘 공군은 긴급 탈출 결정을 하는 최저 고도를 설정했다. 비행기가 그 고도에 이르면, 어쨌든 조종사는 비행기를 버려야 했다. 애매하지 않은 규칙이 긴급 상황에 대한 감정적 반응을 줄여주었다. 조종사들이 더 효과적으로 생각할 수 있었고, 비행기를 구할 개연성을 증가시켰다. 이것이 바로 감정을 먼저 다루고 문제를 그다음 다루는 전형적인 예다.

감정에 초점을 맞추는 대처의 흔한 형태는 사회적 지원이다. 그 혜택을 받으려면 스트레스 경험 이전에 가족과 친구라는 사회적 연결망에 투자하면서 시간과 노력을 들여야 한다. 그때가 오면 우리는 지원을 요청할 수 있어야 한다. 국방과 관련된 또 하나의 일화가 보여주듯이, 다른 사람을 지원하는 것 역시 우리 자신의 스트레스와 걱정을 줄여주는 아주 좋은 방법이다.

6일 전쟁 이전인 1967년 5월, 이스라엘에는 이집트 공군이 도시들을 폭격할 것이라는 심각한 공포가 있었다. 정부에서는 방공호를 만들었고 사람들이 거기서 어떻게 행동할지를 훈련했다. 제2차 세계대전 때 영국에서처럼 사람들을 대피소로 모아들이고 공습이 있을 때 사람들이 흥분하지 않게 하려고 방공호 관리자가 선발되었다. 나는 이 관리자들이 극도로 스트레스를 받아 패닉 상태에 있는 사람들을 다루는 방법에 대한 교육을 준비했다. 우리가 할 수 있는 가장 좋은 권고는 이런 것이었다. 아이처럼 훨씬 더 겁에 질린 다른 누군가를 찾아 완전히 스트레스를 받은 사람에게 이렇게 말하라. "당신은 이 어린 아이를 진정시킬 책임이 있다." 우리보다 더 연약하다고 생각되는 누군가를 책임지는 것보다 더 두려움과 걱정을 극복하도록 도와주는 일은 없다. 몹시 흥분한 사람들을 위로하기 위해 달려가서 그들의 공포를 강화하는 대신, 그들에게 책임을 준다. 그것이 기적을 일으킨다.

해결책은 예측 가능해야 한다

마음이 어떻게 스트레스를 인지하는지 이해함으로써 다양한 지도적 위치에 있는 사람들을 도울 수 있다. 사업가는 경제적으로 어려운 시기에 임원진이 더 열심히 일할 것을 기대하면서 더욱더 많은 일을 그들에게 부과해서는 안 된다. 만약 그 부하가 임원진이 할 수 있다는 믿음을 넘어서는 것이라면, 산출량은 폭락할 것이다. 비록 곧 중단해야 할지 알아챈다 할지라도 사람들은 노력해서 얻을 수 있는 목표, 즉 예측 가능한 승리를 이룰 필요가 있다. 마음속으로 '우리가 해냈어'라고 말할 수 있게 해주는 무언가가 있어야 한다.

이러한 승리는 급료 지급일이나 오후 휴무, 어떤 중요한 사건을 기념하는 피자 파티, 보너스 약간 또는 세상 사람들의 진심어린 인정처럼 단순한 무언가일지도 모른다. 노동자들에게 일요일 휴무가 주어진

제2차 세계대전 동안 미국에서 생산성이 올라갔다는 사실을 기억하라. 종업원들은 어려운 시절을 무한정 행군할 수 없다. 또한 고용주들이 불경기에 종업원들에게 동기부여하기 위해 할 수 있는 가장 좋은 일은 그들을 솔직하게 대하는 것이다. 결핍된 정보는 심리적 살해자일 수 있다.

정치인도 이와 유사한 접근 방법을 이용할 수 있다. 자기 지역주민들을 중요한 정책 변화로 인도하고자 하는 정치 지도자는 설득력 있는 사례를 만들어 그것을 단순하고 이해할 수 있으며 실행할 수 있는 조처들로 나누어서 보여주어야 한다. 미국 의료보호 개혁의 범위와 복잡함과 비용은 겁나는 것이었다. 그래서 그 혜택을 설명해줄 적은 급여를 받는 지지자들이 상황을 더 심각하게 만들었다. 비록 법안은 통과되었지만, 그것을 둘러싼 걱정 때문에 그것으로 혜택을 가장 많이 받을 노동자 계층에서조차 지지율이 심각하게 내려갔다.

변화와 스트레스는 악순환을 형성한다. 일단 일련의 변화가 우리를 흔들면, 이어지는 변화에 대처하는 능력도 줄어든다. 변화가 괴로움을 주고 어렵기 때문에 사람들이 변화를 싫어한다는 것은 놀라운 일이 아니다. 뇌 건강에 필요한 변화에 불리한 면이 있기 때문에 우리가 보수적인 것이다.

그 결과, 우리는 가능한 한 많이 스트레스, 즉 변화를 피하는 법을 학습한다. 이것은 특히 나이가 많은 사람들한테서 그렇다. 그들은 젊은이들과 같은 신체적·심리적 탄력성을 가질 수 없기 때문이다. 그러나 우리는 우리에게 내재한 보수주의에 대항할 수 있다.

일하면서 받는 스트레스 완화하기

불필요한 스트레스를 피하고 일하는 동안 정신적 에너지를 최대화하기 위한 몇 가지 비결이 있다.

- 조용하고 상쾌한 발걸음으로 시작하라. 그것이 생각하는 데에 탁월하게 좋다. 새로운 외적 자극의 산만함을 피하려면 장소는 친숙한 곳이어야 한다.

- 휴대전화를 가지고 다니지 마라. 세부 사항이 아니라 언제나 큰 그림을 그리려 하면서 마음이 돌아다니게 내버려두라. 이것이 하루의 가장 좋고도 중요한 일부가 될 수 있다.

- 아침밥이나 커피를 들면서 하루 일과에 관해 누군가와 이야기하라. 걸어다니는 동안 마음껏 떠돌아다니는 생각 뒤에 이어지는 이야기 나눔에서 오는 절제력이 마음을 정리하는 데 도움을 준다.

- 만남으로써 하루를 시작하지 마라. 정리할 시간을 가져라. 이메일을 재빨리 훑어보면서, 덜 중요한 것들은 지우고 나중을 위해 의미 있는 것들은 남겨두라. 낮 동안에 메시지들을 검토할 특별한 시간을 정해두라. 늘 디지털 기구에 방해받는 희생물이 되지 마라.

- 문을 열어두어 누구든 미리 알리지 않고 들어올 수 있는 시간을 갖되, 문을 닫아두고 개인적 생각을 할 수 있는 시간도 가져라.

- 일 문제에 즉각 반응하라는 압력이 있더라도 조용히 반성하는 시간을 두고자 노력하라. 두어 시간이 차이를 만들어낼 수도 있다.

- 아침시간의 문제와 단절하기 위해 점심때 휴식시간을 이용하라.

회사 일과 완전히 무관한 주제를 논의하라. 모든 나라에는 정부의 최근 조치에 불평할 기회가 언제나 있다.

- 오후 중반에는 전문 직종이나 산업과 관련된 글을 그만 읽고 업무와 특별한 관련이 없는 글을 읽어라. 이렇게 하면 결국 일과 연관이 있을 일련의 새로운 사고가 시작된다.

- 하루가 끝날 때는 될 수 있으면 일 이야기를 하지 말고 가족이나 친구들과 함께 시간을 보내라. 무언가 다른 것에 몰두하고 음악이나 독서 같은 것에 열중하라. 신선한 시각이 내일의 도전을 위해 뇌를 리셋하는 데 도움을 준다. 그러면서 우리가 하루 동안 만들어 놓은 모든 연결부가 무의식적으로 열심히 작동한다.

- 하루 내내, 체스터필드 경의 권고를 기억하라. '한 번에 한 가지 일을 한다면, 하루 안에 모든 문제를 다룰 시간이 충분하다. 그러나 한 번에 한 가지 이상을 하려고 하면, 1년 중에도 어떤 일을 해내기에 충분한 날이 없다.' 반응도의 노예가 되지 않고 너무 급히 서두르지 않아야 과잉 스트레스를 피할 수 있다. 스트레스를 덜 받는다는 것은 더 많은 창조성과 독창성을 뜻한다.

- 스트레스를 다루는 가장 흔한 방법은 스트레스를 가져오는 것은 무엇이든 존재를 부정하는 것, 즉 그것이 없어지기를 바라는 것이다.

- 스트레스 부정은 뇌가 무언가를 알면서 동시에 모르는 이상한 현상을 예증한다. 충분한 정보는 우리가 의식적으로 깨닫지 않고도 방어막을 치게 만든다.

- 스트레스 부정은 우리가 대재난이나 어쩔 수 없는 상황에서 살아남도록 돕지만 낮은 스트레스 상황을 더 나쁘게 만들 수도 있다.

- 대처하는 것이 부정하는 것보다 대개 더 낫게 작용한다. 우리는 근본적인 문제에 직접 대처하거나 그것이 가져오는 스트레스에 대처할 수 있다. 우리는 종종 근본적인 문제를 합리적으로 다루려면 스트레스가 가져오는 감정을 먼저 다루어야 한다.

CHAPTER 12

희망이라는 치유력

스트레스의 충격은 공통된 화제다. 내 특별한 관심사는 그것이 우리의 인지적 활력에 미치는 영향이다. 이것을 시험하는 한 가지 방법이 새뮤얼 앤드류 스투퍼의 《미국인 병사》를 읽고 나서 떠올랐다. 이 책의 일부는 제2차 세계대전 때 미국의 B-17 비행기 승무원에 대해 다루었다. 전쟁 막바지에야 연합군 전투기들이 거대한 전폭기 편대와 함께 잉글랜드에서 유럽 대륙 깊숙한 곳의 목표물로 날아갈 수 있었다. 일단 전투기 호위대가 되돌아가버리면, 전폭기들은 적의 전투기에 극도로 취약해졌다. 많은 전폭기가 격추되었다. 승무원들은 동료와 비행기를 차례로 잃었다. 죽는 것이 시간문제일 뿐이라고 믿게 되자, 사람들이 전형적인 스트레스 증상, 즉 수면 문제, 일반화된 걱정,

감기와 독감, 애매한 사고, 급한 성미 등을 나타내기 시작했다. 죽음에 대한 공포가 많은 항공대원을 사실상 장애인으로 만들었다. 그때 군 지도부가 명석한 아이디어를 생각해냈다. 조종사의 의무 원정을 40회로 제한하기로 결정했다. 40회 임무를 했을 때, 조종사들은 더 안전한 작전 현장으로 재배치되었다. 만약 조종사가 이미 열 번 임무를 완수했으면, 30번만 나가면 되었다. 15회를 수행했으면 25회만 나가면 되었다.

이 결정 이전에는 항공대원들이 죽는 건 단지 시간문제일 뿐이라고 확신했다. 그들은 소만간 놀아오지 못할 거라고 생각했다. 하지만 이제는 희망을 가졌다. 횟수를 채우면 귀국해야 했다! 새로운 규칙이 그들의 전체적 시각, 위험에 대한 전체적 판단을 변화시켰다. 희망이 상황 속으로 스며들자 조종사들이 자기 기능을 되찾았다. 그들은 여전히 위험한 임무를 마주했지만, 임무 원정을 완수할 수 있었다. 스트레스 증상이 마법처럼 사라졌다.

이 이야기에서 나는 낙관주의와 비관주의가 뇌에 어떻게 영향을 미치는지 이해하기 위해 희망을 다룬다는 생각을 발전시켰다. 그 결과가 바로 희망과 두려움과 스트레스가 삶에서 하는 일을 보여주는 광범위한 연구였다. 희망에 대한 첫 번째 과학적 연구는, 한 해 동안 고등 훈련을 마친 뒤 완전군장을 하고 사막을 가로지르는 빠르고 고된 행군으로 이루어진 기말고사를 마주한 병사들과 관련된 것이었다. 이 40킬로미터 행군은 모든 병사의 능력을 시험해보는 것이었지만, 병사들이 이전에 성공적으로 마친 일이었다. 모든 참가자가 경험이 있고 좋은 상태였으며, 엘리트 전투부대에 들어오겠다고 자원한 의욕 높은 병사들이었다. 그러나 그들은 엄청난 차이를 보였다.

병사들의 수행능력 차이는 그들이 시작하기 전에 행군에 관해 들은 데에서 기인했다!

시험 그룹이 네 조 있었고 각 그룹은 네 소대로 구성되어 있었다. 각 소대에 병사가 10명 있어서 각 시험 그룹에는 병사가 40명 있었고 시험을 받는 전체 병사는 160명이었다. 각 소대에는 실제로 벌어지는 일을 아는 장교도 두 명씩 있었다. 각 시험 그룹에는 행군 거리에 대해 서로 다른 정보가 주어졌다. 이 연구에서는 행군의 어려움에 대한 병사들의 희망과 두려움을 다루었다. 그 목표는, 심리 상태가 신체의 수행능력에 어떤 영향을 미치는지 판단하는 것이었다.

우리가 그들의 마음을 혼란하게 한 방법은 이런 것이었다.

- 한 조의 병사들은 얼마나 멀리 행군할지 듣지 못했다.
- 통제 그룹인 한 조의 병사들은 40킬로미터를 행군할 거라는 얘기를 정확하게 들었다.
- 한 조의 병사들은 실제보다 25퍼센트 짧은 거리인 30킬로미터를 행군할 거라고 들었다.
- 한 조의 병사들은 실제보다 50퍼센트 먼 거리인 60킬로미터를 행군할 거라고 들었다.

그들은 모두 40킬로미터 행군을 하겠지만 시작하면서 아주 다른 기대를 했다!

누가 가장 잘해낼까? 정보가 없는 사람들일까, 정확한 정보를 가지고 있는 사람들일까? 처음에는 힘이 나는 정보를 가지고 시작해서 나중에는 실망하게 되는 사람들일까, 아니면 맥 빠지는 정보를 가지고 시작했다가 나중에 힘이 나게 되는 사람들일까? 나아가 일단 정확한 정보를 갖게 되면 심리적·생리적 상태가 변하게 될까?

우리는 행군에 관한 애초 기대와 대조적으로 행군을 성공적으로 완수한 개인의 수를 기록했고, 행군 내내 그들의 신체적·정신적 상태를 객관적·주관적 방법으로 측정했다.

정보가 영향을 미치는 원리

음식을 먹으며 쉬기 위해 행군을 멈추는 일이 29킬로미터에서 예정되어 있었는데, 이 지점에서 잘못된 정보를 들은 두 그룹이 실제 행군 거리에 대해 정확한 정보를 받기로 되어 있었다. 어떤 정보도 듣지 못한 병사들은 끝날 때까지 정확한 거리에 대해 듣지 못할 것이었다.

그러나 몇몇 병사는 그 정도 거리도 다 걷지 못했다. 60킬로미터를 걷는다고 믿은 병사들의 무려 3분의 1이 10킬로미터 이후 낙오했는데, 이것은 그들이 날마다 아침식사 전에 뛰는 거리였다! 군장 무게 이외에도 그들은 머릿속에서 '60킬로미터'라는 무게 또한 나르고 있었다. 일찍 낙오한 비율이 전체 순위도 무색하게 만들었다.

- 1위는 통제 그룹 병사들이 되었는데, 이들은 자신들이 40킬로미터를 행군한다는 얘기를 정확하게 들었다.
- 2위는 자신들이 30킬로미터만 행군할 거라는 낙관적인 믿음을 가진 그룹에 돌아갔다.
- 3위는 행군이 얼마나 길어질지 알지 못하는 그룹에게 주어졌다.
- 꼴찌는 자신들이 40킬로미터가 아닌 60킬로미터를 행군해야 한다고 비관적으로 생각한 병사들이 되었다. 이는 그들이 실제로 걸어야 하는 거리보다 네 시간 또는 다섯 시간을 녹초가 되도록 더 걸어야 하는 거리였다.

우리는 가장 좋은 정보가 승리한다고 추정할 수 있지만 그것은 사실이 아니다. 중요한 것은 예상되는 도전이 병사들의 실제 능력과 얼마나 가깝게 조화되느냐였다. 그들 모두가 이전에 이 정도 거리를 행군하면서 어려움을 겪은 적이 있다는 사실을 기억하라. 정보를 정확하게 들은 병사들은 이미 알고 있는 성취와 그 정보를 비교할 수 있었다. 그들은 자신들이 성공할 수 있는 능력을 거의 의심하지 않았다. 30킬로미터만 행군할 거라고 생각한 병사들은 사실을 알게 되자 불쾌한 충격을 받았다. 한편으로, 그들은 사실을 알게 되었을 때 이미 행군의 4분의 3을 완수했고, 비슷한 조건에서 이전에 전체 거리를 완전히 행군한 적이 있었다. 다른 한편, 그들 중 일부는 나쁜 소식 때문에 짓밟힌 기분이 들어 행군을 마칠 수 없었다.

정보를 갖지 못한 그룹과 비관적인 정보를 가진 그룹의 병사들은 훨씬 더 최악이었다. 사실상, 상위 두 그룹과 하위 두 그룹 사이에는 커다란 수행능력 차이가 있다. 상투적인 말로 하면, 나중 두 그룹은 스스로 불안하게 만들었다. 정보를 갖지 못한 사람들에게는, '모르는 것'이 대가를 요구하기 시작했다. 그들 중 더욱더 많은 사람이 종착지에 가까워올수록 낙오했다. 오랫동안 걸었지만 남은 거리를 확실히 알 수 없는 사람들은 이 병사들의 정신적 스트레스를 공감할 수 있다. 우리는 목적지가 '다음 산등성이 바로 너머'라고 스스로에게 말하지만, 그곳에 도착하니 그다음 산등성이 너머에 있는 것은 또 다른 산등성이일 뿐이라는 것을 알게 된다. 산등성이가 거듭됨에 따라, 우리는 낙담하고 힘이 빠진다.

'60킬로미터' 팀은 사정이 훨씬 더 나빴다. 그렇게 먼 거리를 행군해야 한다는 심리적 두려움이 이 마지막 그룹을 결딴냈다. 그들은 출발부터 행군을 마칠 수 있을지 걱정에 휩싸였다. 그래서 다른 병사보다 훨씬 먼저 낙오하기 시작했다.

네 그룹의 결과 차이가 아주 컸기 때문에 우리는 실패한 병사들의 기록에 그 결과를 포함시키지 말라고 군부대에 요청했다. 결국 우리가 그들을 형편없는 수행에 내몬 셈이었다. 이것은 본질적으로 생각하기에도 충격적이었다. 허위정보의 단순한 속임수가 세계에서 신체적·심리적으로 가장 건강한 사람들, 즉 전투 훈련 동안 이미 다른 수많은 정신적·신체적 도전을 성공적으로 통과한 병사들 일부의 사기를 꺾어놓은 것이다.

우리는 쉬는 동안 정확한 소식을 전해들을 때의 병사들을 비디오로 상세하게 기록했다. 11킬로미터를 더 가야 하는 사실을 알게 된 병사들 중 여러 명이 눈에 띄게 낙담했다. 몇 분 전까지 기분이 좋았던 여러 병사가 곧바로 임상의들이 우울증과 연관하는 정동둔마[42]를 보였다. 일부는 그 소식을 듣고 문자 그대로 휘청거렸고, 몇 사람은 드러눕기까지 했다. 대부분 이 지점까지 좋은 신체적 상태를 유지했지만, 눈에 띄는 수가 마지막의 상대적으로 짧은 구간에서 낙오했다.

'60킬로미터 사내들'의 반응은 그보다 더 극적으로 차이 날 수 없었다. 그것은 마치 비가 온 뒤 사막에 흩날리는 꽃들을 고속촬영 비디오로 보는 것 같았다. 30킬로미터가 아니라 11킬로미터만 가면 된다는 사실을 알게 되자마자, 병사들은 활기를 띠고 신이 났다. 그들은 자축의 하이파이브를 나눴다. 여기까지 온 이 그룹의 모든 병사가 행군을 끝마칠 수 있었다.

부정적인 정보에서 긍정적인 정보로 이동하는 것의 극적인 영향은 이 연구에서 훌륭하고도 계획하지 않은 편차로 더 잘 입증되었다. 60킬로미터 그룹의 소대 가운데 하나는 한 지점까지 와서 더 갈 수 없다고 큰 소리로 불평했다. 아직 아주 이른 때였다. 이 소대 지휘관이 자기 팀에 말했다. "포기하고 싶은 사람은 한 발짝 앞으로 나와라." 거의 모두가 나왔다. 이 장교는 자기 병사들에게 사실을 말해주기로 했다. "너희는 이 주변에서 미친 듯이 뛰어다니는 심리학자를 봤지? 음, 그 사람이 실험하는 거다. 행군은 40킬로미터뿐이지만, 너희가 알아서는 안 되었던 거다. 이제 계속 가고 싶은 사람은 모두 다시 대열에 합류하기 바란다." 모든 병사가 합류했고, 그들 모두가 행군을 마쳤다. 그들 중 일부는 마지막에 뛰기까지 했다! 좋은 정보를 줌으로써 장교는 궁지에서 벗어났다. 그렇지 않았다면 그는 혼자서 행군했을 것이다.

우리는 이 경험이 각 그룹의 스트레스 호르몬에 어떤 영향을 미쳤는지 알아보기 위해 네 그룹에서 혈액 샘플을 채취했다. 우리 시험은 극적인 차이를 보여주었다. 휴식할 때 (생각하는 것보다 더 긴 거리를 가야 한다는) 나쁜 소식을 들은 병사들 몸에서 코르티솔, 에피네프린, 노르에피네프린 등 스트레스 호르몬이 급증했다. 실제 행군 거리를 알지 못한 병사들에게는 마지막에 그 거리를 추정해보라고 했다. 그들 혈액의 스트레스 호르몬 정도는 실제 거리가 아닌 그들이 생각하는 거리와 일치했다. 스트레스 호르몬은 '60킬로미터 사내들'이 일단 사실을 알자 스트레스 호르몬이 떨어졌는지 우리가 판단할 수 있을 만큼 충분히 빠르게 떨어지지 않았다. 신체적 노력은 행군을 마친 모든 그룹에 마찬가지였기 때문에, 우리는 혈액 샘플을 채취해 스트레스 호르몬 정보가 다양한 것은 신체적 스트레스가 아닌 심리적 스트레스 때문이라는 사실을 결론적으로 알 수 있었다.

우리는 의아스러울 수밖에 없었다. 이 모든 병사가 가혹한 시험을 견뎌낼 만한 능력을 증명한 적이 있었다. 왜 그들 모두가 자신이 이전에 해냈던 40킬로미터를 최소한 행군하지 못했을까? 그들 모두가 목표를 성취할 능력이 있었는데도 왜 해내지 못했을까? 그 답은 바로 우리가 성공할 만한 합당한 기회를 가지지 못하면 뇌는 몸이 그 능력을 쓰기를 원치 않는다는 사실이다. 만약 뇌가 결과를 믿지 못한다면 신체의 힘을 쓸 수 없다. 인간이 하는 최악의 가능한 일은 능력을 모두 쓰고도 실패하는 것이기 때문이다. 만약 해낼 수 있다고 믿지 못한다면, 해내는 데 필요한 능력을 얻을 수 없다. 우리가 믿는 순간, 문이 열리고 에너지의 물결이 밀려들어온다. 희망과 절망 두 가지 모두, 자기 충족적 예언이다.

병사들과 함께한 이 프로젝트는 마음·몸 상호작용의 또 다른 끔찍한 시험에 영감을 주었다. 이번 시험은 찬물 양동이와 관련된 것이었다. 피험자들에게 어는점보다 약간 높을 뿐인 물속으로 팔 하나를 담그라고 했다. 위험하지는 않았지만 대단히 고통스러운 과정이었다. 우리는 이전 실험에서 대부분 사람들이 찬물 속에 4분 동안 팔을 넣을 수 있다는 사실을 알고 있었다. 앞선 실험과 비슷하게 병사들을 몇 그룹으로 나누었다.

- 한 그룹에는 시험관들이 하라고 할 때까지(시간 길이에 대해서는 아무 정보도 주지 않았다) 찬물에 팔을 넣어두라고 했다.
- 한 그룹에는 4분 동안 물속에 팔을 넣어두라고 했고 그들은 시계를 볼 수 있었다(정확한 정보를 주었다).
- 한 그룹에는 2분 동안 물속에 팔을 넣어두라고 했다. 그들이 들었던 2분이 되자 우리는 미안하지만 4분을 잘못 말했다고 했다(처음에는 힘을 북돋우는 정보를 주고, 다음에는 낙담시키는 정보를 주었다).
- 한 그룹에는 시험이 6분 동안 계속될 거라고 했다가 실제로는

4분만 걸릴 거라고 말해주었다(처음에는 낙담시키는 정보를 주고, 다음에는 힘을 북돋우는 정보를 주었다).

2분 뒤 2분 조 사람들과 6분 조 사람들은 정정된 정보를 받았다. 정보를 갖지 않은 사람들은 정확한 시간 길이를 듣지 못했다. 시험 결과는 행군한 병사들의 결과와 아주 흡사했다. 정확한 정보를 들은 사람들이 성공 빈도가 가장 높았다. 처음에 낙관적인 정보를 들은 사람들은 낙담시키는 사실을 알게 된 뒤 더 많이 떨어져나갔지만, 그다음으로 잘해냈다. 아무 정보도 갖지 않은 사람들은 계속되는 불확실성이 부정적 영향을 쌓아갔기 때문에, 3순위로 잘해냈다. 비관적 정보를 들은 사람들은, 일단 정확한 정보를 갖게 되자 더 많이 회복되었지만, 두려움에 압도되었기 때문에 가장 잘하지 못했다.

그러나 우리는 여기서 끝내지 않았다. 다음에는 시계를 가지고 장난쳤다. 피험자들은 시험이 4분이라고 들었지만, 실제 지속 시간은 짧은 경우 3분이거나, 긴 경우 6분이었다. 피험자들이 해낼 수 있을 거라고 생각하면 해냈다. 그때 이래로 다른 연구자들이 배경이 서로 다른 사람들을 다양하게 편성해서 얻은 이 결과를 더 확실히 보여주었다. 그들 모두가, 가장 중요한 성공 요소는 신체적 힘이 아닌 정신적 힘이라는 사실을 보여주었다. 터널 끝에서 빛을 볼 수 있다면, 우리는 어둠만 보는 경우보다 훨씬 더 많은 스트레스를 다룰 수 있다.

희망이라는 치료제

개인의 정신 상태가 미치는 영향은 엄청나다. 희망 자체가 중요한 치료제로 작용한다. 한 의학 연구에서 심리학자가 탈장 수술을 앞둔 환자들에게 완전한 임상적 인터뷰를 했다. 이 인터뷰에는 개인이 희망을 갖는 정도에 대한 평가가 포함되어 있었다. 심리학자는 환자가 병원에서 회복되는 시간이 희망 지수에 기초한다는 사실을 알아냈다. 환자가 희망을 더 많이 품을수록 치료가 더 빠르고 좋았다. 희망과 치료 사이의 긍정적 연관성은 다양한 연구로 뒷받침된다. 예컨대, 미시건대학교에서 마카투르상을 받은 심리학자 바버라 L. 프레드릭슨은 만족과 기쁨이 심혈관계 문제에서 회복을 가속화한다는 사실을 발견했다. 또한 듀크대학교 연구에서는 긍정적 정서를 지닌 심장병 환자들이 부정적 정서를 지닌 환자들보다 장기 생존율이 20퍼센트 더 높다는 사실을 보여주었다.

수녀들의 젊은 시절 자서전에 대한 스노든의 연구 분석은 긍정적 정서와 장수 사이의 강한 연관성을 보여주기도 했다. 글에서 가장 적은 긍정적 정서를 보인 수녀들은 가장 긍정적 정서를 보인 수녀들에 비해 모든 연령에서 사망 위험을 두 배 지녔다. 대체로 젊었을 때 긍정적이었던 수녀들은, 같은 생활 조건에서 살면서 비관적이었던 수녀들에 비해 평균 잡아 거의 7년을 더 살았다.

살날이 몇 주 남은 말기 암환자가 손자가 태어나는 것을 보려고 모든 역경에도 6개월을 더 살다가 손자가 태어나자 곧바로 죽은 이야기를 우리는 들은 적이 있다. 이와 같은 사건은 단순한 일화 이상임이 판명된다. 수십 년 동안 사람들을 수백만 명 참여시킨 몇몇 서로 다른 연구에서, 말기 환자들이 추수감사절, 크리스마스, 설날같이 인생에서 중요한 날들까지 살기 위한 방법을 되풀이해서 찾아낸다는 사실을 알 수 있다. 죽음은 그러한 중요한 사건 직전에 줄어들었다가 그 직후 갑자기 늘어난다.

이러한 '기념일 효과'가 2000년 1월 1일에 기록되었다. 사람들은 '새천년이 시작되는 날'까지 이르렀다가 그 직후 죽었다. 이 효과는 해마다 슈퍼볼 때도 나타난다. 사람들은 큰 게임을 보면서 그 장관을 즐기고 싶어한다! 그들은 마지막 점수를 볼 때까지만 버틴다. 미츠루 시미즈와 브렛 펠햄이라는 연구자들은 사람들이 자기 생일 직전보다는 생일 또는 그 직후 죽는 경향이 있다는 사실을 발견한 반면, 데이비드 필립스라는 연구자는 미국인 남성은 자기 생일 직전에 죽고 미국인 여성은 그 직후에 죽는 경향이 있다고 결론지었다. 필립스는 설명하기를, 성취에 집중하는 남성들은 생일의 '재고 조사'를 두려워하는 것일 수 있고, 사회적 관계에 초점을 맞추는 여성들은 관심을 학수고대하는 것일 수 있다는 것이다.

필립스는 한가위에 중국인에게, 유월절에 유대인에게 미치는 기념일 효과를 알아내기도 했다. 이 연구들은 중요한데, 조사된 사람들이 일반적인 미국인과 뚜렷이 구별되고 또한 이 휴일들이 해마다 달라지기 때문이다. 그 영향은 겨울철에 더 많이 나타나는 심각한 질병처럼 계절적 죽음의 원인과 완전히 다른 것이다(그러한 계절적 영향은 이 연구에서도 감안했지만, 이 연구 결과는 특별히 주목할 만하다). 예컨대 연세 지긋한 중국인 여성은 한가위에 관심을 두어 죽음의 오르내림이 이들에게는 나타나지만 연세 지긋한 중국인 남성이나 젊은 중국인 여성에서는 나타나지 않는다.

연세 지긋한 미국 남북전쟁 참전용사들이 중요한 친목 모임을 만든 직후 터무니없이 많은 수가 죽었고, 그들 중 일부는 고향으로 돌아왔을 때 죽었다는 이야기도 전해온다. 오랫동안 전해온 이 이야기는 과학적으로 아주 정확한 것일 수 있다. 가장 유명한 기념일 효과는 미국 대통령들과 관련된 것이다. 토머스 제퍼슨과 존 애덤스는 미국 독립 선언 50주년인 1826년 7월 4일에 죽었고, 제임스 먼로는 5년 뒤 같은 날에 죽었다. 미합중국 헌법 제정자들이었던 미국 대통령 다섯 명 가운데 셋이 이 나라 역사에서 가장 특별한 이날에 죽었다. 어떻게든 사람들은 자신에게 중요한 의미가 있는 때를 붙잡는다.

살고자 하는 의지가 점점 나빠지는 몸을 최소한 짧은 시간 이끌고 가서 '의식儀式의 결승선', 즉 우리에게 중요한 생의 이벤트를 만들 수 있게 해준다는 견해를 과학이 뒷받침하는 것처럼 보인다. 물론 우리는 아마도 그러한 때 의학적 식이요법에 더 많이 주의를 기울이거나, 오래 살아서 중요한 사건을 볼 수 있기를 역시 바라는 가족과 친구들에게서 더 큰 보살핌을 받으려고 하기도 한다. 그러나 가장 그럴듯한 설명은 바로, 긍정적 느낌이 생명 작용으로 하여금 마지막으로 한 번 회복하도록 돕는다는 것이다. 기념일 효과는 긍정적 태도가 어떤 질병도, 그것이 적당히 심한 것이건 잠재적으로 치명적인 것이건 간에,

대처할 수 있도록 도와준다는 근본적 증거다.

희망은 플라시보 효과를 설명해주기도 하는데, 이것은 단순하게 말하면 거의 어떤 치료라도, 그 치료가 의학적으로 중립적이라 할지라도, 긍정적 효과를 볼 수 있다는 것이다. 우리는 플라시보, 즉 일정한 부류의 환자들에게 주는 불활성 물질이나 가짜 치료제가 실제 약물이나 치료가 정말로 효과가 있는지 판단하기 위한 통제력으로 이용된다는 말을 대개 듣는다. 당연히 플라시보는 아무 효과도 없어야 하지만, 거듭되는 연구는 그것이 효과가 있다는 사실을 보여준다.

플라시보를 쓰는 많은 환자가 치료받지 않은 환자들보다 좋아지고, 때로는 실제 치료를 받는 환자들만큼 좋아진다. 플라시보 효과는 아주 강력하기 때문에, 프로잭과 팍실과 졸로프트 제조사들은 자신들이 만든 약이 우울증을 완화하는 데 플라시보보다 효과가 좋다는 결과를 보여주려고 수많은 실험을 해야 했다. 플라시보 효과는 통증과 열병과 면역반응에서 나타나는데, 이 모든 것이 의식적인 정신 상태에 영향을 받을 수 있다고 알고 있다. 그 '기대 효과'는 도파민과 엔도르핀, 즉 뇌의 쾌감, 보상 화학물질의 방출과 연관이 있는 듯하다.

의사가 신경 써서 투여하는 알약의 크기와 색깔에서 가상 치료의 세련됨에 이르기까지 모든 것이 플라시보 효과를 불러올 수 있다. 환자들이 복잡한 절차를 밟고 값비싼 알약을 받는다고 인지하면, 간단한 치료를 받고 값싼 알약을 받는다고 생각하는 경우보다 더 좋아진다. 사람들은 새롭고 비싼 약물이 반드시 효과가 더 좋다고 믿는다. 그래서 좋아진다.

긍정적 기대와 긍정적 태도의 치료 효과는 아프거나 다친 사람들을 위한 기도의 이점을 설명해줄 수 있다. 많은 연구가 기도와 회복 사이의 긍정적 연관성을 보여주었다. 만약 환자가 기도가(스스로 하건 누군가 대신해주건) 바람직한 결과를 가져올 거라고 믿는다면, 뇌는 몸으로 하여금 치료 과정에 더 많이 투자하라고 지시할 확률이 높다. 역학자[옮긴이]이자 듀크대학교 의과대학 정신의학·행동과학 겸임교수인 제프 레빈은 정신성과 건강과 치료의 연관성 연구를 무수히 검토했다. 종교가 대부분 장려하는 건강한 생활방식과 이러한 공동체들이 종종 제공하는 신체적·정서적 보살핌 너머에서, 레빈은 신앙과 기도가 치료와 회복에 도움이 됨을 보여주는 수많은 연구(그는 잘된 연구 50개를 언급한다) 결과를 찾아냈다. 그것들은 희망과 낙관주의, 즉 면역체계에 대해 스스로 달래는 영향을 미치고 힘든 상황에서 몸의 능력을 회복하는 데 도움을 주는 바로 그런 태도를 만들어낸다.

그것이 반드시 '걱정 말고 행복해지자'인 것은 아니다. 긍정적 견해가 긍정적 결과를 보장하지는 못한다. 통계와 특정한 상황 사이에는 차이가 있다. 연구들은 단지 사람들 가운데 종교적인 사람들이 종교적이지 않은 사람들보다 더 오래 살고 더욱 잘 치료된다는 것을 말할 뿐이다. 아무도 한 특정 개인에게 무슨 일이 일어날지 예언할 수 없다. 예컨대 만약 어떤 질병이 25퍼센트 생존 비율을 가지고 있고 기도가 그것을 20퍼센트 높여준다면, 전체 생존 비율은 30퍼센트로 올라간다. 그러나 환자 100명 가운데 70명은 그 질병에 여전히 굴복한다. 우리는 추가로 어떤 다섯 사람이 생존할지 예언할 수 없다.

우리가 보아온 대로 뇌는 자기 노력이 유용할지에 대한 인지를 토대로 생리학적 에너지를 하사한다. 이러한 지식은 환자들을 어려운 치료 처방 계획으로 이끌고자 하는 의사들에게 쓸모가 있을 수 있다. 예컨대 암 치료를 받는 사람들에게는 흔히 다양한 단계에서 어려운 화학요법이 필요하다. 만약 의사가 환자에게 치료를 열 번 받아야 한다고 말했는데, 환자가 네 번 하고 나서 비참한 기분이 들면 치료를 포기할지도 모른다. 행군하는 병사들처럼, 환자는 스스로 남은 여섯 번을 성공적으로 완수할 거라고 생각할 수 없다. 그러나 만약 의사가 처음부터 치료를 여섯 번 할 것 같다고 말했고 환자가 네 번 치료한 뒤 좋지 않은 기분이 들었다면, 그 환자는 견뎌낼 확률이 아주 높다. 남은 치료 두 번도 아마 불가능하지 않을 것이다. 처음의 여섯 번이 끝난 뒤 의사가 환자에게 결과가 아주 고무적이어서 두 번 더 하면 좋겠다고 말할 수 있다. 여덟 번째 때, 의사는 똑같은 말을 할 수 있다. 결국 환자는 의사가 원하던 치료 열 번에 도달할 것이다.

환자를 속이라는 말이 아니다. 극복할 수 없을 듯한 장애에 직면한 몸이 치유의 힘을 내놓기 꺼려하는 것을 극복하기 위해 인지능력을 기본적 치료 전략의 일부로 고려하라는 것이다. 만약 환자가 특정한 처방 계획을 성공하려고 애쓴다면, 의사는 치료를 더 짧고 견딜 만한 부분으로 쪼개고, 그 결과를 더욱 빨리 평가함으로써 더욱더 좋은 결과를 얻을 수 있다. 환자의 기운을 북돋워준다면, 더 많은 부분을 추가할 수 있다. 이러한 접근 방법은 마음에 성취할 수 있는 목표를 부여하고, 몸이 여러 긍정적 힘을 내놓도록 북돋는다. 이 힘이 환자가 어려운 치료를 견디고 생명을 연장하는 데 도움을 준다.

어떤 상황에서도 문제는 다룰 수 있게 된다. 어떤 사람이 중요한 한 가지 목표를 성취할 개연성이 없다면, 그것을 아주 작은 목표로 쪼개는 것이 가장 좋다. 학교에 문제아가 한 명 있다고 가정해보자. 보통 우리는 그 아이에게 날마다 좋은 행실을 보이면 상을 주려고 한다. 그러나 현재 하루에 열두 번 나쁜 행동을 하는 아이가 무언가 나쁜 일을 하지 않고 여덟이나 아홉 시간을 보낼 개연성은 없다. 그래서 우리는 더 짧은 기간, 말하자면 두 시간을 목표로 해서 시작한다. 아이가 두 시간 동안 어떤 나쁜 행동도 하지 않으면, 그 성공에 보상을 한다. 그리고 나서 점점 이 시간을 늘려 가면 마침내 아이가 버릇없이 굴지 않고 하루를 보낼 수 있다. 일련의 작은 성취가 하나의 중요한 승리로 이어진다.

속수무책은 희망 없음이 아니다

마지막 한 가지 생각은 속수무책helpless과 희망 없음hopeless의 차이와 관련한 것이다. 몇 년 전, 펜실베이니아대학교 마틴 셀리그먼이 우울증이란 속수무책을 학습하는 것, 즉 어떤 사람이 자신의 상황이 변하고 사정이 더 낫게 하는 것이 이제는 가능할 때조차 부정적 상황을 멈추거나 변화시키는 데 너무 자주 실패해서 포기해버리는 상태의 결과라는 이론을 펼쳤다. 상황을 통제하지 못하는 것이 우울증을 불러오고, 우울증이 그 사람으로 하여금 더는 노력하지 않게 만든다. 일찍이 자신의 정식화에서, 셀리그먼은 속수무책과 희망 없음을 구별하지 못했다. 실제적인 대처를 강조하므로 미국 사람들은 대부분 두 가지를 동등한 것으로 보고, 심리학 문헌에서도 두 말은 종종 통용된다. 내 학생 중 한 사람이 박사학위 논문에서 보여주었듯이, 두 말은 같은 것이 아니다.

아동심리학자인 그는 가상적인 스트레스 상황에서 어떻게 할지에 대해 여섯 살에서 열네 살에 이르는 여러 아이를 인터뷰했다. 그는 아이들에게 "네가 친구들, 가족과 함께 여행을 하고 있다고 상상해봐"라고 말했다. "네가 숲 속에 있는데 갑자기 길을 잃은 걸 알게 돼. 어떻게 하겠니?" 아이는 이렇게 말했다. "도와달라고 소리칠 거예요." 그는 이렇게 말했다. "네가 소리쳤는데 아무도 네 소리를 못 들었어." 아이가 말했다. "나무 위로 올라가서 어떻게 빠져나갈지 알아볼 거예요." 그가 말했다. "나무 위에 올라가도 길을 찾아낼 수 없어." 그가 인터뷰한 아이들은 무엇을 할지에 대해 아이디어를 생각해내는 데 놀라운 능력을 보였지만, 그는 이어지는 아이디어가 모두 부족했다고 말했다. 마침내 아이들은 더는 아무것도 할 수 없다는 사실을 깨달았다. 아이들이 속수무책이 된 것이다.

여기서 그 심리학자는 대단한 차이를 보았다. 어떤 아이들은 걱정하고 두려워하기 시작했다. 심리학자는 그 아이들의 손을 가만히 잡고 가상의 숲에서 나오게 해서 마음을 안정시켰다. 다른 아이들은 어뗳게 해볼 도리가 없자 "좋아요, 그럼 엄마, 아빠가 날 찾을 때까지 기다리면 되죠 뭐. 엄마, 아빠가 할 일이지 내 일은 아니에요"라고 말했다. 이 아이들은 속수무책이지만 희망이 있었다. 그들은 영원히 길을 잃었다고 걱정하거나 겁내지 않았다. 희망이 주는 이점 가운데 하나는 우리가 우리 자신의 문제를 전부 해결해야 한다는 것을 함축하지 않는다는 사실이다. 도움은 가족이나 친구, 당국, 착한 사마리아인, 신, 그 어떤 외부 존재에게서도 올 수 있다.

이 연구에서는 아이가 나이가 많을수록 인터뷰 막바지를 향해가면서 더욱더 걱정을 많이 했다. 서구 문화는 자기 삶을 실제로 통제하는 일의 중요성에 대해 아이들을 세뇌한다. 사람들이 개인적 책임감을 발전시키고 자기 문제를 지배하는 것은 좋지만, 실제로는 인생에서 일어나는 많은 것이 우리 통제 밖에 있다. 정서적 대처와 대조되는 실제적 대처에 지나치게 기울어진 서구 문화가 치러야 할 대가 중 한 가지는 우리가 스스로 문제를 해결하지 못하면 정신적으로 갈팡질팡한다는 점이다.

셀리그먼은 결국 속수무책인 상황에 빠졌을 때 희망을 잃게 된 수많은 사람을 설명하는 이론을 변화시켰다. 이 장의 주제로 되돌아와 본다면, 비관적인 사람들은 희망 없음에 잘 빠지는 반면 낙관적인 사람들은 그렇지 않았다.

스트레스에 관한 이야기는 변화와 스트레스가 일종의 일괄거래제품이라는 것, 즉 변화는 이로울 수 있지만 위험하기도 하다는 사실을 보여준다. 짧은 기간에 일어나는 너무 많은 변화는 스트레스를 줄 수 있다. 우리는 그것을 다룰 수 없다. 스트레스 호르몬이 뇌에 신체적 손상을 가할 뿐만 아니라, 스트레스를 받는 뇌가 더 높은 뇌 기능을 건너뛰어 원시적인 뇌가 생존에 가장 좋다고 여기는 해결책이면 무엇이든 만족한다. 일과 일상생활에서 이러한 사고의 경직성은 애초에 스트레스를 가져온 상황이 지속되는 것을 거의 확실하게 보장해준다. 나선형 순환이 아래로 향한다. 만약 스트레스를 완전히 피한다면, 일상이 주는 위안으로 되돌아오는데, 여기에 또한 인지적 경직성과 쇠퇴라는 유사하게 불리한 면이 있다.

변화의 자극이라는 면에서는, 우리는 생활 속에서 스트레스가 필요하다. 우리는 희망과 낙관주의, 문제 해결 그리고 그 스트레스의 많은 부분을 극복하거나 완화하기 위해 정서적 지원을 이용할 수 있다. 적어도 우리에게 변화의 자극을 받아들이도록 충분히 북돋울 수 있다. 그러나 어느 정도의 스트레스는 늘 우리와 함께한다. 문제는 얼마나 많은가, 어떤 대가를 치르는가, 이점이 무엇인가 등이다.

스트레스 연구의 개척자 젤리에는 모든 사람에게 초가 두 개 있는 사진들을 보여주기를 좋아했다. 첫째 사진에서는 초의 높이와 두께가 같다. 어느 쪽에도 불을 켜지 않았다. 초 두 개는 잠재력도 같았다. 둘째 사진에서는 초 하나를 방의 먼 구석에 처박아두어 불붙은 심지에서 나오는 빛이 거의 보이지 않는 반면, 다른 것은 창가에 둠으로써 공기가 많이 공급되어 불꽃이 밝고 촛농이 아래로 흐른다. 셋째 사진에서는, 실제 초는 다 타서 소진된 반면, 구석에 있는 초는 아직도 천천히 타서 반만 없어진 상태다.

우리는 긴장감 있고 흥미로우며 약간 위험한 삶을 살 수 있다. 그 삶은 스트레스의 부정적 효과 때문에 약간 더 짧을 수 있다. 아니면 평화롭고 길며 지루한 삶을 살 수 있다. 한쪽에서는 변화와 스트레스를, 다른 한쪽에서는 정체와 평화를 균형 잡는 것이 중요한 선택으로 제시된다. 우리는 모두 변화에 표를 던질 것을 고려해야 한다. 스트레스로 주어지는 대가는 향상된 삶의 질로 상쇄하고도 남는다. 변화는 우리가 인지적으로 더욱 건강해지는 데 도움을 주고, 일상에 맛을 더해준다.

MAXIMUM BRAINPOWER

- 뇌는 성공이 가능하다고 믿지 못하면 몸이 에너지를 쓰도록 허용하지 않는다. 가장 나쁜 일은 모든 능력을 쓰고도 실패하는 것이기 때문이다.

- 희망 자체가 중요한 치료제다. 질병에서 회복되는 것, 환자의 희망적 태도, 긍정적 사고의 정도 사이에는 연관성이 강하다. 희망은 플라시보 효과를 설명해주기도 하는데, 이는 사람들이 의학적 가치가 없는 치료를 받아 좋아질 때 나타난다.

- 의사는 치료를 계획할 때 긍정적 사고가 하는 일을 고려해야 한다. 뇌는 길고 심리적으로 벅찬 치료법 한 가지보다는 일련의 짧고 '성취할 수 있는' 부분으로 몸이 지닌 치료의 힘을 내놓을 확률이 더 높다.

- 일반적으로, 하나의 중요한 목표를 성취할 수 없다면, 그 목표를 아주 작은 여러 개의 목표로 쪼개는 것이 가장 좋다.

- 속수무책은 희망 없음과 같지 않다. 우리는 희망을 유지함으로써 속수무책인 상황이 나아질 때까지 견딜 수 있다.

Part
04

생각을
확장하는 법

MAXIMUM
BRAINPOWER

| CHAPTER 13 |

가치 있는 대상에 도전하라

75세인 프레드는 지난 몇 년 동안 기력이 많이 쇠해졌다. 잦은 외출을 꺼려할 만큼 균형에 문제가 생겼다. 평생 활동적이었던 그가 이제는 마당에서 퍼터를 치는 일이 적어졌고, 좋아하는 취미인 목공도 마음껏 하지 못했다. 그의 아내 제인은 73세다. 그녀는 최근의 일과 행동을 기억하는 데 문제가 있고 고지서를 챙겨 요금을 내는 데 조심성이 없어졌다. 평생 흠잡을 데 없는 주부였던 그녀가 먼지와 잡동사니에 주목하지 않고 때로는 음식이 상하고 나서야 냉장고를 청소했다. 프레드와 제인의 주치의가 두 사람을 인지훈련 프로그램에 등록시켰다. 8주 만에 이들은 급속히 좋아졌다. 뇌 능력이 향상됨에 따라 신체건강이 좋아졌고, 자신들의 삶을 되찾기 시작했다.

우리 삶이, 조상의 삶처럼 고역인 데다 야만적이고 짧다면, 우리에게 필요한 가장 기본적인 생존 기술을 얻기 위해 삶 자체가 뇌를 지나칠 정도로 날카롭게 유지할 것이다. 일찍이 잘 학습하고자 하지만 중간에 그만두는 경향은 우리가 번성하지는 않는다 하더라도 견뎌내면서 살아 있게 만든다. 그러나 선진국의 현대 생활은 적어도 우리 조상이 겪은 것에 비해 그리고 전 세계 수많은 빈곤한 사람이 여전히 경험하는 것에 비해 길면서도 다소 특별한 사건이 없는 경향이 있다. 프레드와 제인은 삶이 건강을 유지해줄 만큼 충분히 마음에 도전 의식을 불러일으키지 않는다는 사실을 어렵게 깨달았다.

뇌를 잘 관리하기 위해 특별한 일을 하는 것의 중요성을 말할 때 종종 청중이 이의를 제기한다. 그들은 "잠에서 깨어나는 순간부터 잠자리에 들 때까지 우리 뇌는 복잡한 자극을 처리해야만 합니다"라고 주장한다. "우리는 많은 행동을 계획하고, 그것 가운데 몇몇은 꽤 복잡하지요. 많은 문제를 해결하고 사람들과 관계를 맺고 온갖 일을 수행합니다. 하루가 끝날 때 정신적 탈진이 우리가 뇌를 훈련했다는 충분한 증거가 아닌가요?"

이러한 논법은 이상하게도 친숙하게 들리는데, 신체 운동의 필요성에 반대하는 최근 주장과 꼭 닮아 있기 때문이다. 얼마 전 사람들은 "글쎄요. 나는 엘리베이터와 차에도 뛰어올라 타는데요"라고 말하곤 했는데, 이것은 그렇게 보잘것없는 움직임만으로 자기 건강을 유지할 만큼 충분한 열량을 소모할 수 있다는 뜻이다. 일상적인 일에 필요한 신체적 소모로는 결코 충분치 않다는 것을 사회적으로 깨닫는 데는 여러 해가 걸렸다. 전통적인 생활방식을 지키는 사람들 또는 부모와 조부모의 활동과 피상적으로 비교해보아도 신체적으로 전혀 충분히 활동하지 않는다는 사실을 알 수 있다. 수렵-채취생활을 한 조상들과는 대조적으로, 우리는 육체적 안락을 주는 것들이 있으므로 실제로 움직이지 않는다.

고맙게도 우리 중 많은 이들이 이렇게 말하기 시작했다. "계단으로 갑시다. 산책하러 갑시다." 사람들이, 특히 나이가 들어가면서 흡연이나 과도한 음주 같은 건강하지 못한 습관을 그만두어야 한다는 것을 이해하기 시작했다. 그들은 심혈관계의 건강과 근력, 골밀도를 유지하려면 특별한 신체 운동 시간이 필요하다는 것을 안다.

그러나 우리는 계속해서 "우리 정신생활의 대부분이 판에 박혔기 때문에, 우리는 더 해야 해"라고 말하는 대신, "음, 내 생활은 인지적으로 도전적이야"라고 말한다. 하루가 끝날 때 종종 느끼는 정신적 탈진은 정신적으로 무거운 것을 들어 올리는 운동 때문이라기보다는 지루함이나 스트레스, 즉 심적인 불만과 관련되어 있다. 무리한 스케줄과 바쁜 생활 때문에 우리 대부분이 가장 하기 싫어하는 일이 바로 정신을 자극하도록 특별히 고안된 규칙적인 프로그램을 추가하는 것이다. 그러나 또 한편으로 우리는 체육관을 피하는 데도 익숙하다.

문제를 해결하는 두 가지 방법

인지적 치료법이 필요한 주된 이유는 우리 뇌가 좀더 쉬운 사고 방법을 선호하기 때문이다. 하나의 문제에 직면할 때마다, 우리는 새로운 해결법을 찾기 위해 그것을 분석할 수도 있고 과거의 유사한 경험을 참고해 오래된 해결책을 떠올릴 수도 있다. 첫째 것은 노력이 필요하고 시간이 들지만, 새로운 통찰에 이를 수도 있다. 둘째 것은 빠르고 쉬우며 사실상 자동적이다. 그러나 경험에 의존하는 편리함은 과거의 경험과 현재의 문제 사이의 중요한 차이를 놓치게 만들 수도 있다. 그 결과, 오래되고 친숙한 해결책은 부적합할 수도 있다. 더 비판적으로 보면, 과거 경험에 의존하는 것은 오늘에 충분한 인지적 자극을 주지 못한다.

이 두 가지 사고 방법의 차이는 컴퓨터 체스 프로그램 설계 두 개로 분명히 보여줄 수 있다. 첫째 프로그램은 챔피언의 수를 분석해 열린 세로줄과 제7열의 루크[43]나 체스판 중앙의 통제와 같은 위치상 유리한 것에 차이 나는 중요성을 부여한다. 이 프로그램은 사람이 다음 수를 두기 전에 게임의 모든 요소를 심사숙고해 평가하는 방법을 모방한다. 둘째 프로그램은 중요한 체스 경기, 승리와 패배나 무승부로 끝난 수를 모아놓는 것 이상이 아니다. 통계적 계산에 기초한 이 프로그램은 최선의 승리 가능성을 제공하는 수를 맹목적으로 좇는다. 이것은 각각의 말에 허용되어 있는 수 이상으로 체스에 대해 이해할 필요가 없다. 데이터를 충분히 축적한다면, 둘째 프로그램은 첫째 프로그램보다 더 자주 승리를 얻을지도 모른다. 또한 둘째 프로그램의 전략을 모방해 이미 알려진 승리의 수라는 유사한 마음가짐을 갖춘 사람 역시 상대방보다 더 잘해낼지도 모른다. 그러나 그 사람은 대부분 도전적이고 흥미로운 게임을 할 때의 인지적 이점을 실제로 전혀 얻지 못할 것이다. 노력하지 않는 사람은 곧장 인지적으로 쇠퇴하게 된다.

이 예는 분석과 경험 모두에 대한 찬반양론을 강화한다. 의심할 바 없이, 많은 선수가 전자보다는 후자의 원리로 직관적으로 배우지만, 후자에는 어떤 생각이나 노력도 실제로 필요하지 않기도 하다. 사례 학습은 논리로 쉽게 분석될 수 없는 판단을 하는 데 도움을 줄 때는 좋지만, 아무 생각 없는 판에 박힌 일상이 되어버릴 때는 나쁘다.

뇌가 노력하는 방식보다 자동 방식을 훨씬 더 선호한다는 점 때문에 우리는 곧바로 일상적인 것을 발전시키는 경향을 스스로 부추긴다. 몇 번 반복한 뒤에는 어떤 행위도 습관적으로 하기 시작한다. 아주 복잡한 지적 훈련조차 금세 반복적으로 된다. 도전이 줄어든다. 이러한 이유로 일상생활의 경험이 뇌의 건강을 보장해주지 못하는 것은 주로 앉아서 하는 생활양식이 신체 건강을 보장해주지 못하는 것과 마찬가지다.

우리의 명제는 경험을 선호하는 주장과 대부분 어긋난다. 예컨대 《지혜의 역설》에서, 신경과학자 엘코논 골드버그는 한 노인이 평생 모아놓은 경험의 가치를 변론한다. 골드버그는 표준 좌우 뇌구조 도식에 대한 흥미로운 변화 이론을 전개했다. 그의 주장은, 오른쪽 반구가 창조적·비언어적·음악적인 면이고 왼쪽 반구가 논리적·언어적인 면이 아니라, 오른쪽 면이 새로운 것을 다루고 왼쪽 면이 친숙한 것을 다룬다는 것이다. 예컨대 이것은 끊임없이 변화하는 사회적 상호작용이 왜 보통 오른쪽 면에서 다루어지고, 우리가 먼저 숙달하게 되는 기술 중 하나인 언어가 왜 보통 왼쪽 면에서 발견되는지를 설명해준다. 언어는 왼쪽의 '압축된 지식의 저장소'의 일부가 된다.

골드버그는 나이가 들면서 성장하는 경험이 점점 덜 새로워지는 과정으로 이어진다고 말했다. 진짜로 새로운 것을 거의 보지 못하는 것이다. 그 결과 우리는 뇌가 하는 일의 대부분이 오른쪽에서 왼쪽으로 이동하는 '반구의 이동'을 겪는다. 우리는 유형화된 인식을 통해 왼쪽 면에 저장된 기억에 접근함으로써 인지적 자동조종장치를 작동한다. 저장된 경험이 한 무더기 '지혜의 본보기'가 되어 '끝없이 계속되는 정신의 계산'과 긴장감 있게 젊음의 문제를 해결하는 것을 성숙함이 주는 '즉각적이고도 부당하리만큼 쉬운 통찰력'으로 대체할 수 있게 해준다.

골드버그의 주장은 한 가지 요점에 주목하게 한다. 뇌의 오른쪽 면에서 왼쪽 면으로 인지적 통제가 광범하게 이동한다는 그의 생각은 더 많은 연구가 필요하지만, 그 이동은 경험에 더욱더 의존하는 사람들에게 예상되는 것에 대응한다. 골드버그는 정신에 지속적으로 자극을 주는 것의 중요성을 강조하면서도 여전히 이 정신적 무게 중심의 점차적 이동과 '지혜의 본보기'에 의존하는 것이 좋은 것, 즉 성숙함에 필요불가결한 것이라고 생각하는 듯하다. 그러나 인지적 쇠퇴라는 깊은 구렁에 빠질 위험에 놓인 전문가들과 마찬가지로, 지나치게 경험이 많은 노인들 또한 그러한 위험에 놓인다. 우리가 노인들한테서 보는 인지적 쇠퇴는 적어도 부분적으로는 경험에 지나치게 많이 의존한 결과다. 젊었을 때처럼 잘하지는 못한다 할지라도, '끝없이 계속되는 정신의 계산'이 바로 우리를 인지적으로 건강하게 유지해준다. 경험 많은 성인에게 새로움, 즉 학습을 의도적으로 도입하지 않는다면, 그들은 어떤 새로운 것도 찾을 이유가 없고, 뇌는 위축되기 시작한다.

기술은 뇌를 자극하는 데 무용하다

많은 연구에서 인지적 문제와 사람들이 텔레비전을 보는 데 쓰는 시간 수 사이의 연관성을 알아냈다. 예컨대 텔레비전이나 비디오 영화를 보는 하루 최대 권장량인 두 시간을 넘기는 아이들은 다른 아이들보다 주의와 태도 문제가 1.5에서 2배 높을 개연성이 있다. 이 충격적 통계의 근거는 대개 '바보상자'에서 보여주는 '진부함'이다. 케이블방송과 공중파방송의 수백 개 텔레비전 채널을 수많은 사람이 볼 수 있다. 보여주는 것 가운데 아주 많은 것이 언제 어느 순간에 틀어보아도 그저 그렇거나 좋지 않다. 그러나 서점에 있는 대다수 책이 꼭 위대한 문학작품인 것 또한 아니다. 인지적 쇠퇴의 면에서건 개선의 면에서건, (좋은 것이건 나쁜 것이건) 책과 (좋은 것이건 나쁜 것이건) 텔레비전 쇼나 영화의 차이를 만드는 것은 뇌가 각각을 이해하려면 해야 하는 일의 양이다.

A. S. 마울루치Maulucci가 이러한 말로, 즉 "보티첼리가 받았을 영감/당신과 같은 아름다움에, 당신의 빛을 발하는/얼굴에, 당신의 푸른 눈 속의 여명의 눈길에,/강물처럼 흐르는 당신의 목 엉덩이 허벅지에"라는 말로 연시를 한 편 시작할 때 우리는 그 여인이나 여인의 아름다움

을 보지 못한다. 우리는 흰 종이 위에 있는 검은 표시들을 본다. 우리는 그 표시들이 말을 구성하는 글자라고 인식하고서, 의미를 이해하려면 그 말들을 해독해야 한다. 이때 우리는 보티첼리 그림에 있는 여인들이 어떻게 보이는지 기억을 되살려야 한다. 그래서 어떤 정서적이거나 정신적인 상태가 '푸른 눈 속의 여명'을 구성해내고 어떻게 여인의 엉덩이와 허벅지가 강물처럼 흘러갈 수 있는지 골똘히 생각해야 한다. 짧은 시구를 단 몇 줄 읽는 것만 해도 기억을 분류하고, 상상력으로 하여금 감칠나게 하는 형상의 이미지를 떠올리게끔 자극하는 것이 필요하다. 어떤 사람은 잃어버린 사랑을 기억해낼 수도 있다. 또 다른 사람은 지나가면서 언뜻 본 미인에 기초해 환상을 불러일으킬 수도 있다. 또 어떤 사람은 대단할 것 없는 매력을 지닌 친구를 생각할지도 모른다.

독서 체험은 작가에 따라 다양하다. 어니스트 헤밍웨이가 행위를 아주 명확하게 묘사하면서 지각을 인도했기에 우리는 그것에 대한 일정한 사고법으로 빨려 들어가게 된다. 그의 접근 방법은 정서 자체를 기술하는 것이 아니라 그 정서로 이끄는 '사건들의 정확한 순서'를 기술하는 것이다. 그가 (사람들이 대부분 생각하는 것만큼 단순하지는 않다 하더라도) 단순한 말과 문장구조를 사용했으므로 우리 마음이 글보다는 상황 자체에 참여하게 된다. 반면에 윌리엄 포크너와 제임스 조이스는 다른 방법으로 우리를 끌어들이려고 복잡한 문체와 구조와 어휘를 사용한다. 우리는 그들 문장의 리듬과 어휘 선택의 복잡함에 빠져들게 된다. 이 작가들의 글을 읽으면 내면에서 들려오는 소리의 교향악에 빠져들기 쉽다. 우리 정신의 많은 에너지가 그들이 실제로 말하는 것과 말하는 방법을 이해하는 데 몰두한다. 괄호 안의 괄호 안의 괄호가 있어서 안에 숨겨놓은 진술을 놓치지 않도록 정신을 바짝 차리고 있어야 한다.

책을 읽는 데 필요한 상당한 인지적 노력과 텔레비전에 필요한 것을 비교해보라. 눈 속에서 여명이 붉게 밝아오는 한 여인을 상상하기보다 텔레비전을 켜면 푸른 눈이 아름다운 여인이 우리 앞에 나타난다. 어떤 어셈블리[44]도 필요하지 않다. 마음이 창조하기보다 반응한다. 인지적 노력은 제로에 가깝다.

광고방송이 만들어내는 '장면 전환 효과'도 있다. 우리는 어떤 이야기에 빠지게 되지만 10분 정도마다 광고가 끼어든다. 뇌는 아주 영리해서 이러한 중단을 예상하므로 얕은 수준에서 채널들을 설렁설렁 섭렵한다. 텔레비전을 많이 보는 아이들은 (주당 한 시간 시청으로 10퍼센트씩) 주의 지속 시간이 더 짧아진다. 우리는 이러한 아이들과 다른 텔레비전 시청자들이 이야기에 너무 몰입하지 않도록 훈련한다. 그러나 이 문제는 대부분 텔레비전 편성 구조의 결과물이다. 이것은 미디어 자체의 문제가 아니다. 주된 문제를 일으키는 것은 프로그램이나 광고방송에 따른 중단 자체가 아니라 텔레비전의 수동적 본성이다.

물론 시각 미디어는 생각을 훈련할 수 있다. 〈매트릭스〉나 〈인셉션〉 같은 영화는 실제에 대한 우리 가정에 도전함으로써 사고를 자극하는 시각적 효과를 이용한다. 또한 3차원 디지털 영상은 화학, 천문학, 공학 같은 복잡한 과목의 학습을 근본적으로 향상할 수 있다. 그것들은 수학과 화학 공식이 가져온 물리적 결과를 볼 수 있게 해준다. 세포의 실제 내부 구조와 변화 과정을 보여주는 애니메이션 〈세포의 내면생활〉[45]은 시각예술이, 그렇지 않으면 가늠할 수 없는 세계로 어떻게 우리를 데려가는지 보여주는 좋은 예다.

그러나 시각적으로 보여주는 정보는 대부분 읽기라는 더 어려운 과정에 비해 인지적으로 값싼 대체물이다. 이메일이 편지 쓰기라는 더 힘든 작업과 개인적 만남이 주는 자극을 대체했고, 휴대전화 문자와 트위터는 더 단순한 형태의 이메일이 되었다. 전자기기가 주는 이 간략함은 과거에 우리 일과와 여가시간을 대부분 구성했던, 정신적으로 더욱 도전적인 상호작용으로부터 우리를 절연시킨다. 그 모든 장점에도 새로운 기술은 우리의 전반적인 인지적 노력을 감소시킨다. 예컨대 GPS는 생산품을 개발하는 소수 엔지니어를 자극하는 반면, 직접 길을 찾기보다는 '조지아'[46]를 따라가는 것이 더 쉽기 때문에 공간 의식을 잃게 만든다. 원자력과 상업비행 같은 위태로운 산업에서는 인간이 점점 더 자동화되는 시스템을 감독하기 위한 정신적 조심성과 명민함이라는 문제와 씨름한다. 모든 기술적 진보는 우리 스스로 하곤 했던 또 한 가지 인지적 작업을 단순화한다. 우리가 잃는 것이 점점 더 늘어난다.

뇌 세포를 늘리는 확실하고 간단한 방법

만약 뇌에 도전하기에 인생이 충분히 길지 않다면 무엇을 해야 할까? 체육관에서 시작해보자. 6장에서 언급한 바와 같이 신체적 노력은 뇌로 피가 더 많이 흐르게 함으로써 그 기능을 향상한다. 그런데 그것은 뇌가 운동에서 얻는 유일한 혜택이 아니다. 그것은 곧장 새로운 뇌 세포의 산출로 이어지기도 한다! 운동과 세포 재생의 연관성은 실험용 쥐에서 처음 발견되었다. 운동하는 바퀴에서 더 많은 시간을 보낸 설치류는 그들보다 게으른 설치류보다 미로와 다른 시험에서 더 잘해냈다. 더 깊이 파고들자 과학자들은 운동이 해마와 뇌의 다른 부분에서 세포를 두 배 또는 세 배 더 새로 태어나게 한다는 사실을 알아냈다. 운동하는 동물들은 뇌졸중으로부터 손상을 적게 받고, 더 빨리 회복된다는 사실 또한 알게 되었다.

이전에는 인지에 대한 운동의 긍정적 효과를 확인해준 아서 크레이머와 그의 동료 연구자들이 그 뒤에는 운동이 어떻게 실제로 뇌를 변화시키는지 실증했다. 한 가지 시험에서 이들은 신체적으로 건강한 사람들의 인지기능과 건강하지 못한 사람들의 인지기능을 비교했다. 또 한 가지 실험에서는 6개월 동안 에어로빅 운동을 한 사람들의 인지기능과 같은 기간에 스트레칭과 미용체조만 한 사람들의 인지기능을 비교했다. 이 인지 시험에서, 피험자들은 '수반 자극'[47]이라고 알려진 문제에서, 집중을 방해하는 다른 물건들 사이에서 한 가지 물건을 골라야 했다. 〉〉〉〉〉와 〉〉〈〉〉 같은 기호들이 스크린을 획 지나갔다. 왼쪽 또는 피험자는 오른쪽에 있는 버튼을 눌러 중앙의 화살이 어느 쪽을 가리키고 있었는지 알렸다. 반응 속도와 정확성이 피험자가 집중을 방해하는 기호들을 얼마나 잘 무시하는지를 보여주었다.

신체적으로 건강한 성인들은 서로 맞지 않는 수반 자극 신호를 더 잘 다루었다. 신체적으로 덜 건강한 사람들은 일치하지 않는 신호를 다루는 데 어려움을 더 많이 겪었다. 에어로빅 운동을 시작한 그룹은 의미 있는 인지적 향상을 보였지만, '스트레칭과 미용체조' 그룹은 주로 앉아서 일하는 그룹을 넘어서는 향상을 보여주지 않았다. 뇌의 신체적 변화는 인지적 결과와 일치했다. 에어로빅을 하는 사람들은 주의 관련 부위가 성장했다. 신체적으로 건강한 사람들은 뇌의 이 부분이 이미 더 커져 있었다. 미용체조를 하는 사람들과 주로 앉아서 일하는 그룹은 뇌가 거의 성장하지 않았거나 전혀 성장하지 않았다. 여기서 얻는 교훈은 운동이 일상적으로 근육을 성장시키는 방식으로 뇌를 성장시킨다는 사실이다. 실험용 동물들에 관한 연구에서 뇌의 용량이 커지는 것은 더 많은 혈관의 성장, 뇌 세포들 사이의 연관성 증가, 새로운 신경세포의 발달, 존재하는 신경세포의 더 긴 수명, 신경전달물질 체계의 더 큰 효율성 등에서 온다. 크레이머 등은 단기간의 운동 프로그램조차 최소한 뇌 용량에서 나이와 관련된 손실을 복원해줄 수 있다고 결론지었다.

덧붙이면, 쥐 연구에서는 방사선이 운동을 유도하는 연결부의 통합(학습)을 방해하지만, 지속적인 운동이 이 부정적 결과를 줄이거나 종종 역전하기조차 한다는 것을 보여주었다. 방사선 치료는 소아 뇌종

양에 흔히 쓰이는데, 인지적 결손이라는 결과가 때때로 나타난다. 이 것은 운동 프로그램이 인지적 관심을 가진 사람들뿐만 아니라 뇌와 관련해 방사선 치료 또는 다른 어떤 정신적 외상을 받은 사람들에게 도 특히 이로울 수 있다는 점을 시사한다. 랜스 암스트롱이 뇌에까지 전이된 고환암에서 놀랄 만큼 회복된 것은 엄청나게 힘든 수개월 간 의 자전거 운동 덕분이기도 했다. 그가 투르 드 프랑스에서 여러 번 계속해서 우승하고 건강을 유지한 것은 심장과 폐의 훈련 이상으로 운동의 이점을 증명하는 것일 수 있다.

향상된 혈류가 뇌 기능을 신장하는 이유는 분명하지만, 운동 자체 가 신경세포의 산출로 이어지는 이유는 오히려 미스터리다. 움직이는 동물만이 뇌가 필요하다는 한 작가의 가정을 받아들인다면, 우리는 신체 발달과 정신 발달 사이의 상호연관성을 눈치채는 것으로 시작할 수 있다. 뇌는 몸 전체에서 2퍼센트밖에 차지하지 않지만, 몸에서 증 식하지 않는 포도당의 20퍼센트와 몸에 있는 산소의 25퍼센트를 사 용한다(이 강렬한 에너지 사용 때문에 아주 추운 상태에서 저체온증에 걸리 지 않으려면 모자를 써야 한다).

가장 작은 들쥐에서 인간에 이르기까지 어떤 유기체에서도 뇌와 그 능력을 자극에 적응하도록 하면 이 막대한 대가들을 정당화하기 위 한 많은 이점을 반드시 얻게 된다. 먹을 것과 짝을 얻기 위한 전략을 발전시킬 수 있는 것이 아마도 한 가지 중요한 이점이다. 이것은 많은 동물이 일상으로 하는 일인데, 먼 거리를 여행함으로써 더 많은 먹거 리, 더 안전한 번식 장소, 더 적은 경쟁자와 포식자 같은 이점을 반드시 얻는다. 신체적으로 훈련할 때 성장하는 뇌는 이주를 포함하는 어떤 여행에서도 생존할 개연성을 반드시 높여준다.

성인 뇌에 있는 신경세포 줄기 발견자 중 한 사람인 프레더릭 게이지는 운동이 신경세포에 미치는 효과를 '예기적 세포 증식'이라고 했다. 즉 우리는 새로운 환경에 대비하는 새로운 뇌 세포를 만드는 것이다. 나무가 줄지어 선 거리를 따라서 혹은 헬스클럽이라는 피난처의 러닝머신 위에서 조깅하면서 오늘 신체적 스트레스를 겪는 것이 사냥감을 쫓아서 죽이거나 먼 수평선을 탐험하기 위해 준비할 때와 마찬가지로 생물학적 반응을 촉발할 수 있다.

두뇌 훈련 프로그램의 효과

현대생활에 포함되어 있는 다양성과 도전에는 한계가 있고, 우리는 대부분 시간이나 금전 면에서 이러한 다양함을 성취하는 데 한계가 있기 때문에 신체적 훈련에서도 그러한 것처럼 인지 훈련에서도 특정한 투자를 하는 것이 이해되는 일이다. 난문제, 십자말풀이퍼즐, 스도쿠[48], 수학과 단어 퍼즐 그리고 뇌에 도움이 되는 이런 종류의 다른 것들에 관한 한, 사람들은 대부분 자신이 수확체감에 이르게 되는 속도를 이해하지 못한다. 뇌의 적응성은 단어나 수학 게임과 심리퍼즐의 기본 논리와 유형을 재빨리 이해할 수 있게 해준다. 연결부를 확장하고 통합함으로써 뇌가 어떻게 도전에 최초로 반응하는지에 관한 머제니크의 연구를 다시 생각해보라. 만약 우리가 물건들을 A에서 B, C,

D, E로 보내서 언제나 F에서 끝낸다면 뇌는 결국 A에서 F로 곧바로 가고, 다른 불필요한 연결부를 잘라낼 것이다. 게다가 게임을 하면서 발달시키는 기능은 우리의 전반적 인지능력을 향상할 수 있는 충분히 다양한 방법에 관한 과제를 우리에게 부여하지 않는다.

나는 최근 비행기 여행에서 책을 다 읽은 뒤 무언가 시간 보낼 거리를 찾고 있었다. 나는 기내 잡지에서 십자말풀이퍼즐을 찾아내고는 기뻤다. 하지만 그것이 내게는 너무나 어렵다는 것을 알게 되었는데, 내가 보지 않은 텔레비전 쇼에 관한 문제로 가득 차 있었기 때문이다. 나는 금세 흥미를 잃었다. 다른 경우라면, 그것과 달리 쉬운 십자말풀이퍼즐이 내 흥미를 붙잡지 못했을 것이다. 십자말풀이의 최적 도전 수준은 퍼즐이 첫 번째 단계에서 적어도 몇몇 단어는 아주 쉽지만 모든 답을 얻기는 너무 어려울 경우다. 우리는 일부가 풀린 퍼즐과 단서로 제공하는 몇몇 새로운 글자를 가지고 되돌아가서 처음에는 몰랐던 다른 단어들을 채워 넣는다. 더 많은 단어를 풂에 따라 더 많은 단서를 얻는다. 단계를 올라가면서 퍼즐을 완성한다. 그러나 스도쿠라는 십자말풀이나 다른 유사한 게임에서, 그 퍼즐의 난이도가 온당한 수준인지는 운의 문제다.

컴퓨터는 인지 훈련이라는 면에서 중요한 장점이 있는 것으로 나타난다. 아주 아주 멍청하지만 아주 아주 빠른 장치인 컴퓨터가 훨씬 더 영리한 인간의 뇌가 건강을 유지하도록 도와주는 정신운동 프로그램을 만들어내는 데 도움이 된다는 것은 아이러니다. 그 이유 중 하나는 컴퓨터가 사람이 그것을 가지고 하는 모든 일을 추적·관찰할 수 있다는 것이다. 컴퓨터는 어떤 질문에 대해 인간이 반응하는 데 드는 시간을 1,000분의 1초까지 잴 수 있다. 컴퓨터는 해상도를 1픽셀 수준까지 측정하기 때문에 공간 인식 면에서 사용자의 행동을 정확하게 알아낼 수 있다. 이러한 즉각적이고도 항상적인 측정이 적응적 소프트웨어의 창조를 가능케 한다. 사람은 한 가지 시험이나 퍼즐을 갖고 씨름하는 반면, 컴퓨터는 그다음 것이 무엇일지를 알아낼 수 있다. 물론 최적수준은 개인에 따라 다르므로 개인에게 맞는 훈련이 중요하다.

내 회사에서 생산한 것을 포함해서 컴퓨터화된 인지 훈련 프로그램이 다수 있다. 이 프로그램 가운데 일부는 아주 좋고, 일부는 그렇지 못하다. 사람들은 인지 훈련 프로그램이 자신을 위해 가치 있는지 확인하려고 여러 가지를 할 수 있다. 다른 무엇보다도 회사 설립자와 고위 간부들의 자격인증서를 조사해볼 수 있다. 중요한 직원들은 관련 분야의 교육 배경을 갖고 있고, 대학이나 다른 관련 조직에서 경험이 있어야 한다. 독립적인 저널에 연구 결과를 발표했다면 더욱 좋다.

그다음으로 소비자들은 그 회사 제품을 지원하는 연구를 유심히 보아야 한다. 뇌와 뇌 훈련 소프트웨어에 대해 보도를 많이 한 BBC에서는 인지 훈련 소프트웨어를 지원하는 과학을 평가하는 데 다섯 가지 주요 요건을 찾아냈다. 그것들은 여기서 한 번 언급할 만하다.

1. 동업자의 평가. 소비자들은 회사 홍보자료와 입증되지 않은 사용자 추천 글을 넘어서서 독립적 출판물에 실린 동업자의 평가 글을 찾아보아야 한다. 한 회사의 방법론과 시험에 대한 연구는 독립 학자

들이 수행해야 하고, 그 결론은 다른 독립 연구자들이 평가해야 한다. 제품을 홍보하는 부서가 그것을 인증하는 부서도 되어서는 안 된다.

2. 뇌 영상법. 연구자들은 뇌의 어느 부분이 훈련에 영향을 받을지 예측할 수 있어야 하고, 뇌 스캔, 즉 훈련 프로그램 이전과 이후에 찍는 개인의 뇌 스캔을 비교하는 것이 이 예측을 입증해야 한다. 발생하는 학습의 양은 분리된 시험으로 입증해야 한다. 뇌 스캔은 연구를 위한 도구지 그 자체가 목적은 아니다.

3. 제어 집단. 타당한 연구에서는 시험 집단의 결과와 통제 집단의 결과를 반드시 비교한다. 그렇지 않으면, 그것이 이점을 준 뇌 훈련 프로그램이었는지 또는 다른 어떤 뇌 사용의 결과였는지를 판단할 방법이 없다.

BBC가 수행한 한 중요한 연구에서는 6주간의 어떤 뇌 훈련 프로그램이 인터넷에서 정보를 찾아 헤매는 것보다 더 많은 인지건강 개선을 가져다주지 못했다는 사실을 알아냈다. 피험자의 뇌가 그 프로그램 게임의 반복적 본성에 금세 적응해 난이도를 늘리지 못했다. 훈련의 가치는 곧 사라졌다. 진지한 생각이 필요한 훈련 소프트웨어는 이것을 훨씬 넘어선다.

4. 기준점. 인지건강 소프트웨어의 한 가지 기준점은 훈련으로 수행 능력이 얼마나 많이 향상되었는지 판단하기 위해 훈련 프로그램 전과 후에 하는 인지 시험이다. 인지적 기준점은 훈련 소프트웨어와는 다르게 뇌를 훈련할 필요가 있다. 일부 제조업자들은 훈련하는 동안 치르는 시험과 아주 똑같은 기준점 시험법을 사용한다. 그러한 경우 나

타나는 모든 것은 한 가지 정신적 과제를 연습하는 것이 유사한 과제들에서는 놀랍지 않은 향상으로 이어진다는 사실이다. 인지건강 소프트웨어의 목적은 바로 우리의 인지적 개선을 다른 많은 정신적 과제로 전환하는 것이다.

5. 개성. 소비자들은 특성이 자기 것과 유사한 사람에게 좋은 결과를 줄 개연성이 있는 프로그램을 선택해야 한다. 예컨대, 노인들을 위해 만들어진 프로그램은 그들에게 도움이 될 정신적 기능에 초점을 맞추겠지만, 젊은 사람들에게는 덜 맞춘다. 어떤 프로그램은 시험을 받는 사람의 인지능력과 상관없이 표준 시험 세트를 제공한다. 다른 것들은 아주 적은 다양함만 만들어낼 수 있다. 프로그램이 너무 쉬우면 피험자가 지루해질 것이고, 너무 어려우면 낙담할 것이다.

뇌 훈련 프로그램은 소프트웨어가 사용자 능력 수준을 측정할 수 있게 해주는 일련의 연습으로 시작해야 한다. 초반의 과정에 기초해 사용자는 도전적이지만 불가능하지는 않은 과제를 제시받아야 한다. 사용자가 더 나아지고 뇌가 효율적으로 (게으르게) 됨에 따라서 프로그램은 사용자가 열중하기에 딱 충분할 만큼 난이도를 올려야 한다. 이 과정이 사용자가 프로그램을 사용하는 동안 계속되어야 한다.

위에서 논의한 모든 품질을 지닌 인지 훈련 프로그램은 다양한 사람의 정신적 기능을 향상할 수 있다. 그 향상은 종종 작동하는 기억 증가의 결과인데, 그 기억이 새로운 자극을 처리한다. 우리는 대부분 정보가 쇠퇴하기 전 한 번에 일곱 내지 여덟 개 사항을 기억해둘 수 있다. 이 사항은 전화번호나 방금 소개받은 사람의 이름처럼 일상적일 수 있다. 작동하는 기억의 유효기간이 우리가 하는 모든 일에 영향을 미친다.

이스라엘 하이파대학교에서 행한 한 연구가 그것을 분명히 보여주었다. 연구자들은 뇌 훈련 소프트웨어가 성인 난독증 환자의 읽기 기능을 향상할 수 있는지 밝히고자 했다. 읽기 장애는 뇌가 글자와 단어 같은 그래픽 기호를 해독하는 데 어려움이 있는 학습장애다. 뇌가 실수를 알아챌 때마다 전두엽에서 전기 신호가 작동된다. 이 '오류 파장'이 짐작건대 정정 과정을 개시한다. 난독증 환자는 '오류 파장'이 보통 독자들보다 훨씬 작은데, 실수를 감지하거나 정정하는 능력이 쇠약해졌다는 것을 뜻한다. 하이파 연구자들은 인지 훈련이 작동하는 기억을 증가시켜 오류를 찾아내고 정정하는 뇌의 능력을 향상함으로써 난독증 환자의 읽기 오류를 줄여줄 거라고 예측했다. 그 변화는 '오류 파장' 크기의 증가로 나타나고 읽기의 향상으로 나타남으로써 입증될 것이다.

읽기 장애 피험자들과 정상적인 독자로 이루어진 제어 집단 구성원은 모두 하이파대학교 학생들이었는데, 작동하는 기억과 읽기 기능에 대해 세 번 시험을 받았다. 연구가 시작된 때는 인지 훈련 6주 뒤 그리고 6개월 뒤였다. 하루에 20분, 한 주에 4일 동안 하는 훈련이 읽기 장애 피험자들의 오류 파장을 거의 25퍼센트 증가시켰는데, 이는 정상 독자들한테서 발견되는 크기와 거의 같았다. 더욱 중요한 것은, 더 커진 오류 파장이 개선된 작동 기억 및 읽기의 향상과 일치했다는 점이다. 예컨대 읽기 장애 학생들의 숫자 폭이 첫 번째 시험에서 세 번째 시험에 이르기까지 한 항목 증가되어 9.8에서 10.8이 되었다. 정상 학생들로 이루어진 제어 집단 역시 난독증 환자들만큼은 아니지만 향상되었다. 정상 독자들과 난독증 환자들 모두 6개월 뒤에는 대부분 개선되었는데, 정상 독자들이 약간 더 많이 이점을 보유했다. 세 세트인 기준점 시험은 인지 훈련 프로그램과 완전히 다른 특성을 지니고 있었다(이 대학에서는 내 회사의 제품 가운데 하나를 훈련 소프트웨어로 사용했지만, 그 밖에는 관여하지 않았다). 연구 결과는 동업자 평가 저널에 발표되었다.

또 하나 매력적인 예를 뉴욕 앨버트 아인슈타인의대에서 찾을 수 있다. 낙상은 노인들에게 중대한 위험이어서 종종 엉덩이를 깨뜨리거나 다른 부상을 입혀 심각한 신체적 쇠퇴와 죽음까지 부를 수 있다. 아인슈타인대학교에서는 노인 환자의 걷는 기능을 향상해서 낙상 위험을 줄이는 방법을 연구했다. 초기 시험에서는 환자에게 걸으면서 생각하고 말하게 하는 방법이 포함되었다. 예컨대, 환자들에게 알파벳 철자를 하나씩 걸러서(A, C, E…) 큰 소리로 나열하게 하는 것이었다. 환자들은 과제를 수행하면서 얼마나 잘 걷는지 과학자들이 측정할 수 있도록 센서를 착용했다.

걷기 시험 중간에 일부 환자들은 인지 훈련을 받았다. 인지 훈련은 8주 동안 한 주에 세 번 20분 단위로 구성되어 전체가 8시간인 작업이었다. 인지 훈련을 한 환자들은 훈련하지 않은 환자들보다 말을 하지 않으면서나 말을 하면서 하는 경우 모두 더 잘 걸었다. 이러한 향상은 훈련이 끝난 지 두 달 뒤에도 여전히 볼 수 있었다. 훈련에 쓰인 소프트웨어는 걸음걸이와 상관없는 것이었다. 그것은 주의와 기억을 향상하는 것과 관계 있었다. 노인 환자들은 넘어지지 않고도 걷고 또 걸을 수 있었는데, 인지 훈련이 여분의 인지능력을 발달시키도록 도왔기 때문이다.

🔍 DEEP SEARCH
힘든 인지적 작업의 영향

인지 훈련은 주의와 지각과 단기기억을 향상함으로써 운동 자체에 이용되는 과제를 넘어 정신적 기능을 일반적으로 향상해야 한다. 과학적으로 유효한 다양한 뇌 훈련 요법으로 의미 있는 결과를 얻었다.

- 뇌가 소리를 처리하는 과정이 느려서 생기는 학습장애를 지닌 아이들이 8주에서 12주 인지 훈련 프로그램을 한 뒤 정상이거나 그보다 좋은 언어 점수를 결국 얻었다. 이 아이들은 6주 뒤 재시험에서 제어 집단보다 훨씬 더 잘했고 향상된 능력을 유지했다. 학습장애아가 500명 포함된 후속 연구에서는 6주 훈련 뒤 평균 1.8년의 언어 향상을 보였다.

- 5년간 해마다 인지 훈련을 받은 노인들은 훈련을 받지 않은 동일 집단 내 다른 노인들보다 일상생활의 기능 면에서 덜 쇠퇴했다.

- 대학입학시험을 철저하게 준비한 의대 학생들에게서는 향상된 기

억과 관련된 의미심장한 구조적 뇌 변화가 발견되었다.

- 3개월간 저글링 기술 훈련을 하려고 임의로 선발된 대학생들은 운동기능과 관련된 영역의 뇌 용량이 증가했다. 3개월 뒤 후속 연구에서 이들은 저글링 수업이 끝난 뒤에도 성취한 능력을 대부분 유지했다.

긍정적 강화

나보다 네 살 위인 누나는 컴퓨터를 만져본 일이 없었다. 누나는 일부러 그랬다. 누나는 PC가 우리 세대 것이 아니라고 믿을 따름이었다. 우리 가족은 이것을 끔찍하게 헛된 노릇이라고 생각해 누나의 생각을 바꾸려고 했다. 누나는 아주 여러 가지 일, 즉 손자손녀들과 관련된 이메일과 사진, 멀리 떨어져 있는 친구나 친척들과 손쉬운 연락, 그리고 다른 모든 이점 중에서 무엇보다도 전 세계 사람들과 접촉하는 것 등을 거부하는 지적이고 건강한 여성이었다.

다행스럽게도 누나는 자기 기억력을 염려하게 되었다. 내 회사에서 인지 훈련 프로그램을 개발하기 시작하자 누나는 계속해서 물었다. "뇌 소프트웨어를 만들 생각이니?" 마침내 소프트웨어가 마련되자 우리는 이를 자형의 컴퓨터에 설치했다. 나는 누나에게 컴퓨터 다루는 방법을 일일이 가르쳐주지 않았다. 그 프로그램이 차근차근 안내해줄 거라고 누나에게 말했다. 물론, 누나는 마우스를 어떻게 사용하는지도 몰랐다. 다행스럽게도, 뇌는 학습과 운동기능 유지에 아주 능숙한

데, 이것이 바로 우리가 자전거 타는 법을 잊지 않는 이유다. 누나는 마우스를 이해하는 데 약 45분 걸렸고, 그 뒤에는 그 소프트웨어를 자유자재로 다루었다.

뇌 훈련 프로그램과 무관하게 컴퓨터에 숙달하는 것 자체가 중요했다. 누나는 무언가 새롭고 복잡한 것을 배우는 자기 능력을 보고 신이 났다. 심리학적으로 볼 때, 누나는 완전한 변화를 겪은 것이다. 이제 더는 컴퓨터와 웹의 세계에서 아웃사이더가 아니었다. 기술을 '이해하는' 사람이 된 것이다. 게다가 다른 PC 기술을 익혀서 전자적 관계를 발전시키기 시작하자 누나의 새로운 자신감은 더욱 커졌다.

나는 다른 노인들한테서도 이러한 긍정적 반응을 본 일이 있다. 많은 노인은 모든 일이 더 힘들어진다는 의식을 일반적으로 가지고 있다. 막을 수 없는 신체적이고도 정신적인 쇠퇴에 시달린다고 느낀다. 놀랄 것도 없이, 노인들의 사기는 고통을 겪는다. 우울증에 걸릴 수도 있다(이것은 이 장 앞에서 소개한 노인 부부 프레드와 제인이 삶에서 맞닥뜨린 하강 국면의 나선형이다). 그때 하나의 새로운 도전, 즉 인터넷이나 악기나 뇌 훈련 프로그램을 숙달한다. 어제는 어려웠던 운동이 오늘은 좀 쉬워진다. 노인들은 전혀 끝난 것이 아니며, 나아질 수 있다는 사실을 깨닫는다. 사막을 통과하는 병사들이 고된 행군으로 얻는 교훈은 바로 해낼 수 있다고 믿으면 뇌가 해낼 수 있는 정신적 능력을 내놓는다는 것이다. 뇌 훈련이나 다른 노력의 행위에서 처음 얻는 것이 더 큰 승리가 가능하다는 것을 마음에 확신시킨다. 이러한 유형의 긍정적 강화는 컴퓨터화된 훈련에서 빠르게 나타나는데, 그 피드백이 즉각적이고도 긍정적이기 때문이다.

뇌 훈련은 인지적 활력에는 특정한 영향을 미치고 전반적 정신 상태에는 특정하지 않은 효과를 미친다. 그것이 우리의 근본적 인지기능을 향상한다. 그러면 그것이 이 기능에 기초를 둔 모든 정신 활동을 향상한다. 좋은 인지 훈련은 기준점 시험이나 훈련 프로그램 자체에서 향상되는 것이 아니다. 그 증거는 얼마나 많은 이점을 평상시 생활 속으로 가지고 들어오느냐다. 난독증 환자들이 기준점에서는 향상되었지만 평상시 읽기에서는 그렇지 않았다면, 또는 노인들이 인지 시험에서는 더 빨라졌지만 여전히 낙상 때문에 고생했다면 요점은 무엇일까? 난독증 환자들은 읽기 훈련을 받지 않았지만 더 잘 읽을 수 있었다. 노인들은 걷기 훈련을 받지 않았지만 더 잘 걸을 수 있었다. 이같은 결과는 주의와 지각과 단기기억이라는 근본적 인지기능의 개선에 기초를 두었는데, 이 점이 바로 중요하다.

게다가 노인들은 사기가 올라 무언가 새로운 것에 숙달할 수 있는데, 이것이 바로 마법 같은 일이다. 나는 그저 어느 정도는 농담으로, 설사 뇌 훈련 프로그램이 노인들에게 성취감 이상의 긍정적 영향을 주지 못하더라도 그것으로 충분하다고 주장한다! 단순한 게임조차도 더 잘해낼 수 있다는 이유로 사람들에게 자신감을 북돋워줄 수 있다. 우리는 어떤 과제가 너무 쉬운 경우를 알기 때문에 어려운 일을 완전히 익히면 심적으로 아주 강해지게 된다. 최적의 도전 수준은 특정한 효과와 특정하지 않은 효과에 모두 좋다. 우리는 쾌감을 경험하기 위해 노력해야 한다는 사실을 학습한다. 이것이 반대로 우리가 더 많이 노력하도록 동기를 부여한다.

- 몸을 위한 규칙적 운동이 필요하듯이, 뇌를 위한 규칙적 운동이 필요하다. 일상생활은 뇌를 정신적인 최고 상태로 유지하는 데 충분한 자극과 정신적 다양성을 제공하지 않는다.
- 어떤 면에서는 기술이 우리 생활을 너무 쉽게 만들어준다. 지속적으로 쇠퇴하는 인지적 노력 때문에 우리는 뇌를 자극하는 상쇄적 방법을 찾아야 한다.
- 좋은 인지 훈련 프로그램은 좋은 운동 프로그램이 몸에 주는 것과 똑같은 '탄력 만들기'를 제공한다. 인지건강 프로그램은 개인별 맞춤식 방법과 사용자가 좋아짐에 따라 난이도를 꾸준히 높이는 것을 포함하는 엄격한 기준을 충족해야 한다.
- 인지 훈련의 목표는 컴퓨터 시험이나 게임의 속도나 결과를 향상하는 것이 아니라 현실 세계에서 실행력을 향상하는 것이다.

CHAPTER 14

직업을 갈아타라

대학이라는 편안한 환경에서 심리학 교수로 40년을 보낸 나는 65세된 합리적인 사람이라면 누구라도 퇴직하면서 할 법한 일을 했다. 나는 노후를 대비한 저축의 일부를 가지고 시도된 적 없는 분야의 새로운 회사를 시작했다. 그 일을 충분히 해놓지도 않았는데 몇 년 뒤 국회의원 선거에 출마해서 당선되었다. 우리를 녹초가 되게 하지 않으면서… 인지적으로 더 건강하게 만들어주는 것이 무엇일까?

내 선택은 자발적이었지만, 오늘날 세상의 수많은 사람이 과거에 그랬던 것보다 훨씬 더 자주 직업을(심지어 분야를) 바꾸어야 한다고 생각한다. 직장에 다니는 동안 베이비붐 세대는 대부분 대기업이 평생은 아니더라도 장기 고용을 해주리라고 확신했다. 그러나 44세가 될 즈음, 그들은 이미 열한 개 이상 다른 직장이나 분야에서 일해본 경험이 있었다. 사업이 축소되고 아웃소싱되거나 정기적으로 재조직되고, 종종 종업원을 실직 상태로 둠에 따라 지난 10년 동안 변화 속도가 믿을 수 없을 만큼 가속화되었다. 낮은 기능이 필요한 일자리는 임금이 더 낮은 나라로 끊임없이 이동했다. 경쟁력을 유지하려면 회사들이 끊임없이 혁신해야 한다. 오늘 유효한 직무분석표가 내일은 한물간 것이 될 수도 있다. 그 결과 한 회사에서 일하는 노동자들은 끊임없이 변하는 노동 환경에 기꺼이 적응할 수 있어야 한다. 이러한 새로운 현실은 경영과 고용이 대립적인 관계에서 협력적인 관계로 이동해야 한다는 것을 암시한다. 하지만 마음속에 있는 그러한 이동이 양쪽에서 폭넓게 일어나고 있다는 지표는 거의 없다.

오늘날 경제의 암울한 현실에 대한 반응으로, 현재 피고용인은 이전 세대보다 고용주에 대한 충성심을 훨씬 덜 느낀다. 노동자들은 쫓겨나기 전에 새로운 일자리로 뛰어나가거나 자기 사업을 시작하기 십상이다. 이러한 상황이 불안정성을 더하는데, 고용주들이 가장 숙련된 종업원을 잃기가 쉽기 때문이다.

한 회사 내에서건 회사들 간에서건, 강요되는 것이건 자발적인 것이건, 사람들은 대부분 변화할 준비가 되어 있지 않다. 그러나 만약 한 개인이 일련의 협소한 기술만 가지고 있고 하나의 특정 직종에만 적응되어 있다면, 기술적·경제적 붕괴는 재앙이 될 수 있다. 이것은 자연에서도 마찬가지다. 단일한 환경에 너무 아늑하게 적응되어 있는 종은 급진적인 변화로 전멸할 수도 있다. 다행스럽게도 진화가 그러한 대변동에 대처할 수 있는 구조를 종에 제공한다. 애리조나주머니쥐의 두 변종은 미국 남서부 사막에서 서로 가까이 산다. 이들은 같은 조상, 즉 자연적으로 색깔이 다양한 새끼를 낳는 쥐에서 비롯했다. 색이 밝은 주머니쥐는 밝은 색 사막 모래에서 살고, 색이 어두운 주머니쥐는 어두운 색 용암에서 산다. 오랜 세월에 걸쳐 이렇게 구별되게 되었는데, 각각 배경과 조화를 이루며 살아온 쥐들이 번식할 만큼 오래 살았기 때문이다. 조화되지 못한 것들은 포식자에게 제거되었다. 적절한 색깔 변형으로 쥐는 각자 환경에서 생존할 수 있다.

종은 내부분 적어도 어떤 환경적 변화에서 생존할 수 있기에 충분한 만큼 변종을 유전자 속에 암호화된 형태로 지니고 있다. 두드러진 예가 있다. 생물학자들이 도마뱀을 아드리아해의 한 섬에서 다른 섬으로 옮겨놓았는데, 여기서 도마뱀의 주된 먹이가 벌레에서 식물로 바뀌었다. 36년 안에, 이식된 도마뱀의 새로운 세대가 식물을 씹기 위한 더 강력한 턱과 식물 물질의 소화를 향상하는 소화관의 새로운 구조 회맹판, cecal valve 를 발달시켰다. 비늘 있는 모든 파충류 가운데 1퍼센트도 안 되는 경우에만 생기는 회맹판이 그 이전에는 이 종에서 발견된 적이 없다.

오늘날 무자비한 작업 환경에서 수많은 사람이 아드리아의 도마뱀처럼 쫓겨난다. 단 하나의 수명은 유전적 변이성이 실행되도록 하기에는 너무 짧지만, 인간이 물려받은 가장 위대한 형질은 새로운 환경에 자연스럽게 적응하는 능력이다. 인간은 모든 기후에서 사는 유일한 종일지도 모른다. 신체적으로 적응할 필요가 없기 때문이다. 우리는 우리의 도구인 발명 솜씨와 조직 능력으로 적응한다. 노동자들은 경제적 예측불가능성에서 스스로 보호하기 위한 기능을 연마할 수 있는 타고난 인간의 자질을 이용해야 한다. 변화에 성공적으로 적응하는 능력은 우리 지식과 능력이 얼마나 다양한지에 근거한다.

직업을 바꾸는 일은 우리 중 누구도 할 수 있는 어려운 시도 가운데 하나지만, 보상을 가장 많이 줄 수 있는 것이기도 하다. 개인적으로나 재정적으로뿐만 아니라 인지적으로도 그러하다. 전통적으로 교수가 하는 일 바깥에서 내가 배운 것은 서로 다른 직업에 종사하는 사람들이 아주 다르게 생각한다는 점이다.

학자가 참조하는 틀은 흥미로운 문제를 연구하고 입증할 수 있게 정확한 답을 밝히고자 하는 바람에 따라 규정된다. 학자는 이렇게 생각한다. "내게 문제를 주고 돈을 좀 주고 10년을 주면, 100퍼센트 정확한 답을 찾아보겠어." 종종 연구되는 그 '문제'는 추상적이고 이론적인 것이다. 사업가는 예산의 제약 아래 즉각 성취할 수 있는 것을 생각한다. 사업가는 현실적 문제에 대한 실제 해결책을 찾으려면 과학적으로 정확해야 하고 상상할 수 있는 모든 영향을 이해해야 할 필요성을 앞서서 생각한다. 그들의 사고는 대개 구체적이고 일상생활에 곧바로 적용할 수 있다. 교수들은 자기들의 흥미를 가장 많이 끄는 것에 주로 기초해 연구 주제를 고려한다. 사업가는 다른 사람들의 흥미를 가장 많이 끄는 것, 그리고 그들이 기꺼이 돈을 지불할 것을 생각해내야 한다. 이 차이가 바로 과학자들은 주로 기초 연구를 하고 사업가는 응용 연구에 중점을 두는 이유다.

정치는 완전히 또 다른 문제다. 정치인은 유권자와 자기 당의 행복을 지켜주고 (대부분 모순된 관심을 가진) 가능한 한 많은 사람을 만족시킬 해결책을 찾아야 한다. 그러한 접근은 실행할 수 있는 '정확한' 해결책이 거의 없음을 의미한다. 때로는 좋은 해결책조차 거부되는데, 그것이 혜택을 볼 당들의 단기적 이해관계에 반하기 때문이다! 왼쪽과 오른쪽 모두에서 타협을 거부하는 정치인을 보는데, 상황을 개선하는 것이 그들에게 불평거리를 덜어주기 때문이다. 다른 직업에서 필요한 분석적 능력과 비교해볼 때 정치에서는 정서적 지능, '거리에서 지내는 요령', 그리고 과도한 인내가 필요하다.

학계와 사업과 정치의 차이를 생각해보자. 이 서로 다른 직업에서 성공하는 것은 단지 새롭고 다른 일과 새 문화를 학습하는 문제가 아니라 그 자체가 정신적으로 자극하는 것이라는 생각이 들었다. 그것은 각각에 맞는 서로 다른 정신적 틀을 발달시키는 문제이기도 했다. 그것은 우리가 생각하는 내용뿐만 아니라 방법에도 또한 다양성을 도입하는 문제다. 나는 이 문제를 고려하고 동료들과 논의하면서 적어도 일곱 가지 서로 다른 사고방식을 도출해냈다.

1. 과학적 사고방식. 현실을 측정할 수 있는 것으로 정의한다. 이성, 재현할 수 있는 실험 또는 압도적으로 모인 뒷받침 증거로 추론될 수 있는 것만 사실로 받아들인다. 개별 요소가 해체될 때까지 점점 더 단순한 요소로 쪼개 복잡한 문제를 푼다. 정밀성, 논리 그리고 한 번에 한 가지 항목을 측정하는 변수의 통제를 강조한다. 형식적으로 표현

될 수 있는 근본적 설명 원리(예컨대 방정식)를 발전시킨다.

2. 법률적 사고방식. 시간이 흘러가며 쌓이는 원리와 많은 법칙을 세우는 것에 따라 현실을 해석한다. 판례와 전통의 고수를 강조한다. 법률적 사고와 전략은 근본적인 문화적 차이 때문에 나라마다 다양하다. 영국과 미국의 법률은 개별 시민의 권리와 함께 시작된다. 유럽의 여러 나라와 일부 아랍 나라 체제의 기저를 이루는 나폴레옹법전은 국가 권력과 함께 시작된다. 법률적 사고의 핵심은 확고하게 세워진 법률적 원리와 관련된 경우, 중심 주제를 찾아 거기에서 주장을 세우는 것이다. 세부 사항, 판례, 관련 판결, 형식적 절차에 관심을 갖는다.

3. 문학적 사고방식. 이미지, 단어, 언어의 리듬으로 현실을 창조한다. 사람들에게 인간 경험의 완전한 스펙트럼을 보여줌으로써 다른 이들의 삶을 경험할 수 있게 해준다. 인간의 마음을 깊이 탐구하고 정서적 지능과 감정이입 문제를 제기한다.

4. 역사적·인류학적 사고방식. 조상에 관해 탐구함으로써 상황을 분석하는 것을 의미한다. 여기에는 인류가 발달하는 이야기를 이해하고 어제의 교훈을 오늘의 문화적·정치적 맥락에 적용하는 것이 필요하다. 문학적 사고방식과 마찬가지로, 역사적 사고방식도 근본적 동기에 관심을 둔다. 문학적 사고방식이 개인의 동기를 강조하는 반면, 역사적 사고방식은 행위의 맥락, 즉 문화적·정치적 충돌, 대규모 이주, 식량 부족 따위와 같은 배경 상황을 강조한다. 역사적 사고방식은 전례를 따르기보다는 변화시키는 것, 즉 무엇을 할지 말지 배우는 것이라고 할 수 있다. 조지 산타야나[49]가 말했듯이 "역사에서 배우지 않

는 사람들은 그것을 반복하게 마련이다."

5. 사업적 사고방식. 실제적인 것들이 기능하도록, 재빠르게 기능하도록 만드는 것이다. 사람들이 상응하는 가치를 지닌 품목을 서로 교환하도록 충분한 가치를 제공하는 것이 무엇인지 판단하는 것이며 복잡한 시스템을 통해 해결책을 효과적으로 만들고, 유통시키고, 관리하는 방법이다. 일반적으로 인정되는 가치를 훨씬 더 많은 생산품으로 바꾸는 방법이자 시장의 크기와 진입, 비용, 제품 개발과 출시에 걸리는 시간, 경쟁력 등의 문제를 제기하는 것이며 실제적인 거래 여부를 끊임없이 따져보는 것이다.

6. 정치적 사고방식. 독일 수상 비스마르크가 언젠가 말했듯이 가능한 것의 기술이다. 비스마르크는 법을 소시지 같은 것이라고 설명했다. 만들어지는 과정을 보지 않는 것이 좋다는 말이다. 정치적 사고에는 다양한 관점과 타협의 기술을 이해하는 능력과 수많은 제한과 갈등과 대중적 관심의 압력 속에서 기회를 간파하는 능력이 포함된다. 실행가능성, 예상되는 반대, 보상으로 주는 것, 단기이익 대 장기이익, 공통되는 기반 등의 문제를 제기한다.

7. 윤리적 사고방식. 판단할 때 도덕적 가치를 강조한다. 문제는 행위 과정이 과학적·정치적·법률적으로 옳으냐가 아니라 윤리적·도덕적으로 옳으냐다. 윤리적 사고는 종종 다른 사고방식과 병행한다(때때로 다른 사고방식과 모순된다). 가치문제를 다른 모든 고려 사항의 우위에 놓는다.

우리는 하나의 문제에 어느 정도로 심층 지식과 사전 경험, 일곱 가지 범주 모두에 적용될 만한 시각이 필요한지 물을 수도 있다.

현재 진행되는 연구에서는 지능의 개념을 IQ로 측정하는 좁은 개념에서 범위를 넓히고자 한다. 예컨대 하워드 가드너는 인간의 타고난 인지적 무기 가운데 일부인 아홉 가지 서로 다른 지능을 주장해왔다. 운동감각 지능이 가드너가 말하는 범주 가운데 하나다. 이것은 대상을 물리적으로 다루면서 우리 생각이 세계를 이해하는 방법이다. 어떤 사람들에게는 다른 사람들에게 없는 3차원적·기계적 계획과 과제를 다루는 재주가 있다. 예컨대 예술가들은 다양한 물리적 방법으로 현실을 지각하고 자기 사고와 감정을 표현한다.

운동감각의 차이는 유년기에 일찌감치 볼 수 있다. 어떤 아이들은 추상적 사고보다 물리적 상호작용으로 더 잘 학습하는 것으로 보인다. 극단적인 예로, 사회적 상호작용을 이해하는 데 장애가 있는 자폐 아들이 종종 직접 해보는 학습에서 혜택을 입는다. 어떤 교육자들은 아이에게 지각된 자연적 학습 양식에 접근하는 교육 방법을 찾아내려 하지만, 아이들은 대부분 한 가지 방법이 아니라 몇 가지 서로 다른 접근 방법(보는 것, 소리, 만지는 것)을 활용할 때 가장 잘 학습한다. 학습은 다양한 방법으로 강화될 때 가장 강하다.

가드너의 지능 범주들과 위에서 대강 설명한 일곱 가지 사고방식은 일부 겹치는 것이 있다. 예컨대, 그가 말하는 '음악적 지능'은 문학적 사고방식과 수학적 사고방식이 조합된 것이다. 특정 종류의 지능이 개인이 타고난 능력의 일부인 데 반해, 일곱 가지 사고방식은 노출과 적응으로 향상할 수 있는 인지기능이라는 것이 다른 점이다. 아마데우스 모차르트의 음악적 재능, 아이작 뉴턴의 수학적 재능, 머독의 문학적 재능은 이 예술가들의 뇌가 활동한 선천적 방식의 결과다. 그것은 일종의 지능이다. 다른 사람들은 노력함으로써 음악과 수학과 글쓰기의 그런대로 괜찮은 기능을 발전시킬 수 있다. 우리를 이 분야의 달인으로 만들어주는 선천적 천재성, 즉 특별한 지능이 없다 하더라도 일곱 가지 서로 다른 사고방식을 학습하는 것이 인지적으로 혜택을 준다.

우리는 이 방식을 일곱 가지 서로 다른 사람, 즉 똑같은 문제와 직면할 때, 모두가 그것에 대해 아주 다른 질문을 하는 사람으로 생각할 수 있다. 가장 어려운 문제에는 가장 좋은 해결책이 나타나기 전에 일곱 가지 서로 다른 정신적 시각을 사용해야 한다. 우리 뇌 안에 있는 서로 다른 일곱 사상가를 가질 때의 이점을 생각해보라! 이러한 이유로 다양한 사고방식을 접하는 것이 모든 젊은이 교육의 일부가 되어야 한다.

전문가보다 팔방미인이 낫다

이러한 논의는 전문가와 박학다식한 사람들 사이의 전형적 차이로 우리 관심을 이끈다. 우리는 박학다식한 사람들 편이다. 만약 작은 분야를 많이 아는데 직업을 바꿔야 한다면, 아마도 새로운 일을 할 준비가 되어 있지 않을 것이다. 한 가지 이유는 바로 전문가들은 한 가지 방식으로만 깊이 뇌를 쓰기 때문이다. 또 다른 이유는 세상이 더욱 복잡해짐에 따라 단일한 원리의 벽 안에서는 점점 더 답을 찾을 수 없다는 것이다. 전통적 원리 사이의 구별은 아주 모호하고 자의적으로 되어가고 있다.

우리는 아주 새로운 의문이 두 가지 혹은 세 가지 원리의 경계선에서 우연히 만나는 온갖 분야에 대해 아주 많이 배웠다. 양자론에서는 이전에는 분리되어 있던 화학과 물리학 분야를 끌어들이면서, 우주의 가장 작은 입자부터 가장 큰 구조에 이르는 모든 것을 연구하는 과학자들의 전문지식을 요청한다. 실용적인 연구 역시 다양한 원리가 필요해지기 시작했다.

미국은 각각 핵에너지와 태양에너지와 에너지 보존에 초점을 맞춘 세 가지 에너지 혁신 중추에 창조성을 북돋우도록 서로 다른 분야의 과학자와 엔지니어들을 불러 모으라는 임무를 부여했다. 국제적 엔지니어 모임인 IEEE Institute of Electrical and Electronics Engineers 는 전력을 배급하고 관리하는 새로운 해결방안을 만들어내기 위해 여러 전문 분야로 이루어진 지능형 전력망 smart-grid 특별 프로젝트 팀을 소집했다. 서로 다른 분야의 과학자들이 빛의 파장보다 작아서 대부분의 방법으로 볼 수 없는 구조인 아데노바이러스의 원자 구조 영상을 정확히 포착하는 방법을 알아내려고 캘리포니아대학교 로스앤젤레스캠퍼스 UCLA 에서 한 팀이 되었다. 그들이 성공한다면 이 바이러스를 활용해 유전자 치료와 암 치료를 위한 약물 개발에 이를 수도 있다. 일본의 자동차회사 도요타는 '큰 방'을 뜻하는 말인 '오베야 obeya'를 사용해

한 장소에서 디자이너와 엔지니어, 생산직원이 일하게 함으로써 자동차 제조업에 대변혁을 일으켰다.

인지 면에서 여러 전문 분야로 이루어진 접근 방법은 산출 결과뿐만 아니라 생각하는 방식 또한 변화시킨다. 뉴저지의 네 병원과 관련된 것이 좋은 예다. 이 병원들은 울혈성 심장병 치료를 어떻게 하는지를 조사했다. 돈 많은 병원이 두 곳 있었는데, 한 곳에서는 결과가 좋았고 다른 한 곳에서는 결과가 나빴다. 재정적으로 쪼들리는 병원이 두 곳 있었는데, 한 곳의 결과는 좋았고 다른 한 곳의 결과는 나빴다.

어려움을 겪고 있는 병원들은 전통적인 의료방식으로 구조화되어 있었다. 의사들은 대부분 자신의 개인적 기술과 큰 조직을 통합하려는 노력을 거의 하지 않는 독립적 전문가들이었다. 그 문화 또한 의사 명령을 의문 없이 따르는 전통적 지위 체계였다. 훌륭하고 효율적인 결과를 얻은 병원들은 협력적인 접근 방법으로 그러한 결과를 냈다. 여러 분야의 전문가들로 이루어진 의사와 간호사들의 팀이 환자를 관찰하려고 회진했고, 여러 분야의 전문가위원회가 간호의 질을 검토하고 표준화했다. 이 병원들은 일반적으로 환자와 가장 많은 시간을 보내는 이들인 간호사들에게 동등한 지위의 권한을 주었다. 그들 역시 문제를 체계적으로 밝혀내고 해결했다. 한 팀은 의사는 분명히 아닌데 재고관리, 즉 병원 안의 어떤 그룹도 별도로 집중하지 않았을 비용 통제의 면을 향상했다.

난관 속에 있는 병원들의 어려움 가운데 많은 것이 여러 해 동안의 경험(똑같은 방식으로 똑같은 일을 하는 것), 상황과 현 상태를 찬양하는 문화에 따라 강화된 인지적 경직성에서 비롯했다. 결정권자들은 대부분 전문가다. 아무도 다양한 방향에서 문제에 대해 따져본다는 개념으로 훈련받지 않았다. 세계적 차원에서 협력해 문제를 해결하는 것이 환자의 경험을 향상하고 그들 자신의 삶을 더 편안하게 할 거라는 사실을 아무도 이해하지 못했다.

여러 전문 분야를 통한 접근 방법은 경직된 방식에서 모든 사람을 자유롭게 하고, 신선한 사고와 영감을 주었다. 특히 의사들은 자신들이 계속해서 해결해온 실제 문제들을 직접 처리하도록 강요받았다. 그들은 혼란스럽거나 모순되는 치료 순서에서 벗어날 수 없었다. 표준화된 절차와 디지털 기술은 오류와 중복을 더 줄이는 데 도움이 되었다. 그러나 가장 큰 장기적 이득은 정신자세의 변화, 즉 간호사를 포함한 다른 보건 제공자들의 말에 기꺼이 귀를 기울이는 것, 그리고 고삐 풀린 비용은 다른 어떤 분야에서와 마찬가지로 병원에서도 비효율성의 징후라는 사실을 깨닫기 시작한 데서 왔다.

병원이 협력해 성공한 사례는 드물지 않다. 세계보건기구에서는 수술실에서의 의사소통과 팀워크를 강조하는 수술 체크리스트를 개발했다. 20개국 이상에서 시행해온 이 체크리스트 덕분에 수술 시 사망을 1.5퍼센트에서 0.8퍼센트로 거의 반까지 줄이는 동시에, 수술 합병증 수치는 11에서 7퍼센트로 떨어뜨렸다. 이 목록은《체크리스트 선언》에서 아툴 가완디가 지지한 원리로 개발되었다. 가완디는 복잡한 분야는 대부분 전문가조차 지속적이면서도 안전하게 수술할 수 있는 범위를 넘어선다고 판단했다. 체크리스트는 단순한 기억도움표가 아니다. 그것은 어떤 상황에 관계된 모든 사람이 큰 소리로 말해 다양한 관점에서 문제에 접근할 수 있도록 함으로써 오류가 일어날 개연성을 크게 줄이는 것을 보장한다.

과학과 사업에서 미래의 돌파구는 대부분 다양한 분야의 교차에서 발생할 거라고 감히 예언할 수 있다. 조직 차원에서는 대조적인 결과가 아주 극명해서 우리는 일반적인 규칙을 도출할 수 있다. 즉 모든 성공적이고 복잡한 조직에서는 여러 분야의 협력적 접근 방법을 사용한다. 모든 실패는 유연성 없는 위계가 그 원인이다. 이 모든 것이 개인 차원에서는 무엇을 의미할까? 노동자들이 여러 지식 분야를 가로질러 협력할 필요성이 점증하므로 더 폭넓고 종합적인 교육이 필요하다. 여러 분야의 지식을 어느 정도 가지고 있는 사람들만이 현대세계가 제공하는 모든 기회를 이용할 수 있다.

뇌 능력을 폭발시키는 요건

면역학을 연구하려고 국립의학도서관에서 3주를 보낸 일이 있다. 나는 도서관에 가장 일찍 나와서 맨 나중에 나갔다. 이때는 전자파일 시대 전이었다. 나는 복사하는 데 거금을 썼다. 베데스다와 메릴랜드, 홀리데이인에서 방바닥에 널린 온갖 논문과 씨름하며 매일 밤을 보냈다. 나는 심리학자로서 어느 정도 의학적 기초지식을 가지고 있었다. 하지만 새로운 분야의 수많은 새로운 정의와 개념을 공부하기가 무척 힘들었다. 그러나 스스로 알게 되면서 공부가 점점 쉬워졌다. 기술적

용어가 더 친숙해졌고 개념이 충분히 이해되기 시작했다. 더욱 중요한 메시지가 불쑥 나타나 읽어달라고 했다. 나는 그 분야를 이해하기 시작했지만, 그렇게 하는 데는 내 인지능력의 모든 것이 필요했다.

그 일은 오랫동안 다른 어떤 일과도 다르게 내 뇌에 도전하는 것이었다. 마침내 컴퓨터 사용법을 배울 때의 누나와 마찬가지로, 나는 자신감이 올랐다. 우리는 직업의 경계를 성공적으로 넘나들면서 기존의 많은 지식과 크게 다른 주제를 깊이 탐구할 수 있었다. 새로운 분야를 공부하는 것은 이전에는 볼 수 없었던 새로운 연관관계를 맺을 수 있게 해준다. 그것은 머릿속에서 여러 분야의 전문가로 된 팀을 만들어낸다.

몇 주간 연구에서 내가 배운 것 가운데 하나는, 몸의 백혈구는 외부 세포들을 붙잡는 '자물쇠와 열쇠' 구조인데, 이것이 바로 그것들을 죽이는 첫 단계다. 도킹이 발생하려면 수용체(T세포 표면의 단백질) 모양이 항원(침투하는 세포 표면의 단백질) 모양과 맞아야 한다. 그러나 그렇게 맞는 것이 정밀할 필요는 없다. 비슷하기만 하면, 달리 말해 적합하기만 하면 된다. 정밀하지 않아도 되는 것은 몸이 나쁜 세포들의 자물쇠를 여는 데 필요한 열쇠의 수를 줄여주기 때문에 엄청난 장점이다. 면역체계가 먼저 해로운 돌연변이를 무시하고 나서, 암에 걸린 돌연변이를 무시하는 앞서의 예처럼 다시 '만족스러운' 원리를 내놓는다. 이 '적합한' 반응은 비슷한 경험에 직면할 때 뇌의 반응과 유사하다.

수렴적 진화의 물리적 형태는 오랫동안 인지되어왔다. 예컨대 새와

박쥐의 날개는 비슷한 진화 압력 아래에서 별도 신체 구조에서부터 진화했다. 그러나 최소 필요조건 추구는 인식 가능한 구조(사물)라기보다 원리(개념)여서, 인지체계와 면역체계 모두에서 별도로 발생했다! 진화가 비슷한 신체 구조뿐만 아니라 개념이 비슷한 다양한 통로를 제공한다는 이러한 통찰은 내게 계속해서 남아 있다.

인지기능은 근본적으로 다른 취미에 열중함으로써 꽃을 피운다. 다양한 직업 경험이 내게 세상에 대해 생각하고 문제를 해결하는 완전히 다른 학습 방식의 가치를 가르쳐주었다. 바로 해결해야 할 문제의 본성이 다양한 직업 속에서 근본적으로 다르므로 뇌 능력이 증가한다. 다양한 지식 분야를 접하는 것은, 다양한 전문가들이 따로 일할 때보다 함께 일할 때 복잡한 문제를 더 잘 해결하는 것처럼, 우리에게 문제를 해결하는 능력을 준다. 다양한 직업은 인지적으로 상투적인 방법에서 빠져나오게 한다. 도서관에서 보낸 3주의 궁극적 가치는 내가 무엇을 배웠다는 것이 아니라 내가 배웠다는 것이었다.

우리는 더욱 폭넓은 기능이 필요할 때를 대비한다. 다양해진 투자 자산 구성이 특정한 시장 부분의 심각한 침체로부터 사람들을 보호해주는 것처럼, 다양해진 기능 자산 구성은 어려운 경제 속에서 일자리를 더 잘 지켜준다. 불안정한 노동 상황에 적응하는 데 도움을 주는 폭넓은 기능 자산 구성이 필요하다. 다양성은 변화하는 상황에서 보호해준다.

이 장의 많은 부분에서 개인이 일과 생활에서 수많은 어려운 변화에 대처하는 방법을 설명했지만, 결국 긍정적인 것이 가장 중요하다.

흥미롭고도 어려운 일이 한 가지 편안한 직업에 평생 종사하는 것보다 훨씬 더 정신적 활력을 노년까지 잘 유지할 수 있도록 해준다. 종합적인 인지와 학습 기능을 지닌 사람은 새로운 노동 상황에 성공적으로 적응할 수 있고, 그러한 변화와 도전을 즐길 수도 있다. 내가 의학도서관에서 연구한 그때가 내 인생에서 가장 훌륭한 3주였다.

MAXIMUM BRAINPOWER

- 우리는 생활의 예측불가능성에서 스스로 보호하기 위해 지식을 충분히 발전시켜야 한다. 박학다식하고 폭넓은 정신적 기능을 발전시키면 복잡하고도 끊임없이 변화하는 세계 속에서 살아남는 최선의 기회를 얻을 수 있다.

- 여러 분야가 협력하는 접근 방법은 새로운 사람들이 상황에 신선한 아이디어를 가져올 뿐만 아니라 새로운 시각이 통상적 결정권자들을 낡은 사고방식에서 빼내어 새로운 아이디어에 기여하게 하므로 효과가 있다.

- 다양한 정신적 시각으로 문제에 접근하는 것은 머릿속에 전문가 집단을 두는 것과 같아서 각각 문제에 대해 서로 다른 질문을 한다. 그것은 새로운 차원의 통찰로 우리를 이끌 수 있다.

CHAPTER 15

일상생활에 적용하라

원기왕성하고 다양한 직업 경력이 뇌의 상태를 좋게 유지해준다면, 우리는 그러한 직업을 준비해야 한다. 어릴 때 훈련이 아이들이 변화에 더 열려 있고 위협을 덜 받게 하는 데 도움을 준다. 삶이 우리 통제를 넘어서는 예기치 않은 혼란과 상황을 종종 내보이기에 아이들은 준비되어 있어야 한다. 이것은 일상적이지만 어려운 일이거나 가족의 상황과 같은 가벼운 일일 수도 있다. 또는 개인적 불행이나 경제의 중요한 격변처럼 큰일일 수도 있다. 세상은 '소음'과 혼돈으로 가득 차서 뒤죽박죽이다. 모든 이의 삶에서 우연이 큰 구실을 한다.

나치 체제에서 내 어머니의 생명을 구한 것과 내 아버지의 생명을 앗아간 것은 우연이었다. 철의 장막이 드리워지기 직전인 1949년 나를 체코슬로바키아 밖으로 이끈 것은 우연이었다. 내가 평생 배우기를 좋아하도록 자극을 준 선생님의 놀라운 지도를 받을 수 있게 한 것은 우연이었다. 이스라엘에서 처음으로 심리학 학부과정 프로그램이 개설되었을 때 나를 16명으로 구성된 최초 학급의 구성원으로 만들어준 것은 우연이었다. 나를 정치로 이끈 것은 우연이었다. 국무총리는 내 학생 중 한 사람이었고 우리는 친구가 되었다. 그가 총리가 되자 우리는 정부를 운영하는 독특한 압력에 대해 때때로 이야기를 나누었다. 어느 날 그가 나를 부르더니 이렇게 말했다. "잠시 선생님의 인생을 바꿔보지 않으시겠어요? 석 달 안에 선거가 있습니다…."

내가 코그니핏을 설립한 것도 상당한 정도는 우연이었다. 나는 1983년에 초기의 PET 뇌 스캔을 알게 된 뒤 이 분야를 지속적으로 주시했다. 정신적 자극과 도전의 결과로 뇌가 적응하는 방식(은 훈련될 수 있다)에 관한 새로운 논문을 읽을 때마다, 폴더에 그 정보를 챙겨두었다. 독립된 연구를 계속하는 동안에도 기능과 형태를 모두 바꾸는 뇌의 능력에 대해 드러나는 사실에 여전히 매료되었다. 연구가 뜻밖에도 우리가 수행하지 않은 흥미로운 것들의 범주 속으로 빠져들었다.

여러 해 뒤 정부에서 이스라엘에 새로운 과학 사업을 배양하는 프로그램을 만들었을 때, 내가 어떤 아이디어를 갖고 있지 않은지 질문을 받았다. 그때 바로 그 폴더가 세상 밖으로 나왔다. 나는 최초로 뇌 스캔을 한 이후 지나간 20년 동안 과학이 해냈다는 것, 즉 그 결론에 의문이 제기될 수 없을 만큼 성숙했다는 사실을 깨달았다. 또한 개인용 컴퓨터가 도락가의 장난감에서 폭넓게 사용되는 복잡한 도구로 진화해 있었다. 게다가 사회적 변화가 일어났다. 노인들이 벤치에 앉아서 흘러가는 세상을 볼 거라고 더는 기대하지 않았다.

베이비붐 세대는 나이를 먹는다는 것의 일반적 인식을 바꾸기 시작했다. 그들은 이전 세대보다 훨씬 더 활동적으로 세상에 참여했고, 어떤 점에서나 건강한 상태이기를 바랐다. 중대한 인지 훈련 프로그램을 공들여 만드는 데 필요한 모든 요소가 나타나 있었다. 정부에서는 위험 요소가 있는 아이디어인 이 벤처사업의 씨앗을 뿌리는 데 도움을 주기로 했는데, 이 회사가 세계 어느 곳에서도 그 종류로는 최초 기업들 가운데 하나일 것이기 때문이었다.

의심할 바 없이 다른 많은 사업과 개인적 모험이 이와 비슷한 뜻밖의 재미, 즉 흥미와 준비와 행운이 융합되어 시작된다.

상황이 부정적일 때 우연에 대처하거나 상황이 긍정적일 때 그것을 이용할 준비가 되어 있으려면 인지적 유연성이 필요하다. 아이들과 젊은 성인들은 자연적 호기심을 가지고 있다. 이러한 특성을 이용해 끊임없이 도전해오는 세상과 대결하는 데 필요한 도구를 그들에게 주는 가장 좋은 방법은 교육하기 위한 더욱 고전적 접근 방법으로 되돌아가는 것인지도 모른다. 서양에서는 고전적 교육이 단지 그런 것, 즉 종종 그리스나 라틴어 원전으로 되어 있는 역사, 과학, 문학의 고전작품을 공부하는 것을 의미했다. 성격에 강조점을 둔 유명한 그리스인과 로마인의 전기와 짝을 이루는 플루타르크의 《영웅전》은 여러 시각, 즉 문학적·역사적·정치적·법률적·윤리적 시각에서 볼 때 훌륭한 책이다. 이것은 한때 그랬던 것처럼, 모든 대학생이나 교양 있는 개인의 필독서가 되어야 하며, 서양 역사의 고전적 시기를 연구하는 학자들의 범위에 국한되면 안 된다.

제2차 세계대전 이래 교육은 대부분 더욱더 전문화하는 방향으로 움직여왔다. 상대적으로 아주 적은 학교가 아직도 고전을 가르치거나, 정신을 확장하려고 만들어진 폭넓은 교과과정을 가지고 있다. 우리 교육 체계는 과학적 사고방식에 초점을 맞추는 경향이 있고, 문학적·역사적 사고는 아주 적게 포함되어 있다. 대충 그런데, 이것은 심각한 실수다. 편협한 교육과 직업적 전문화는 개인을 직업적인 면과 인지적인 면 모두에서 위험에 빠뜨린다. 폭넓은 교육의 이점은 한 가지 특정 과목에 대해서는 덜 배운다 할지라도, 여러 과목에 대해 많이 배운다는 점이다. 우리는 여러 상황에 다양한 사고방식을 적용하기 위한 여러 가지 근본적 학습 기능과 능력을 발달시킨다.

고대인의 난해한 작품들을 애써 읽는 것은 많은 사람의 관심을 끌 것 같지 않고, 고전 교육에 종종 이용된 과장되고 징벌적인 방법 또한 매력이 없다. 그러나 전통적 교육은 세계에 대한 폭넓은 관점을 가질 수 있는 박학다식한 사람과 계몽된 성인을 만들어내는 것이 목표였다. 이러한 교육의 수혜자는 과학, 문학, 예술, 탐험에서 위대한 발전을 이룬 시대에 살았다. 서양에서는 우리 기술이 우리에게 그런 만큼, 당시로서는 최첨단 기술을 발전시켰다. 모험가들은 선사시대 이래 볼 수 없었던 에너지를 가지고 세계를 자세히 조사했다. 고전시대 대학 졸업자들은 얼마든지 많은 소임, 즉 작가, 예술가, 과학자, 탐험가, 성직자, 정부(와 식민지) 장관, 외교관이나 전사, 그리고 (간접적으로는) 사업가 등이 될 수 있는 다재다능함을 지닐 것으로 기대되었다. 당시에 요구되었던 폭넓은 기초를 지닌 일련의 기능을 오늘날에도 마찬가지로 적용할 수 있다.

전통적 접근 방법에 대한 한 가지 비판은, 그것이 우리 공부를 '죽은 백인 사내들', 즉 잘 교육받은 유럽의 귀족 남성 조상들의 문화에 경도되도록 제한한다는 것이다. 우리는 과거 세대 교육의 특징이었던 철저한 고전 수업활동으로 학생들을 압도하지 않으면서도 서양의 사고와 윤리에 대한 강한 흥미를 학생들에게 주는 전통적 수업을 충분히 제공할 수 있다.

이러한 유형의 교과과정은 학생들이 유럽중심주의 문화의 완전한 일부인지 아닌지와 상관없이 효과가 있다. 볼티모어에 있는 가난한 흑인 공립학교 바클레이초등학교와 중학교는 대부분 방식에서 100년 이상 업데이트되지 않았던 고전적 교과과정을 가르치기 위해 현대적 교과과정을 버리고, 부유한 백인 사립학교와 손잡은 1990년대에 교육 세계를 거꾸로 보았다. 바클레이의 학생 점수가 시내 학교에서 보통인 20번째 백분위수에서 50번째 백분위수로 올랐다. 언어 점수는 하위 30번째 백분위수에서 상위 60번째 백분위수로 올라 두 배가 되었다. 주류 미국 문화적 사고에 몰입하는 것이 이 소수자 학생들에게 특정 가치의 기회를 제공했지만, 다양한 주제를 또 다르게 조합해 엄밀하게 공부하는 것이 그와 유사한 향상을 불러올 개연성이 있었다.

학생들에게 폭넓고 다양한 관심을 경험하게 하면 일반적인 호기심 정도가 높아진다. 학생들에게는 몇 가지 독립적 주제를 탐구하도록 자극하는 충분한 기초교육이 주어져야 한다. 학생들이 그것들을 학교에서 경험하지 못한다면, 나중에 살면서 접하게 될 확률은 매우 낮다. 이것은 아직 젊은 학생들에게 흥미를 불러일으키는 다양한 것을 맛보게 해주는 일종의 카페테리아식 접근 방법이다. 이것은 뭐랄까, 피상적으로 대충 훑어보는 것이 아니라 충분히 관심을 끄는 일이다.

카페테리아식 접근 방법의 일부는 우리 것이 아닌 문화를 접하는 것이어야 한다. 우리에게는 학교에서 교육의 다양성을 확장함으로써 새로운 사고방식을 도입할 기회가 많다. 다른 문화유산의 공부를 포함한다고 해서 서양 유산의 공부를 하지 않는다는 뜻은 아니다. 아랍과 아시아, 아프리카나 다른 문화들의 교육에서도 이것은 마찬가지다. 그들은 다른 문화를 교육하려고 그들 자신의 문화유산을 내던질 필요가 없다.

오늘날 여러 작은 인문학 대학은 여기서 논의하는 다양한 교과과정을 제공하려고 애쓰며, 다양한 학과를 기회로 활용하는 학생들은 현대세계에 대처하는 준비를 잘하는 것으로 나타났다. 그러나 학생들을 전공이나 편안하고 익숙한 영역 밖으로 밀어내는 학교는 거의 없다. 학생들은 대부분 관련된 사고 영역, 예컨대 문학, 역사, 사회학, 수학, 화학, 물리학 안에 머물지만 그 목적은 똑같은 것을 더 많이 주는 것이 아니다. 모든 대학의 학위는 서로 다르고 겉보기에는 양립할 수 없을 것 같은 분야의 공부를 짝 지으려고 노력해야 한다. 예컨대 학교에서는 모든 영문학 전공 학생이 과학을 부전공하거나 그 반대가 되도록 요구할 수도 있다. 학생들이 이질적인 학과들을 더 많이 공부하면 할수록 더욱 좋다.

변화를 위한 교육

내 동료인 베티 프리던은 예전에 이 새로운 교육 방법을 '변화교육' 이라고 말했다. 즉 이것은 사람들이 변화에 대처할 수 있게 도와주는 교육의 구조개혁, 사람들이 성인이 되어서도 인지적 비축을 잘 발달시키고 유지할 수 있도록 돕는 접근 방법이다. 부모와 교사들은 일하는 한 가지 방법을 가르치는 경향이 있다. 아이들은 대부분 여전히 시험 삼아 해보고 있고, 때로는 그것을 요구받는다. 우리는 놀기 좋아하는 아이들의 뇌를 자연스럽게 이용할 필요가 있다. 이렇게 하려면 학생들이 각종 능력시험에 통과하거나 일정한 지식 기준을 충족하는 데 도움을 주려고 만든 교과과정을 생략해야 한다. 그 목표는 단일한 답, 사실에 기반을 둔 질문 또는 '언제나 맞는' 답을 넘어서야 한다. 1 더하기 1은 얼마인가? 우리나라의 중요한 지리적 특색은 무엇인가? 이러한 질문에 대한 답을 아는 것도 필요하지만 그것은 우리가 살면서 필요한 정신적 기능을 발달시키는 데 충분하지 않다.

'때때로 옳은' 답으로 이끄는 복잡한 질문, 그리고 상황에 따라 답이 다양한 조건적 질문이 정신적으로 훨씬 더 도전적이다. 이러한 유형의 질문을 접하게 되면 학생들이 뇌 능력을 만들어내고 인지적 자동조종장치를 피하는 데 도움이 된다. 새로운 교과과정은 교사들에게도 유익할 것이다. 똑같은 과목을 같은 방식으로 해를 거듭하며 가르치면, 교사는 에너지가 소진되기 십상이다. 창조적이고 새로운 수업 방식을 제공하면 교사들이 판에 박히고 경직된 수업 방식을 피하는 데 도움이 될 것이다.

가치 있는 새로운 수업은 관계를 발전시키고 유지하는 방법에 초점을 맞출지도 모른다. 자아 인식과 다른 사람들이 자신을 인식하는 방법, 그리고 다른 사람들을 대하는 방법에 대해 더 많이 배우는 것은 학생들이 정서적 지능을 얻는 데 도움을 준다. 그것은 결국에 가서는 모든 사람이 서로 좋아하기로 되어 있는 '기분 좋은' 접근 방법이 아닐 것이다(남에게 친절하게 대하는 것을 배우면 나쁜 결과가 있다는 얘기는 아니다). 목표는 학생들에게 관계, 특히 어려운 관계를 운영하는 능력을 주는 것이다. 자동성을 방지하는 법을 가르치는 수업은 어떨까? 이 책의 많은 예에 기초한 교과과정을 구성해 학생들이 정신적 유연성을 유지하는 데 필요한 수단을 갖춰줄 수도 있을 것이다.

이러한 유형의 변화는 핵심과목의 표준성취도 시험에 초점을 맞추는 문화에서는 시행하기 어려울 텐데, 이것이 바로 현재 미국과 또 다른 곳에서 하는 방향이다. 그러나 불가능하지는 않다. 전체 점수에서 학생별 향상으로 해마다 강조점을 조금만 이동하면, 교육체계가 장기적으로 좀더 폭넓은 영역의 교과목에 걸쳐 학생들이 더 잘할 수 있는 기반을 닦을 수 있을 뿐만 아니라, 현재 실행되는 접근 방법의 많은 결함을 제거할 수도 있다. 교육을 재설계할 필요성을 의심하는 사람은 누구나 최근의 한 연구, 즉 사회학자 리처드 애럼과 조시퍼 록사의 《학문의 표류: 대학 캠퍼스의 제한된 학습》에서 도움을 받을 수 있다. 이 책에서는 오늘날 대학생의 45퍼센트가 대학생활 2년 뒤 비판적 사고, 복잡한 추론, 글쓰기 능력 면에서 의미 있는 향상을 보이지 않는다는 사실을 알아냈다. 3분의 1 이상이 대학생활 4년 뒤에도 개선되지 못했다. 가장 큰 성취를 보이는 학생들은 가장 많이 읽고 쓴 학생과 전통적인 인문학 교육을 받은 학생이었다.

때때로 옳지만 언제나 골칫거리인 것

윤리적 문제는 다양한 답 또는 '때때로 옳은' 상황의 좋은 예다. 윤리적 문제에서는 각각의 가능한 해결책이 하나의 타협이고, 각각의 타협은 답을 내놓는 것과 마찬가지로 많은 의문을 제기한다. 종종 그 결단은 두 가지 악 사이에서 덜 나쁜 것을 선택하는 것을 의미한다. 그때조차 합리적인 사람은 어느 선택이 나은지에 동의하지 못한다.

어떤 사람들은 윤리적 딜레마의 한 면 이상을 고려하지 않으려 하면서, '상황적 윤리'로서 '때때로 옳은' 것을 일축하는데, 사실 우리는 그러한 윤리를 통해 상황에 적합하도록 원칙을 바꾼다. 실제로는, 다음의 예들이 보여주는 바와 같이 삶에서는 자주 다양한 원칙이 갈등을 겪는다. 어떤 사람들이 윤리적 딜레마에 빠지기를 완전히 거부한다는 사실은 그러한 의문이 얼마나 해결하기 어려운지, 그것과 맞붙으려면 얼마나 많은 인지적 노력이 필요한지를 보여줄 뿐이다.

윤리학자가 우리 가운데 아무도 맞닥뜨릴 개연성이 거의 없는 윤리적 딜레마를 제기하는 경향은 도움이 안 된다. 우리 중 많은 사람은 마지막 구명조끼를 얻기 위해 가라앉고 있는 배에서 다른 승객을 죽일지 선택해야 할 필요가 없다. 바퀴에 묶인 다섯 사람을 발견했는데, 그들을 구하는 유일한 방법인 기차를 멈추기 위해 기차 밑에 여섯 번째 사람을 던져 놓는 일을 할 확률은 더 적다. 아돌프 히틀러의 이름으로 무구한 아이를 죽일지 말지 결정해야 하는 시간으로 되돌아가는 일이 우리 중 아무에게도 닥치지 않을 거라는 것은 아주 확실하다.

철학적인 문제를 곰곰이 생각하고 싶어하는 사색가에게는 그러한 의문이 쓸모 있을지 모르지만, 우리는 대부분 일상생활에서 훨씬 더 즉각적이고 실천적인 윤리적 선택에 직면한다. 예컨대 고민상담 칼럼니스트에게 자주 제기되는 한 가지 주제가 바로 누군가 자신의 연애 상대를 속이고 바람을 피우는 사실을 알게 되었을 때 어떻게 해야 하느냐는 질문이다. 어떤 사람들은 피해를 받는 쪽에게 언제든 말해주어야 한다고 생각한다. 다른 사람들은 반대로, 사람은 언제나 제 일만 신경 쓰는 것이 옳다고 생각한다. 문제를 반대편에서 바라보는 사람들은 열띤 논쟁으로 들어가기 십상이다.

상황이 문제일까? 무분별한 행동이 한 번의 실수일 뿐 당사자가 지금은 뉘우치고 상대에게 아주 잘해준다는 사실을 안다면 어떻게 될까? 두 당사자가 정식으로 약혼한 사이가 아니라면 덜 문제될까? 두 사람이 한 달 안에 결혼할 예정이라면 더 문제될까? 피해를 당한 사람이 제기된 혐의를 믿지 않거나 그 전달자를 비난하는 일은 종종 있다. 우정에 손상을 줄 수도 있다는 것을 고려해야 할까? 우리가 한쪽 또는 양쪽 모두와 함께 일한다면 말해주는 것이 우리 일자리를 빼앗아갈지 아닌지에 전적으로 우리 판단이 달려 있어야 할까? 피해를 받은 쪽 역시 바람을 피운 일이 있다면 그것으로 공평해질까? 다시, 어떤 사람들은 아무 비판도 하지 않고 A나 B를 확고하게 편들 수도 있다. 그러나 사람들은 대부분 판단하기 전에 이 모든 요인을 가치 판단할 것이다.

유전자 검사도 여러 어려운 윤리적 문제를 제기한다. 만약 공개적 접근이 가능하게 된다면 유전자 정보가 어떻게 사용되느냐는 문제는 사회적·성치적·윤리적 차원에 관한 것이다(미국에서는 고용주와 보험회사가 유전자 정보에 기초해 아무도 차별할 수 없다. 적어도 이론적으로는). '의학적 상태에 대해 우리가 알 수 있는 권리' 대 '그렇게 아는 것이 미칠 수 있는 영향' 문제는 개인 차원에 대한 것이다. 헌팅턴병은 그러한 딜레마가 가져올 수 있는 질병의 한 예다. 이것은 현재 치료할 수 없는데, 결함이 있는 유전자(부모 중 한쪽으로부터만 유전되는 지배적 유전자)가 일으키는 퇴행성 뇌 세포 질환이다. 10년이나 20년 안에 죽을 거라는 사실을 알게 되면 나머지 삶이 완전히 파괴될 수 있다. 우리는 알지 않을 권리가 있다.

만약 부모 중 한 분이 헌팅턴병을 가지고 있다면, 우리 또한 그 병을 가지고 있는지 알아내기 위해 검사할지 선택해야 한다. 만약 우리가 젊은데 헌팅턴병 양성반응을 얻는다면, 훨씬 더 윤리적인 문제가 제기된다. 첫째는, 모든 아이가 그 치명적인 병을 물려받을 확률이 50퍼센트이므로 아이를 가져야 하는지가 문제다. 둘째는, 부모님이 사정을 아직 알지 못한다면, 부모님에게 무슨 말을 해야 하는지가 문제다. 두 분 중 한 분에게는 분명히 그 병이 있다. 나이가 더 많으므로 고통이 더 빨리 시작될 것이다. 말씀드려서 그분들의 일을 정리하고 그 끔찍한 병이 시작되는 데에 대비하게 해야 할까? 가능한 한 오랫동안 고통을 덜어주어야 할까?

만약 우리가 그 사실을 유일하게 안다면, 말할지 말지 판단하는 것은 일가 사람들의 성격과 특징에 대한 주관적 평가에 달려 있을 수 있다. 그 사람들이 알아서 또는 알지 못해서 더 해를 입을 거라고 생각하는가? 그 판단은 영향을 받을 사람들의 나이, 건강, 생활방식과도 관계가 있을 수 있다.

미국에서는 몇몇 실험 센터의 개설을 포함해 헌팅턴병과 관련된 문제를 다루는 프로그램을 개발했다. 자신에게 이 병이 있다는 사실을 알게 되는 사람들을 위해 전문적 지원이 제공된다. 이 프로그램을 운영하는 의사는 부모 중 한 분이 헌팅턴병으로 돌아가셨다. 그녀는 자기 자신을 검사한 적이 없다. 그녀는 성인이 된 뒤 온 생애를 이 질병의 치료법을 찾는 데 바쳤다.

유전자 검사법을 더 많이 개발하면 할수록 우리 자신이 이러한 유형의 역설적 상황에 더 자주 직면하게 될 것이다. 의사에게 신체적 건강과 관련된 문제에서 할 일을 알려주는 의학적 지시에 더해 설명 듣기를 원하는 질병의 종류가 무엇인지와 원치 않는 종류가 무엇인지를 설명하는 심리학적·의학적 지시가 필요할 수도 있다.

또 하나의 윤리적 갈등을 탐구해보자. 현재 연구자들은 기억의 포기를 방지하거나 이미 존재하는 기억을 없애는 힘이 있는 약물을 실험하고 있다. 어떤 여성에게 강간이나 또 다른 폭행의 장기기억이 형성되는 것을 막으려고 이런 약물을 처방할 수도 있다. 정신적 외상 이후 스트레스로 고통받는 병사들은 잊히지 않는 기억에서 벗어날 수 있을지도 모른다. 그렇다면 우리는 모든 불행한 사건을 지우려고 알약 한 알을, 그 완벽한 '행복의 알약'을 먹어야 할까? 불쾌한 과거 기억 중 많은 것이 현재 모습을 만드는 데 기여했다. 특정한 폭력적인 정신적 외상 이후 고통을 겪는 사람들을 위해 그러한 치료법을 준비해두어야 할까? 만약 그 기억이 어떤 폭행과 관계되어 있다면, 그 개인의 무엇이 죄로 고소당해야 하며, 과연 누구에게 그 고소인과 대면할 권리가 있을까? 고소인은 그 사건에 대한 기억이 지워졌는지를 어떻게 증명할 수 있을까? 피해자를 고통에서 자유롭게 해주는 것이 가해자를 격리하는 사회의 능력을 위험에 빠뜨릴지도 모른다.

평범한 사람이 마주할 수 있는 가장 어렵고 괴로운 도덕적 갈등이 낙태일 것이다. 이 예를 설명하기 위해 의심할 바 없이 도덕적 갈등을 일으키는 한 가지 시나리오에 초점을 맞추어보자. 임신한 여성이 치명적인 병에 걸리는 상황이다. 유방암, 흑색종암, 호지킨암, 난소암, 백혈병, 결장암, 융모암(융모암은 임신 자체에 의해 발생한다)을 포함하는 여러 형태의 암이 임신하고 있는 동안 발생한다. 암은 임신 여성 사이에서 드물어 발병률이 1퍼센트가 안 된다. 여러 경우에서 이 병은 임신 여성과 태아 모두 구하는 방법으로 처리할 수 있다. 그러나 미국에서만 한 해에 임신부 670만 명 가운데 수천 명이 끔찍한 선택에 직면한다. 임신 여성의 암을 치료하면 태아가 죽게 된다. 암을 치료하지 않으면 임신 여성이 죽게 된다. 훨씬 더 많은 여성이 자신을 위한 치료가 태아의 죽음을 야기하는 다른 상황, 사건 또는 정신적 외상 때문에 엄청난 손상을 입히는 판단과 마주한다.

당연히 산모가 살아야 한다고 자동으로 생각할 수 있을까? 당연히 태아의 생명이 우선권을 얻어야 한다고 생각할 수 있을까? 많은 여성이 태어나지 않은 아이를 구하려고 자신을 희생하는 것도 무리는 아니다. 그러나 그 남편에게 물어보라. 많은 남성은 아내를 구하는 방법을 택할 것이다. 그러나 엄마는 자신을 구하고자 하고 아빠는 아이를 구하고 싶어한다면 어떻게 될까? 그 여성에게는 엄마를 잃는 것이 엄청나게 충격적인 일이 될 다른 아이들이 있다면 어떻게 될까?

우리가 논의한 모든 시나리오에서 어떤 사람들은 자동으로 A를 선택할 것이다. 어떤 사람들은 자동으로 B를 선택할 것이다. 그러나 대부분 사려 깊은 사람들은 여러 요인을 따져볼 테고 최종적으로 고통스러운 결정을 하기 위해 여전히 극심하게 괴로워할 것이다. 몇 가지 서로 다른 정신적 시각으로 문제에 접근하는 것이 도움이 될 수 있다. 과학적 사고방식은 관계된 질병의 종류, 그것이 몸 안에 있는 곳, 진전되고 공격적인 정도, 그리고 임신이 진행되어 있는 정도를 따져볼 것이다(치료가 이르면 이를수록, 위험은 태아에게 더욱 커진다). 이 모든 요인은 즉각적 치료 대 지체된 치료로 제기되는, 엄마와 아이의 상대위험도와 관계 있다. 법률적 사고방식은 어떤 행위의 합법성 문제와 하나가 다른 것에 유리한 법률적 선례가 있는지 따질 것이다. 역사적 사고방식은 이러한 어려운 판단이 역사를 통해, 그리고 특히 우리와 유사한 사회에서 어떻게 있어왔는지를 이해하려고 노력할 수도 있다. 윤리적인 철학자의 사고방식은 자신의 윤리적 전통에 따라서 옳고 그른 것을 따져보려고 할 것이다.

윤리적 딜레마를 생각한다

어려운 윤리적 문제는 보통 교실에서는 다루지 않고 학생이 대학에 들어가기 전에는 제시되는 일도 거의 없다. 너무나 많은 젊은이가 스스로 동의하지 않는 중요한 문제를 하나도 마주하지 않은 채 고등학교를 마친다. 종종 10대의 견해는 자기 자신의 독립적 생각이라기보다 친구나 부모의 견해를 생각 없이 요약 반복하는 것이다. 그들은 한 가지 견해를 지지할 만한 이유에 몰두하거나 또 다른 견해에 반대할 만한 이유를 검토할 기회가 없다. 자기 견해를 지지하거나 반대하는 사실을 파헤치는 데 착수하는 일이 없다. 가능한 답이 한 가지 이상인 힘든 의문과 마주하지 않는다. 그 목적은 그들에게 자기의 기존 관점을 거부하라고 부추기는 것이 아니라 그 관점에 대해 반드시 충분히 생각하게끔 하는 것이다.

예컨대 주의 깊은 숙고가 그들을 자기 부모와 똑같은 결론으로 이끌 수도 있지만, 그것이 그들에게 왜에 대한 더 깊은 이해를 줄 것이다. 그들도 자신만의 생각이 있을 테고, 그것은 물려받은 것보다 더 나을 것이다. 또한 길항하는 관점을 더 많이 존중하면서 떠날 수도 있다. 이스라엘에서는 형식적·논리적 원리에 따라 한 가지 문제를 충분히 전개하며 주장하고 나서… 같은 문제를 반대되는 관점에서 주장하도록 하는 경험을 학생들에게 주는 웅변 수업과 토론 동아리를 많은 학교에서 재편성하고 있다.

윤리적 딜레마의 또 다른 요소는 의도와 최종 결과 가운데 어느 쪽에 초점을 맞출까 하는 문제다. 아동 인지 발달 연구를 개척한 스위스 심리학자 장 피아제는 자신이 돌보는 아이들에게 다음과 같은 시나리오를 규칙적으로 내놓았다. 한 사내아이는 엄마를 도우려다가 유리잔 열 개를 깨뜨린다. 또 다른 사내아이는 유리잔을 만지지 말라는 말을 들었는데, 어떻게든 만져서 깨뜨린다. 어느 아이가 벌을 더 많이 받아야 할까? 열 살이나 열한 살쯤까지는 대부분 아이들이 유리잔을 많이 깨는 아이가 벌을 더 받아야 한다고 말할 것이다. 이 아이들은 의도와 결과를 구별하지 못한다(어린아이에게 영향을 미치는 요인은 유리잔이 한 개보다 열 개 깨질 때 엄마가 더 많이 화를 낼 거라고 인식한다는 점이다).

아이가 열두 살이 가까워지면 의도가 중요하다는 사실을 인식하기 시작해 대답이 다른 쪽으로 옮겨간다. 피아제의 연구는 이 나이 아이들이 '형식적 조작'을 할 능력을 발달시키기 시작한다는 사실을 보여준다. 이 아이들은 수학과 과학에 관련된 규칙과 같은 논리의 규칙을 학습할 수 있고, 자신이 맞닥뜨리는 상황에서 행동 원리를 추출해낼 수 있다. 그 핵심 원리 가운데 한 가지가 바로 의도 원리인데, 이것은 사회와 법률에서 하나의 중요한 요소다. 살해 murder 와 고의적 살인 manslaughter 의 차이는 가해자가 피해자를 해칠 의도가 있었느냐다. 어떤 범죄에서는 하나의 범죄가 저질러졌다고 간주되기 전에 의도가 입증되어야 한다. 그러나 법에서는 최종 결과 또한 고려한다. 차를 박살내 누군가를 죽인 사람은 차를 파손해 부상만 입힌 경우보다 일반적으로 더 엄격한 처벌을 받는다.

윤리적 딜레마는 우리를 편안하고 익숙한 영역 밖으로 멀리 내몬다. 성인이 되는 첫 단계는 우리가 원칙을 만들 수 있고 이 원칙이 우리를 여러 상황 속으로 이끌 수 있다는 점을 깨닫는 것이다. 두 번째 단계는 우리가 원칙을 어떻게 적용하는지에 예외가 있다는 사실을 깨닫는 것이다. 삶의 복잡성은 원칙과 법칙을 단일하게 적용하는 우리 능력에 구멍을 낸다. 우리가 편리함을 위해 원칙을 바꾸는 것은 아니다. 인생은 문제를 산뜻하고 깔끔한 상자에 담아 배달해주지 않으므로 산뜻하고 깔끔한 상자 안에 모든 답을 보관해두려고 하면 당혹스럽게 된다. 우리는 서로 다른 두 가지 상황에 똑같은 원리를 적용하고 다른 판단을 가지고 나올 수도 있다. 아니면 A라는 원리를 고집스럽게 적용하니까 우리 행동이 B라는 원리를 위반하는 것을 알게 되는데, 후자 또한 우리에게는 소중한 것이다. 또는 그 반대도 마찬가지다.

우리 뇌에는 '예외 회로'가 지어져 있는 것처럼 보인다. 뇌가 이용할지도 모르는 가장 효과적인 컴퓨터 전략을 알아내기 위한 시도 가운데 MIT의 마빈 민스키는 '때때로 옳은' 규칙을 다루는 가장 간단한 방법은 본래 규칙을 해체하거나 다양한 규칙을 만들어내는 것이 아니라는 것을 사실로 받아들였다. 오히려 해결책은 주요한 규칙을 지정된 예외에 연결하는 것이다. 우리는 정상적 조건이 적용될 때 자신 있게 그 규칙을 적용하지만, 결과를 변화시킬지도 모르는 흔치 않은 상황에는 표시를 해둘 수 있다. 윤리적 딜레마에 직면할 때 가능한 모든 선택과 관점을 고려하는 것은, 규칙이 적용될 때 뇌 회로를 강화하는 효과를 반드시 내면서 동시에 그 규칙이 적용되지 않을 때는 몇몇 예외를 다룰 수 있도록 만들어진 분기를 증가시킨다. 최종 결과는 인지의 힘과 민첩성이 증가하는 것이다.

삶에서 수학만큼 명백한 것은 거의 없다. 윤리적 딜레마는 세상의 복잡함 가운데 한 예다. 이러한 유형의 의문은 먼저 하나의 추상적 원리를 추출하고 나서 그것을 언제, 어떻게, 어느 정도로 적용하면서 모순되는 원리의 균형을 잡을지 알아내는 능력을 뇌에 요구한다. 한 사람에게 좋은 친구가 되는 것은 또 다른 사람에게 좋은 친구가 되는 것과 완전히 다른 태도를 의미할 수 있다. 좋은 친구가 된다는 원칙을 바꾸기 때문이 아니라 서로 다른 사람은 우리에게 서로 다른 것을 요구하기 때문이다. 한 친구는 더욱 모험적이도록 격려받을 필요가 있고, 또 다른 친구는 과도한 위험 감수에 대해 주의를 받을 필요가 있을 수도 있다. 어떤 친구는 말을 걸 누군가가 필요하거나 우리 생각을 듣고 싶어할지도 모르고, 또 다른 친구는 충고에 발끈할 수도 있다. 만약 모든 아이가 똑같은 방식으로 생각하고 행동하며, 일관되게(!) 행동하고 같은 방식으로 원칙에 반응한다면, 육아는 세상에서 가장 쉬운 일일 것이다. 이런 또는 다른 문제들의 복잡함에 직면할 때 마음을 열어 실험해보고, 얼마나 많은 중요한 문제가 상황과 관계와 개성의 미묘한 차이에 달려 있는지 이해해야 한다.

어릴 때부터 세부적인 것과 맥락의 중요성에 대해 뇌를 훈련하는 것은 최소 필요조건 추구와 반대되는 일이다. 우리는 재빠른 답으로 이끄는 유사성을 찾기보다는 신선하게 생각하도록 만드는 차이를 구한다. 이러한 새로운 학습 방법은 또한, 반드시 모든 사실을 모으고 사물을 보는 자동적이고 단순한 방법을 피할 수 있도록, 판단을 유보하고 새로운 정보에 대한 즉각적 반응을 미루는 능력을 부여할 것이다. 이러한 방법으로만 우리는 삶에서 갈피를 못 잡게 만드는 문제를 성숙하고 사려 깊게 판단할 수 있다. 여기서 지혜가 시작된다.

MAXIMUM BRAINPOWER

- 현대 생활은 혼돈과 가능성으로 가득하므로 모두 거의 어떤 것에도 대비해야 한다. 이것이 인지적 유연성을 요구한다.

- 인지적 유연성을 얻으려면 깊은 차원에서 문제를 검토하고 몇 가지 서로 다른 사고방식을 가르치기 위해 만들어진 교육이 필요하다. 어려운 수업을 하는 것으로는 충분하지 않다. 우리에게는 극적으로 다른 방법으로 뇌를 훈련하는 수업이 필요하다.

- 윤리적 딜레마와 같은 복잡한 문제와 씨름하는 법을 배우는 것은 삶을 위해 훨씬 더 깊은 인지적 토대를 놓음으로써 사고능력과 성취도 시험의 결과를 향상시킨다. '때때로 옳은' 답이 있는 복잡한 문제는 인지적 자극을 가장 많이 주는데, 그것이 우리에게 세부적인 것, 미묘한 차이, 맥락을 파헤치도록 요구하기 때문이다.

Part

05

생각의 미래를
내다보다

MAXIMUM
BRAINPOWER

CHAPTER 16

디지털 대 인간의 뇌

운전을 하는데, 길가의 무언가가 내 주의를 끈다. 주변시[50]로는 분명하게 볼 수 없지만, 그것이 뇌에 주의를 기울이라고 강제한다. 포식자나 먹이에 대해 바짝 긴장하도록 되어 있기 때문에, 우리는 주변의 어떤 움직임도 자연스럽게 경계한다. 옆에 주의하는 것의 위험 대 앞을 보지 못하는 위험에 대해 재빠르게 판단하면서, 뇌는 눈이나 머리를 가능하면 모두 움직이기로 한다. 천 분의 몇 초 동안 뇌가 사내아이 하나와 공 한 개의 모양을 읽어내는데, 차량에 가려져 둘 다 조금 분명치 않게 보인다.

아이와 공을 정지된 차와 비교해보면서 뇌가 상대적 움직임을 계속해서 인식한다. 공이 길 쪽으로 튀어 들어오고 아이가 그것을 열심히 쫓는 것을 알고 나서 나는 복잡한 탄도학적 계산을 한다. 내 차의 지금 속도면 저 아이의 앞을 지날까

뒤를 지날까, 아니면 부딪칠까? 내 상대적 위치를 고려해볼 때 멈추려고 해야 할까, 가속페달을 밟아서 앞으로 지나가야 할까, 아니면 옆 차선으로 방향을 틀어야 할까? 옆 차선은 괜찮은지 알 만큼 바로 전에 확인했던가? 경적을 울려서 아이가 멈추게 할 만한 시간이 있을까? 뇌가 이러한 반 의식적 사고를 처리하는 동안 1,000분의 몇십 초가 또 지나간다.

공이 튀어서 길 안으로 들어온다. 급브레이크를 밟는다. 바퀴에서 끼익 하는 소리가 난다. 아이가 길 안으로 달려 들어온다. 차의 뒷부분이 좌우로 약간 미끄러지지만 멈춰 선다. 아이가 공을 쥐고 올려다본다. 갑자기 나타나서 자기를 바라보는 내 모습을 보고 아이가 놀란다. 자기가 서 있는 데서 불과 30센티미터쯤 떨어진, 내 차 범퍼에 부딪힐 뻔한 위험을 깨닫고 아이가 양쪽을 모두 보고는 계속해서 길을 건넌다.

1, 2초 뒤 나는 조심성 없는 일곱 살배기를 차로 들이받지 않은 것을 알아차린다. 심장이 두근거리고 손이 떨린다. 마음을 가라앉히기 위해 잠시 차를 길 옆으로 대야 한다. 그건 운전강사가 경고했던 것, 즉 아이가 무모하게 길로 뛰어드는 사고를 경험한 것이었다고 나는 생각한다. 조용히 떠날지 아이 부모를 찾아서 무슨 일이 벌어졌는지 말해줄지를 놓고 망설인다. 결국 나는 차를 몰고 떠나면서 그 아이가 자기가 한 일의 교훈을 꽤 오래 기억할 것이라고 생각한다.

차를 운전해본 사람은 누구나 이런 소름끼치는 위기일발의 상황을 경험해봤음직하다. 차가 예기치 않게 보도로 돌아 들어온다든지, 트럭에서 위험한 물건이 떨어진다든지, 내 차가 보이지 않는 얼음조각을 건드려 반대편에서 오는 차량을 향해 미끄러지기 시작하는 소름끼치는 일들 말이다. 그 순간이 지나가고 살아남았다는 사실을 알아차리면, 안도감과 함께 믿기지 않는 상황에 대해 심장이 두근거리는 후유증을 모두 겪는다.

우리가 깨닫지 못할 수도 있는 것은 이러한 신체적 반응이 고속으로 마주친 뒤 발생하는 것으로 생각되지 않는다는 사실이다. 그것은 그 이전에 일어나는 것으로 여겨진다. 아드레날린의 급증, 심장과 폐의 두근거림, 근육 긴장 등 공격·도피 반응[51]은 이미 우리가 한 행위에 대해 나타난다! 현대적 긴급사태에서는 대부분 이러한 반응이 효과를 나타낼 때는 이미 위험이 지나가거나 우리에게 타격을 준 이후다. 사내아이도 이와 같은 곤경과 마주했다. 그 아이가 삐익 하는 바퀴 소리를 들었을 때는 이미 차가 지나가는 길에 발을 들여놓은 상태였다. 이와 마찬가지로 동물들도 현대의 차량만큼 빠른 약탈자에 대해 방어적 적응력을 갖고 있지 않다. 사슴은 놀라면 얼어붙는데, 움직이지 않으면 자연환경 속에서 사슴의 천연색이 스스로 거의 보이지 않게 해주기 때문이다. 길 위에서, 특히 헤드라이트 앞에서 사슴은 속수무책이 된다. 몇십 분의 1초로 인식하고 반응하는 뇌의 능력에도 불구하고, 반응시간을 개선하는 몸의 놀랍도록 손쉬운 방법에도 불구하고(뜨거운 난로에서 손을 홱 떼게 하는 자동반사를 생각해보라), 발명품들은 우리 자신을 포함해 모든 살아 있는 생물의 반응시간과 적응력을 넘어섰다. 인간은 우리가 창조한 세계에서 생리학적으로나 인지적으로 한물갔다.

우리는 지구상의 어떤 복잡한 종 가운데에서도 아마 가장 젊을지라도, 우리 이전에 온 모든 생물의 어깨 위에 올라서 있다. 우리 DNA는 이중가닥이 최초에 서로 껴안았을 때로 이어진다. 우리는 낡았다. 인지적으로 볼 때 우리는 적어도 네 가지 면에서 우리 생활에 비해 너무 오래되었다.

1. 정보 처리 속도
2. 반응의 본질
3. 미래에 대한 지식
4. 기술에 대한 집착

1. 정보 처리 속도. 아무도 정신적 처리과정의 평균 속도를 정확히 알아낼 수 없다. 하나의 신경세포는 1초의 1,000분의 몇 초 안에 반응할 수 있지만, 반응에는 대부분 다양한 신경세포 또는 신경세포의 다발이 필요하다. 신호는 대부분 자연적 행위와 비교해서는 빠르지만 전자적 전송에 비해서는 느린 전기화학적 처리과정에 따라 전송된다. 복잡한 행동에 대해서는 우리 속도가 전화 통화보다는 소포 우편과 더 유사하다.

가장 빠르게 움직이는 물체가 늘 뛰어다니는 생물이었던 세계에서 우리는 진화했다. 우리의 반사작용은 움직이는 자전거보다 빠른 어떤 것에도 반응할 수 없다. 자동차는 일상적으로 세 배 빠르게 달린다. 고속도로에서 달리는 속도로 서로 접근하는 두 차량은 우리가 할 수 있는 것보다 열 배 빠른 반응시간이 필요하다. 우리의 생물학은, 특히 초보 운전자에게 아주 실제적인 제약을 가한다. 젊은 운전자들은 노인들보다 빠르게 반사작용을 하지만, 운전 경험은 더 적다. 이들에게는 기본적인 것들이 아직 갖춰져 있지 않기 때문에 실행하는 모든 것에 주의해야 한다. 이것이 바로 이들에게는 물론 어떤 운전자에게도 나쁜 것인, 집중을 방해하는 것들이 특별히 위험한 이유다. 뇌가 거리와 속도를 적절히 추산하는 법을 학습하는 데에는 경험이 필요하다. 이러한 인지적 학습이 단단히 자리 잡아서 초보 운전자가 향상되어 더 안전해지는 데 2년이 걸린다는 증거가 있다.

20대가 되기 전에는 지휘통제본부가 충분히 성숙되지 않기 때문에, 10대는 위험한 행동을 더 하기 쉽다. 교통사고는 그들을 죽음으로 이끄는 제1의 원인이다. 종종 알코올을 연료로 쓰거나 안전벨트를 매지 않아서 사망자가 생긴다. 휴대전화로도 사망자가 생기는데, 이것은 알코올이 야기하는 것만큼 사고율을 높인다. 대부분 주에서는 현재 다른 제한 가운데에도 휴대전화 사용이나 심야 운전을 허용하지 않고, 승차가 허용되는 다른 10대의 수를 한정하는 젊은 운전자용 등급별 면허를 시행한다. 가장 포괄적인 등급별 면허 프로그램은 16세 운전자의 치명적 사고를 20퍼센트 줄였다.

인간 사고의 상대적 부정확성과 느린 속도는 다른 결과도 가져온다. 금융거래시스템은 현재 아주 빠르고 복잡해서 어떻게 운용하거나 작동하는지 설명할 수 있는 사람은 (있다 하더라도) 거의 없다. 싱가포르에서 한 거래자가 실수하거나 너무 느리게 반응한다면, 뉴욕 증권시장이 극심한 시세 변동을 겪을 수 있다. 돌이켜 생각해보더라도, 자동화된 시스템이 최근 금융 붕괴에서 어떤 구실을 했는지 파악하기는 어렵다. 하나의 소프트웨어 거래 프로그램이 또 다른 소프트웨어 거래 프로그램을 유발하면, 사람들은 통화의 대학살을 평가하기 위해 그 연속적 효과가 끝날 때까지 훨씬 더 많이 기다려야 한다.

이와 유사한 문제가 큰 논쟁거리를 촉발하고 있다. 현재 개발 중인 컴퓨터화된 무기 체계는 이전보다 훨씬 더 정교한 원격 조종 무인기부터 굴러가는 기관총 발사대에까지 걸쳐 있다. 군대에서는 이러한 로봇 체계가 병사들의 위험을 줄여주고, 속도를 높이며, 포화 속에서 합리적으로 반응할 수 있기를 바란다. 컴퓨터화된 무기를 지지하는 사람들은 기계가 병사들보다 전장 업무의 규칙을 더 충실히 지킬 수 있으며, 병사들의 공황 상태는 과잉 반응이나 민간인 사상자를 낼 수 있다고 믿는다. 반대자들은 사람을 대신해서 기계를 사용하는 것이 인간의 전투 비용을 줄여 전쟁을 시작하는 문턱을 낮추게 될까봐 두려워한다. 의심할 바 없이 기계가 세상을 인수할 거라고 생각하는, 자주 볼 수 있는 과학소설의 시나리오에 대한 부지불식간의 두려움 또한 적어도 존재한다.

2. 반응의 본질. 우리는 수많은 오늘날의 도전에 너무 느리게 반응할 뿐만 아니라, 나쁜 방식으로 반응하도록 길들여져 있다. 물질의 세계에서 진화해왔기 때문에 우리 반응은 물질적 본질을 지니고 있다. 아드레날린의 급등이 더 빠르게 달리고, 더 높이 뛰어오르거나 더 세게 칠 수 있게 해준다. 어마어마한 무게에 깔린 희생자를 끄집어냈다

거나 맹렬한 불길에서 사람들을 구한 영웅에 대해 들어본 적이 있지만 인간의 반응은 대부분 오늘날의 긴급 상황에 적절치 않다. 위협의 본질이 대부분 물질적인 것에서 정신적인 것으로 변했다.

중요한 고객을 만나거나 취직 인터뷰를 할 때 가장 원치 않는 일은 '공격·도피' 반응이 시작되는 것이지만, 이때 심장이 두근거리고 손바닥에서 땀이 난다. 공포 반응은 생각하고, 중요한 정보를 기억해내고, 임기응변할 능력을 저해한다. 사장이 호통 치는데 그를 주먹으로 때려서 승진할 개연성은 없다. 본능적으로 반응하지 않으면서 무서운 상황과 마주하기를 요구받는 경찰관은 직업적 냉정함을 유지하려면 훈련과 경험이 필요하다. 경찰관이 어떤 도발적 행동에 감정을 주체하지 못하고 갑자기 주먹을 휘두르면, 우리는 "생물학적 모순이야!"라고 하기보다는 "경찰의 만행이다!"라고 외치는 소리를 듣는다. 자동반사는 신중한 반응이 필요한 긴급 사태에서 역효과를 불러올 수 있다.

스트레스 반응 자체는 앞에서 상세히 살펴보았지만, 생물학과 현대 생활 간 부조화의 또 다른 예다. 물리적 세계에서 우리는 상대적으로 적지만 위험성이 높은 상황에 반응하도록 되어 있다. 몸이 신체적 위협으로 해석하는 심리적 스트레스에 우리는 날마다, 해마다 반응하도록 되어 있지는 않다. 고혈압은 가볍지만 장기적 스트레스의 결과일 확률이 높다. 혈관계의 유효성은 신체적 스트레스가 오르고 내림에 따라 혈관이 수축되고 팽창하는 능력에 달려 있다. 장기적 스트레스는 혈관의 유연성을 떨어뜨린다. 심장이 필요한 혈액을 실어 나르는 유일한 방법은 더 강하게 펌프질해서 어쩌면 위험할지도 모르는 수준까지 혈압을 높이는 것이다. 우리 순환계는 한 가지 삶을 위해 만들어져 있다. 우리는 또 다른 삶을 사는 것이다.

우리가 잘못 적응하는 또 다른 방식은 사회적 모욕을 민감하게 받아들이는 것이다. 역사적으로 우리는 이방인을 미심쩍어 하는 작고 긴밀히 통합된 집단에서 살았다. 우리의 삶과 생계는 부족이나 씨족 내의 협동에 의존했고 사회적 상호작용이 강력했다. 다른 사람들과 잘 지내는 능력은 음식을 얻는 것과 추방되는 것을 판가름할 수 있었다. 지금은 더 많은 사람과 사회적으로 훨씬 더 많이 상호작용을 하지만, 대부분 피상적이다. 나는 이름을 기억하는 데 어려움이 있다는 질문을 종종 받는다. 그러면 이렇게 말한다. "여러분은 너무 많은 사람을 알고 있어요!" 역사적으로, 우리는 이름을 40개에서 50개만 기억할 필요가 있었다. 지금은 수백 개 또는 심지어 수천 개를 기억하기를 요구받는데, 그중에는 딱 한 번 만난 사람의 이름도 포함되어 있다.

피상적이든 그렇지 않든 일상적인 사회적 상호작용은 생존 자체가 위태로운 만큼 우리 마음에 영향을 미친다. 그 결과, 우리는 다른 사람들이 하는 극히 사소하고 터무니없는 말에도 믿을 수 없을 만큼 상처받기 쉽다. 지나가는 사람이 하는 무례한 언사나 동료가 하는 악의적인 말 때문에 하루가 엉망이 된다. 이러한 사회적 감수성의 잠재적 폭발성은 주차공간 때문에 길에서 벌어지는 폭행과 싸움에서 볼 수 있다. 심리학적으로 볼 때, 우리는 전자에 대해 마치 우리가 공격당하는 것처럼 반응하고 후자에 대해서는 마치 우리가 잡은 사냥감을 누군가 낚아채가는 것처럼 반응한다.

3. 미래에 대한 지식. 인간은 존재하는 동안 피할 수 없는 죽음에 대해 곰곰이 생각한다. 선사시대 무덤의 내용물은 인간이 이 세상 너머의 세계를 항상 믿어왔거나 적어도 바랐다는 사실을 보여준다. 뇌는 자기 종말을 예상하고 더 유쾌한 대안을 상상하는 능력을 지니고 있다. 우리가(그리고 아마도 우리 사촌인 네안데르탈인이) 미래와 그것이 가져다줄지도 모르는 것을 생각하는 유일한 종인 듯하다. 또한 수명을 넘어서서 존재하는 것을 계획하고 이룩하는 거의 분명히 유일한 종이다. 우리는 식량과 보물이 잔뜩 쌓인 고대 이집트인의 호사스러운 무덤과 기독교인이 만든 매우 높은 대성당을 보기만 하면 된다. 더 현대적인 예를 살피려면 실력자가 후계자에게 물려주는 기업 왕국과 신용기금을 보기만 하면 된다.

다른 종은 먹을 것의 위치나 계절의 변화를 예측할 만큼만 미래를 지각할지도 모르는 반면, 우리는 폭풍우와 날씨 형태와 심지어 기후 변화까지 예측한다. 우리는 질병의 발생과 선거의 결과를 예견한다. 우리 가운데 기민한 사람은 재정적 파탄도 예견할 수 있다(나머지는 아주 늦어버릴 때까지 알지 못한다!). 또한 수명과 미래에 가장 개연성이 높은 죽음의 원인을 판단하는 능력은 유전학에 대해 더 많이 배움에 따라 많아질 따름이다. 우리 운명을 예견할 수 있는 이 성장하는 능력은 정신이 번쩍 들게 하기도 하고 불안하게 하기도 한다. 피할 수 없는 죽음에 대한 점점 더 정교해지는 지식은 우리 내면에 근심 제조 공장을 더 많이 만들어내고, 스트레스를 증가시켜 심장의 혈압을 높이고 삶에 대한 부적응을 더한다.

4. 기술에 대한 집착. 오늘날 '첨단 유행hip' 세대 사이에서 디지털 다운로드 홍수가 일어나는 것의 영향은 〈마음 날치기꾼의 침입The Invasion of Mind Snatcher〉이라는 영화 제목으로 가장 잘 설명될지도 모른다. 기술을 즐기는 사람들은 데이터 공급 장치를 끊임없이 바꾸어 지속적인 기억을 형성하는 뇌의 능력에 지장을 줄 뿐만 아니라, 점점 더 긴 시간 디지털 기구에 의존하게 만든다. 버스정류장에서 짧은 순간이나마 고요한 마음으로 서 있던 시간을 지금은 모바일 게임으로 보낸다. 외부 자극에 대한 요구는 고요함에 대한 요구로 상쇄된다. 뇌가 흘러들이오는 모든 정보를 완전히 소화하고 조직하려면 심사숙고할 시간이 필요하다. 명상 형태로든 실제 꿈의 형태로든, 어떤 정보가 보관할 가치가 있는지, 그리고 그것이 과거 경험이나 기억과 어떻게 연관되어 있는지 판단하려면 깊이 생각해보는 휴식 시간이 필요하다.

뇌에는 적절한 어구와 시각적 자료뿐만 아니라 진짜 정보 또한 필요하다. 《마지막 숲 속의 아이The Last child in the Woods》는 오늘날 많은 아이가 소나무 사이를 거닐지 못하고 야생동물을 경험하거나 자연 세계의 향기를 들이마시지 못하게 될 거라는 바로 그 실제 공포를 검토한 책이다. 인간의 경험은 계속해서 도시 생활과 기술에 빠져들고 있다. 문화적 손실은 말할 것도 없이 자연에서 격리되는 데 따른 인지적 손상은 헤아릴 수도 없다. 사람들은 바쁜 도시에서 걸은 다음보다 자연 속에서 걸은 뒤 더 잘 학습하는데, 집중을 방해하는 것이 더 적기 때문이다. 컴퓨터 스크린이나 텔레비전 모니터로 계속해서 흘러들어오는 자연 '생중계' 자료는, 숲 속에서 걷는 데서 오는 전신의 감각적 자극과 비교될 수 없다. 사진과 비디오, 글자와 숫자를 쓴 기호는 직접 마주하는 실제 세계와 비교해보면 묽은 죽에 불과하다.

다른 사람들과 자주 얼굴을 맞대고 의사소통을 하는 것은 훨씬 더 중요하다. 상호작용하는 법을 배우는 중요한 방법 가운데 하나는 신체 움직임과 표정을 흉내내거나 보디랭귀지를 입으로 하는 말의 의미와 연관 짓는 것이다. 우리는 정보에 반응할 뿐만 아니라 그것이 제시되는 맥락에도 반응한다. 물리적 접촉을 거의 하지 못해 사람들이 얼굴 표정과 보디랭귀지 그리고 다른 모든 개인적 관계에서 정서적으로 숨어 있는 의도를 읽어낼 수 없는 세상의 위험성을 상상해보라. 한 10대가 시험 삼아 문자 보내기를 그만두었다. 그 여자아이는 자기 친구들과 다시 직접 만나기를 시도하면서 스마트폰이 친구들과 직접 만나 대화하는 시간을 거의 없애버렸다는 사실을 깨달았다. 오늘날 성인들은 거의 항상 서로 감정을 정확하게 가늠할 수 있다. 연구에서는 10대가 절반만 정확하게 가늠했다는 것을 보여준다. 만약 우리가 서로 얼굴을 거의 보지 않고 지낸다면, 젊은이들은 심리적 상태를 알아내는 능력을 어떻게 향상할 수 있을까?

또 하나 문제는 마구 쏟아지는 디지털 정보에 뇌가 중독된다는 사실이다. 사려 깊은 사람이 정보 과부하를 유예 받기 갈망하고 그것이 누그러지지 않으면 고통을 느끼는 것과 마찬가지로, 디지털 일벌레는 자료의 맹습이 멈추면 더 많은 자료를 갈망하고, 정보의 수도꼭지가 꽉 잠기면 고통을 느낀다. 의심할 바도 없이 뇌가 여기에 적응한다. 그러나 그런 적응은 더 깊고 더욱 복잡한 사고에 문을 닫는 형태로 이루어지므로 아주 많은 데이터를 저장하거나 복잡한 연결부를 만들지 못하며, 즉각적이고 원시적인 방어 체계에 의존하게 된다. 점점 더 많은 사람이 상당한 양의 복잡한 정보를 처리하는 능력을 잃어버려 새로운 정보, 사람들, 문화에 판에 박히게 반응하는 방식으로 되돌아가는 세상의 위험성을 상상해보라. 역사는 아이러니로 가득하다. 가장 큰 아이러니는 기술 발전이 먼저 우리 내면세계의 팽창을 가능하게 했고 나중에는 그것을 삼켜버렸다는 사실이다. 무지가 증가하는 것이 디지털시대의 유산이 될 것인가?

인지능력과 디지털 효용 사이의 균형

디지털 기술의 위험에 대해 경보음을 울리는 일은 그 기술을 거부하는 것과는 다른 문제다. 모든 기술은 선과 악을 위해 이용될 수 있고 이용되어왔다. 현대의 운송 기술은 상품과 서비스 또는 무기와 미사일을 나르는 속도를 더 빠르게 할 수 있다. 현대 물리학은 문명에 깨끗한 에너지를 공급할 수도 있고 더러운 종말을 가져다줄 수도 있다. 선을 위해 만들어진 기술조차 해를 끼칠 수 있다. 현대적 편의시설은 대부분 그것이 존재하게 하는 생활양식 자체에 지장을 줄 수 있는, 환경에 해로운 화석연료로 가동된다. 현대 의학은 질병을 대부분 없앨 수도 있고 치명적인 질병을 새로 만들어낼 수도 있다.

기계가 삶의 물질적 도전을 줄인 것은 나쁜 일이 아니다. 우리는 모두 열두 시간 동안 등골 빠지는 노동으로 고생하기보다는 여가시간에 운동을 하고 싶어한다. 새로운 기계가 삶의 정신적 도전을 줄여주는 것도 나쁜 일이 아니다. 뇌를 예민하게 유지하려고 오랫동안 손으로 원장에 계산하는 일을 하고 싶어하는 사람은 실제로 아무도 없다. 취미 삼아 하는 사람들을 제외하고는 사용자에게 더 많은 정신적 노력을 요구하는 예전 컴퓨터로 되돌아가고 싶어하는 사람은 없다. 우리는 손으로 하는 데 몇십 년 걸릴 특정 문제의 해결을 포함해 우리의 현대 체제가 어려운 도전과 씨름하려고 가지고 있는 모든 힘을 이용하고 싶어한다.

이 책은 대부분 온라인 연구와 협력으로 만들어졌기에 전통적인 방법과 비교할 때 완성하는 데 1년 또는 그 이상 시간을 줄일 수 있었다. 만약 우리 문제를 더 쉽게 다루려고 디지털 기구들을 사용한다면, 우리는 이 편리함을 뇌 훈련 요법을 통해서건 다른 어려운 정신적 과제를 통해서건, 다른 곳에서의 인지적 노력으로 벌충해야 하는 인지적 대가를 치르며 얻을 수 있다는 사실을 깨닫기만 하면 된다(훈련은 삶의 다른 곳에서 우리가 하는 노력이 필요한 일을 보완하기도 하고 기반으로 하기도 한다. 그것이 프로젝트나 좋은 책에 몰입하는 것처럼, 우리 정신을 깊은 차원으로 이끄는 삶의 활동을 대체할 수 없다. 그것이 할 수 있는 일은 반드시 뇌가 게을러지지 않게 하는 것이다).

운전중에 문자를 보내는 데 반대하는 사람들이 스마트폰에 반대하지는 않는다. 자동차 사고로 죽는 (대부분 젊은이들인) 운전자들에게 반대할 뿐이다. 멀티태스킹에 우려를 제기하는 사람들이 데이터 확산에 반대하지는 않는다. 학습을 증가하기보다는 감소로 이끄는 오해에 반대할 뿐이다. 디지털 소음에서 한숨 돌리기를 요구하는 사람들이 디지털 기구를 반대하지 않는 것은, 귀청이 찢어질 듯한 굉음에 반대하는 사람들이 음악에 반대하지 않는 것과 마찬가지다. 그들은 청력손상에 반대하는 것이고, 우리는 뇌 손상에 반대하는 것이다.

집에서 일하거나 늘 여행하는 사람들에게 스카이프와 이메일 같은 디지털 기구는 고립감을 줄여준다. 기술은 물리적으로 멀리 떨어져 있는 사람들이 아이디어와 갑자기 떠오른 묘안을 나누고 협력할 수 있게 해준다. 디지털 세계는 새롭고 흥미로운 현실을 창출해내고, 그것이 없다면 갈 수 없는 곳에 우리를 데려다줄 수 있다. 열두 사람만이 달 표면을 걸어보았다. 아무도 화성이나 그 너머를 가보지 못했다. 그러나 기술은 수백만 명이 멀리 떨어진 위성과 행성들의 가상 탐험자가 될 수 있게 해주었다.

디지털 기술은 인간이 탐험하기에는 천문학적으로 너무나 넓고 아주 극히 작거나 환경적으로 지나치게 극단적인 우주를 우리에게 보여주는 독특한 능력을 가지고 있다. 그것은 우리에게 보통 사람이 가기에는 비용이 지나치게 많이 드는 곳에 접근하게 해줄 수도 있다. 이러한 상황에서 선택은 완전한 경험과 가짜 경험 사이에서가 아니라 가짜 경험과 경험을 전혀 하지 못하는 것 사이에서 하는 것이다. 만약 디지털적 생활양식의 목적이 뇌를 포화상태로 만드는 것이라면, 우리 목표는 반드시 이런 일이 일어나지 않게 하는 것, 즉 우리가 가치 있는 것만 받아들이도록 훈련받는 것이다.

사회는 진보로 인식되는 어떤 것도 거부한 적이 없지만, '언제나,

온통 디지털'이라는 사고방식이 급격한 반동으로 이끌 수도 있다. 어떤 사람들은 조용한 시골 생활을 하려고 도시 생활을 거부하고, 어떤 도시에서는 보행자에게 더 즐거운 환경을 제공하려고 차량을 금하는 것처럼, 어떤 공동체에서는 휴대전화와 다른 거슬리는 기구들을 금하는 온전한 정신상태의 섬을 가지라고 고집할 수도 있다. 아프리카 전역이 휴대전화 수신 지역이지만 버크셔[52] 지역에는 수신이 안 되는 곳이 있다. 이 지역 주민들은 실수를 바로잡으려고 서두르는 것처럼 보이지 않는다. 식당에서 조용히 식사를 즐기는 사람들은 디지털 공해가 매연 공해만큼이나 역겹다는 사실을 이미 알고 있다. 아마도 디지털 지식층은 전화로 이야기하기를 원한다면, 흡연자들과 함께 밖으로 나가야 할 것이다. 의심할 바 없이 어떤 공동체에서는 사람들이 삶에 대해 말하기보다 삶을 되돌아볼 수 있는 곳에 있는 상태를 즐길 것이다. 진흙 목욕과 마사지에 빠져보면, 새로운 휴양지를 찾게 될 것이다 (사실, 며칠에서 여러 달에 걸치는 고요한 명상을 하는 고요한 요가 은신처들이 인기를 얻고 있다).

이미 뇌는 다양한 인공 신체기관에서 오는 전기 신호를 받아들이고 해석하는 능력을 보여주었다. 철학자들은 인공사지나 달팽이관 이식과 다를 바 없을 인지 인공기관에 대해 말하기 시작했다. '인지 인공기관'이라는 말은 가벼운 뇌 장애가 있는 사람들의 훈련을 돕는 소프트웨어로부터 외부 디지털 기구의 처리 능력이 들어 있는 확장된 의미의 정신에 다양한 디지털 정보를 조직하는 방법에까지 이르는 모든 것을 포함할 수 있다. 이러한 시나리오들 가운데 어떤 것에서도, 단한 가지 원리는 이런 것이다. 뇌에 새로운 도전적 정보를 제공하는 그 어떤 것도 우리 인지능력을 확장해줄 것이다. 우리가 뇌를 가지고 하는 일을 상쇄해주거나, 빠르고 짧으며 피상적 개입만 제공하는 그 어떤 것도 우리 인지능력을 감소시킬 것이다. 쉴 새 없이 작동되는 그 어떤 것도 우리 인지능력을 고장 나게 할 것이다.

뇌를 새로운 기계장치에 연결할 개연성은 인간이 점점 더 쓸모없어지는 방식의 또 다른 예다. 뇌는 총명하지만 현대의 삶을 감당할 만큼 빠르지는 않다. 이 행성에서 지적으로 가장 발달한 종이 그 자체의 삶에 요구되는 것에 비해서 볼 때 퇴보하고 있다. 도구 때문에, 그리고 우리가 상대적으로 나약한 존재이기 때문에 인지적으로 망가지는 동시에 우리가 사는 세계는 정신적 능력에 점점 더 많은 것을 요구한다. 세계가 하나의 종인 우리에게서 달아나기 때문에 인지에 투자할 필요가 있다. 정보에 디지털적으로 접근하는 것이 주는 안락함이 우리를 정신적으로 퇴보시키지 못하게 하려면 인지적으로 건강한 상태를 유지해야 한다. 훨씬 더 빠른 기술이 우리 삶으로 들어오는 것을 더 잘 이해하고 대비하려면 인지적으로 건강한 상태를 유지해야 한다. 우리는 발명품이 뇌를 제약하는 것이 아니라 오히려 그 능력을 활용하고 향상할 만큼 확실하게 지혜로워져야 한다.

- 문화와 기술이 우리가 생물학적으로 진보할 수 있는 속도보다 빠르게 진보해왔기 때문에 인간은 자신이 만든 세계에서 인지적으로 한물간 존재가 되었다!

- 생물학은 우리에게 세계에 대한 왕성한 신체적 반응을 준비해주지만, 현대 생활의 상황에는 대부분 차분한 정신적 반응이 필요하다.

- 우리 자신의 종말까지 포함해 미래를 예견하는 능력 탓에 우리는 걱정과 스트레스에 취약해진다.

- 기술에 집착하게 되면 자연세계로부터 고립되고, 디지털 기구들이 제공하는 점점 더 빠른 속도와 즉각적 만족감에 중독되는 경향이 있다.

- 디지털 생활양식의 인지적 안락함은 우리 정신을 의식적으로 자극해야 한다는 것을 의미한다.

| CHAPTER 17 |

세상을 이해하기 위한 생각들

작은 마을에서 사는 농부의 생활양식과 도시에서 사는 사업가의 생활 방식은 단지 그들의 직업이나 주소 이상의 여러 면에서 다르다. 양자 모두 중요한 개인적 유대가 있는 가족이 있지만, 바로 거기서 사회적 유사성이 끝난다. 농부는 일상의 기초 위에서 전형적으로 상호작용하는 작고 영속적인 사람들 집단에 둘러싸여 있다. 그는 그들의 이름뿐 아니라 이력을 상세하게 안다. 이와 대조적으로 도시인은 아마도 다시는 만나지 않을 수백 명을 날마다 볼 수 있다. 그는 이웃과 동료를 알기 위해 조금씩 단계를 밟아나가면서 거리를 유지하는 법을 배운다. 마침내 친구를 몇 명 사귀었지만 또 다른 도시로 이사 가기 십상인데, 거기서 그는 다시 조금씩 시작해야 한다.

경쟁적이고 빠르게 움직이는 사회에서 출세할 기회를 거절하기는 어렵다. 게다가 승진, 더 중요하고 더 흥미로울 것 같은 일, 더 높은 생활수준, 그리고 현재 동료, 친구, 이웃을 잃는 대가로 새로운 사람을 만날 개연성의 이점을 어떻게 평가할 수 있을까? 큰 기회는 대개 중요한 단절을 의미한다. 그것은 언제나 영구적인 자리에서 느린 진전을 선택하기보다 그것을 단행하는 일을 선호하는 듯이 보인다.

몇몇 직종 또는 한 직종 내의 큰 회사에서는 긴 여행과 규칙적 재배치 또는 이 둘 다를 요구한다. 비즈니스 컨설팅과 군 복무 같은 일에서는 한 번에 여러 달씩 집에서 떨어져 있어야 한다. 〈인 디 에어^{Up in the Air}〉라는 영화에서는 비행기, 호텔, 회의실에서 거래되는 삶의 자유와 공허함을 찬양한다. 스트레스 정도를 높이는 것에 더해 집에서 떨어져 지내는 시간이 늘어나거나 사실상 재배치는 사람들이 사회적 유대나 친밀한 가족 관계를 강화하는 것을 어렵게 만든다.

시간에 대한 요구는 신기록을 작성하고 있다. 일과 가족, 여가, 친구 사이에서 균형을 잘 유지하기가 쉽지 않게 되었다. 우리 일이 점점 더 많은 것을 요구하게 됨에 따라 문제 해결이 거의 불가능하게 되었다. 서양에서는 가사 분담이 점점 더 많아지지만, 여성은 아직도 참고 견뎌야 하며, 항상 직장과 가정에서 곡예를 하듯 일하는 처지다. 유모를 고용할 만한 재력이 있는 전문직종 여성만이 남성의 직업적 성공에 근접할 수 있었지만, 그들 중 많은 사람은 파출부에게 육아의 아주 많은 부분을 맡긴다는 죄책감과 싸워야 했다. 한정된 사회적 유대를 지닌 독신 남성과 여성에 대한 제약은 확실히 훨씬 더 적다.

지친 자에게 안식은 없다

전통적인 최저생활은 중세에서건 오늘날에건 힘들고 위험하지만, 반드시 오랜 시간이 필요하지는 않아서 하루에 힘든 일을 하는 시간이 다섯 시간 이하다. 산업혁명은 건강하지 않고 안전하지 못한 노동력 착취 현장에서 긴 노동시간과 일주일당 6일 노동을 도입했다. 노동자들은 아동 노동이 12시간으로 상한이 정해지자 그것을 중요한 승리로 생각했다. 특히 제2차 세계대전 이후 노동 개혁으로 선진국에서는 대부분 주당 40시간 또는 그 이하로 노동시간이 줄어들었다.

그 이후 이 숫자가 꾸준히 올라가고 있다. 주요 경제대국으로 오르는 동안 일본이 산업국가들의 노동시간을 선도했다. 지금은 미국이 그 수상한 명성을 되찾아서 일인당 1년에 평균 약 1,900시간 또는 노동일당 7시간 이상 노동한다. 1990년대 10년 동안에만 거의 완전히 주간휴일이 없는 노동이 추가되었다. 한국과 인도처럼 '개발도상국'에서 '선진국'으로 옮아가는 나라들만이 이보다 더 긴 노동일을 가지고 있다. 그런데 미국인은 세계에서 개인당 생산성이 가장 높지만, 시간당으로는 유럽인이 생산성이 가장 높다.

개인이 가족생활과 사교생활을 포기하지 않으면서 직업적으로 성공하도록 도와주는 방법과 기업이 직장을 위해 모든 것을 희생하려 하지 않는 생산성 높은 종업원을 보유하도록 도와주는 방법 두 가지 모두에 대해, 노동-생활의 균형에 관한 연구라는 하나의 완전한 영역이 갑자기 생겨났다. 그럼에도 대개는 젊고 독신으로(아니면 적어도 아이가 없는) 개인적 헌신성이 가장 약한 사람들이 경쟁에서 분명한 이점을 지니고 있다. 사교생활과 가족생활을 택하는 사람들은 최선의 경력 기회를 공격적으로 추구하기가 거의 불가능하거나, 봉급을 몇천 달러 올리려고 자기 가족을 거꾸로 세워놓으려 하지 않는 사람들이다. 빠른 출세가도에 있는 종업원들은 문자 그대로 기꺼이 척척 움직이는 이들이다.

이러한 장점은 궁극적으로 고위 사업가들의 역학관계를 바꾼다. 역사적으로 이러한 위치에 있는 사람들은 자기 회사에 깊이 헌신했고, 자기 공동체에서 중요한 구실을 했다. 이들은 회사에서뿐만 아니라 사회에서도 지위가 오르면서 회사와 사회 환경에 깊이 관여했다. 오늘날 우리는 이 새로운 지도력이 가족과 친구 또는 자신이 복무하는 바로 그 조직에 의미 있는 유대가 없는 사람들을 대표하게 되는 위험을 무릅쓰고 있다. 한 경영 코칭 학교에서는 오늘날 기업에서 쉽게 지위가 오를 수 있는 매력적인 반사회적 인격 장애자들을 솎아내기 위해 CEO들이 법률 집행에 종사하는 사람들에게 요구되는 것과 같은 인격 테스트를 받아야 한다고 생각한다.

한 개 이상의 회사에서 CEO가 들어와 거대한 이익을 내고는 고액 퇴직금을 받고 떠났는데, 그 단기 수익성을 연구와 개발 같은 사활적 영역에 대한 장기 투자를 희생한 대가로 얻었다는 사실을 주주들이 나중에 알게 되는 경험을 했다. 엔론과 월드컴 같은 회사 전체를 도산시킨 CEO들의 악명 높은 행위는 문서로 충분히 입증되었다. '거짓말쟁이 대출liar loan'53과 일련의 다른 금융 신용 사기는 2008년 하나의 산업 전체를, 그리고 거지반 세계 경제체제를 도산시켰다. 한때는 평판이 좋았던 회사 수십 곳에서 이러한 대규모 사기가 아주 많이 벌어지는 것은 우연일까, 아니면 현저하게 오랜 불운의 연속일까? 아니면 뿌리 없는 기업 지도자들을 둔 데 대한 단지 첫 번째 좋지 못한 결과일까?

물론, 헌신 부족은 두 방향으로 모두 작용한다. 기업에서는 그 어느 때보다도 더 빠른 결과를 기대한다. 분기별 결과가 불만족스러우면 고위경영진이 금세 쫓겨난다. 이러한 "요즘 뭐 제대로 한 거 있어?"라는 태도는 스포츠에서 아주 분명히 나타나는데, 스포츠 감독들은 우승을 해본 사람들조차 한두 시즌을 잘 못하면 종종 해고된다. 이와 유사하게 가장 번창하는 회사들은 여러 해 동안 책임을 떠맡은 CEO들을 보유하고 있다 할지라도, 장기간에 걸쳐 성공을 이루어낼 기회가 주어지는 CEO는 거의 없다. 부서장들의 재임 기간이 꾸준히 줄어드는 데에서 알 수 있듯이, 기업과 고위경영자 모두 어떤 업무 관계도 짧아지는 것이 당연하다고 생각하는 듯이 보인다. CEO들은 계속해서 더욱 커지는 보상금과 해고 패키지를 찾는데, 이것이 그들의 수행 능력과 무관하게 그들을 보호해준다. 기업에서는 회사를 정상에 올려놓을 백기사를 찾아내겠다는 희망 속에서 다음 CEO에게 현금과 주식을 아끼지 않는다. 사회와 마찬가지로, 우리는 헌신의 결여에 헌신하는 것처럼 보인다.

낙관주의 대 사회적 유대

여기에 지금 심리적 문제가 있다. 사회적 생물인 인간에게는 유대에 대한 고도의 욕구가 있다. 관계를 형성하고자 하는 이 욕구는 다른 모든 영장류와 공유하는 충동인데, 인류에게는 더욱 필수적인 부분이다. 이것은 우리 정신과 정체성 발달의 필수 부분이기도 하다. 사회적 유대를 위한 능력은 막대한 생존 가치가 있고 우리의 전반적 안전을 향상한다. 유아기 때부터 우리는 웃으면서 남들의 환심을 사는 법을 배운다. 유아용 게임에는 대부분 어떤 기술(예컨대, 어린이야구)을 발전시키는 것만큼이나 사회적 상호작용에 대한 학습이 포함되어 있다.

사냥, 들일 또는 마을 내부에서의 과제 분담 등 전통적인 일상생활에서는 사람들을 서로 한층 더 가깝게 해주는 활동이 많이 필요하다. 가장 지독한 기근 기간을 제외하고는 전통적인 생활에서는 사회적 활동과 놀이를 위한 시간을 많이 제공해주기도 한다. 정상적인 조건 아래에서는 대가족과 친구라는 사회 안의 유대가 계속해서 그리고 자동으로 깊어진다. 이렇게 친밀한 관계를 형성하는 능력은 평생 우리에게 도움이 되는 극히 유용하고도 잘 연마된 기능이다. 그러나 개인의 헌신성이 얇거나 없는 사람들의 경제적 상승 지향성은 사회적 유대를 해체할 수 있다.

끊임없이 깊어지는 관계를 형성하고자 하는 성향이 하나의 문제가 되었다. 해체는 세 가지 방식으로 나타난다. ①강한 유대를 수립하기를 중단한다. ②관계를 쓰고 나서 버릴 수 있는 것으로 다루는 경향이 있다. ③살면서 계속해서 관계를 발전시키려고 애써야 한다.

고통은 학습을 위한 강력한 동기요인이다. 우리는 개인적 관계를 잘라내는 고통을 피하려고 깊은 개인적·사회적 유대를 막는 행동을 발달시킨다. 장기적 관계를 형성하는 대신 아무런 정서적 애착 없이 '선을 대'거나 '유익한 친구들'[54]을 사귄다. 온라인데이트 서비스는 사회적 연결이 쇠퇴한 서글픈 흔적이다. 온라인데이트 또는 그보다 약간 더 직접적인 '스피드 데이트'를 통해 흥미가 비슷한 누군가를 빨리 찾아내는 것은 정상적이고 안전한 사회적 환경에서 다른 사람들을 만날 시간이 없다는 생각에 근거를 두었다. 만약 헌신으로부터 자유로움이 직업적 출세로 이끈다면 더욱더 많은 사람이 가능한 한 오랫동안 그 헌신을 피하거나 미루려고 할 것이다. 더 오랜 기간 이것이 결혼과 육아를 방해하는 요인이 될 수 있다.

정서적 고통을 피하려고 본능적 욕망을 조작해내는 것은 적응하고자 하는 욕망, 즉 규범적 압력이라 불린다. 보수적으로 타고났다 할지라도 인간은 사회적 종, 즉 군집 동물이기도 하다. 보수주의는 혼자보다는 여럿이 무리지어 있을 때 더 안전하다고 느낀다는 것을 의미하므로, 그 무리가 움직이면 변화로 내몰릴 수 있다. 현대세계에서는 '다수 속에서의 안전'이라는 사고방식 때문에 지배적인 사회적 추세, 온갖 유행, 소비지상주의에 스스로 민감하게 된다. 물론 광고주들은 부와 유행이나 고급 여성복에서 '이웃들the Joneses[55]과 보조를 맞추고자' 하는 심리적 욕구에 영향을 미칠 수 있어서 더 없이 행복해한다. 현대사회에서는 규범적 압력이 현재 상황에 변화를 줄 수 있다! 신분

330

이 좋은 종족 구성원으로 계속해서 남기 위한 방법으로 스타일 변화시키기, 최신식 사람이 되지 못하는 것의 해결책으로 식이요법 변화시키기, 부부 간의 문제를 극복하기 위한 방법으로 배우자 변화시키기, 자기실현이라는 궁극적 목표를 달성하기 위한 방법으로 차와 집과 사는 장소와 생활방식 변화시키기가 있다. "너한텐 변화가 필요해"라는 말은 친구한테서 자주 듣는 훈계다. "나한텐 변화가 필요해"라는 말은 자신의 현재 불만을 표현할 때 자주 사용하는 말이다. 인생은 짧지만, 변화는 곤란에 잘 듣는 응급처방이다.

이것에 깔려 있는 근본적인 인지적 원리는 우리가 일상에서 점점 더 인내하지 못한다는 것이다. 끊임없는 변화는 마음에 더 많은 변화를 구하라고 가르친다. 우리는 금세 싫증낸다. 반복은 어떤 것이라도 상대적으로 얼마 안 되는 시간도 참을 수 없게 한다. 우리는 자극에 대한 만족시킬 수 없는 갈망을 충족해야 한다. 이렇게 새로운 것에 대한 영속적 탐색은 새로운 것을 강력하게 강조하는 미디어에 의해 길러진다. 관심을 다른 데로 쏠리지 않게 하려면 모든 것이 아주 흥미로워야 한다. 친숙하고 안정적인 것은 진부하다.

게다가 이 소비지상주의 시대에는 가난한 나라들의 정비공들만이 아직도 물건을 수리한다. 우리는 제품이 고장 나면 버리고 새것으로 바꾼다. 이렇게 한 번 쓰고 버릴 수 있다는 정신 자세가 개인적 영역에도 쏟아져 들어왔다. 관계를 세우고 나서 수리 작업을 하기보다는 그것이 처음으로 털털거리는 소리를 내면 던져버리고 무언가 새것을 찾는다. 우리는 경험의 소비자가 되고 있다.

이 점이 변화가 정신적 정체를 방지하는 데 필요하고 인지건강 향상에 도움을 주는 데 좋다는 기본적 견해를 반박하지는 못한다. 위험은 이 논지의 도가 지나칠 때 찾아온다. 변화와 스트레스 사이의 연관성을 떠올려보라. 너무 많은 변화는 너무 적은 변화만큼이나 많은 문제를 가지고 온다. 하나의 전체로서 사회가 너무나 빠르게 또는 너무나 다양한 방식으로 변화를 구하는 너무나 많은 사람 때문에 산산조각날 수도 있다. 이러한 장단점은 세계화 자체에서도 볼 수 있다. 그것은 여러 선진국에서, 특히 미국에서 노동력을 완전히 파괴했지만, 전 세계적 번영을 불러오기도 했다. 1960년대에는 세계 국가의 3분의 1이 다른 3분의 2를 지원했다. 오늘날 현실은 그 반대다. 3분의 2가 다른 3분의 1을 지원한다. 세계화와 현대적 통신수단은 독재국가들의 수를 줄이는 데 도움을 주기도 했고 계속해서 나머지 독재국가들에 압력을 가하고 있다. 그러나 이러한 긍정적인 일을 하려는 노력은 임금이 더 싼 해외의 경쟁자들 때문에 자기 일자리를 잃은 근면한 사람들을 암시한다.

안정성은 사회적 규범 가운데 가장 중요한 항목으로 남아 있다. 우리가 행동해야 하는 방식에 관한 일관된 기대를 증진하려면 시간이 흘러가도 조건이 충분히 비슷해야 한다. 현실을 이해하려면 우리 마음에 합리적으로 일관된 틀이 필요하다. 또한 어느 정도 영속성을 위해서는 사회적 공감대를 만들어내야 한다. 만약 모든 것이 유동적이면, 만약 모든 사람이 하나의 경험에서 그다음 경험으로 날아다닌다면, 그때는 다른 사람들의 행동을 사회화하는 효과가 영향력을 감소시키게 된다. 극단적 형태에서는 사회적 규범의 결여가 혼돈으로 이끌 수도 있다.

직업적 목적 이외의 어떤 것에도 헌신하는 않는 것은 필연적으로 대의명분과 이상에 헌신하는 않는 것을 의미한다. 그러나 그러한 거짓된 남녀들은 원칙과 가치관이 없으므로 우리가 지도자 위치에서 찾고자 하는 것과 반대되는 사람들이다. 지도자들이 지닌 인격의 힘은 그들이 소유했을 수도 있는 다른 어떤 미덕이나 능력보다도 민주국가의 유권자들에게 더욱 중요하다. 헌신하지 않는 사람들이라는 망령은 현대사회의 화합에 중대한 위협을 제기한다. 헌신하지 않는 사람들은 항구를 지나쳐버리는 선원들과 같다. 그들은 오직 자신에게만 헌신한다. 개인 차원에서 직업적으로 출세하려고 타인과 친밀성을 최소화하는 법을 배운 사람들은 삶을 실현하는 데는 성공적인 직업 이상의 것이 있다는 사실을 언젠가 깨달을지도 모른다. 문제는 그들이 여러 해 동안 타인을 피한 뒤 좋은 관계를 발전시킬 수 있느냐다.

물론 변화를 구하는 모든 사람이 낙관주의자는 아니다. 특히 미국은 변화를 추구한 사람들이 세웠다. 최초 정착민은 혹한의 땅과 북극해를 가로질러 수천 킬로미터를 이주해온다는 데에 큰 동기를 부여받았음이 틀림없다. 최근 이주민들은 독재, 불의, 종교적 박해, 빈곤 또는 대단히 곤란한 가족 상황을 피해 신세계를 택했다. 다른 사람들은 단지 부를 찾기로 작정했을 뿐이다. 수백만 명이 변화를 감수할 용기를 보여주었고, 미국 문화는 계속해서 신선하고 새로운 온갖 것을 권장했다. 확실치는 않지만 만약 비슷하게 탐험적 기질을 지닌 수천만 명이 같은 나라로 모두 이주해서 수백 년 동안 통혼한다면 그 나라는 변화를 추구하는 유전적 경향을 가질지도 모른다. 미국과 이스라엘처럼 거대한 이주민 인구를 거느린 나라들에는 새로 창업하는 기업이 가장 많다. 이스라엘의 경우, 비율 면에서뿐만 아니라 절대적 숫자에서도 그러하다. 이 작은 나라에는 영국, 독일, 프랑스를 합친 것보다 많은 신규 창업 회사가 있다. 이주민의 나라들에서는 스스로 선택해서 시작하는 경향성이 강하다.

일반적으로, 변화가 어떤 문화에서는 고무되고 환영받지만 다른 문화에서는 저항을 받는다. 이렇게 변화공포증이 있는 문화에서는 종종 다음과 같은 태도를 취한다. "만약 그게 그렇게 좋은 거라면 왜 다른 사람이 아직 그것에 관해 생각해보지 않은 거야? 그것이 존재하지 않는다면 틀림없이 그럴 만한 이유가 있는 거야." 무언가 새로운 것을 시작하는 것이 왜 좋은 생각이 아닌지에 대해 끊임없이 논쟁을 벌일 수도 있다.

의학계에서는 상세하고도 매우 체계적으로 시험해야 할 때는 연구자들이 특정한 나라에서 온 과학자를 선호하는 반면, 좀더 혁신적인 접근 방법이 필요할 때는 다른 나라 출신 과학자를 선호한다. 1990년대 중반에 한 프랑스 잡지에서는 빌 게이츠가 프랑스에서 마이크로소프트를 시작할 수 없었던 것을 한탄했다. 그 논문에서는 젊은 사람들이 사업자금을 대출받을 수 없는 것 또는 대부분 젊은이들이 사업의 불확실성과 압박보다는 공무원 생활에 따라오는 안정성과 연금을 아주 좋아하는 것과 같은 여러 현실적이고도 문화적인 장애물을 열거했다. 젊은이들의 혁신 의욕을 꺾는 장애물의 수가 놀라울 정도였다.

그러나 좋든 싫든 변화는 우리에게 다가오고 있다. 보수적인 나라들은 더 멀리 뒤처질 수도 있지만, 그 나라들 역시 변화와 씨름한다. 서구의 안정된 나라들이 다양한 재정적 문제, 이민자 문제, 안보 문제에 직면한다. 중국과 러시아는 고도로 중앙집권화된 체제에서 자유시장 국가와 민주적 선거로 얼마나 옮겨가야 하는지를 놓고 씨름한다. 중국과 인도는 폭발적 성장이라는 문제와 씨름한다. 이슬람 국가들은 전통적인 종교적 신념과 민주주의, 높은 생활수준, 근대성의 다른 혜택에 대한 갈망을 조화하려고 한다. 중동에서는 낡은 방식에 싫증이 난 젊은 세대 때문에 혼란스럽다. 속담에서 말하듯이, 오직 변함없는 것은 변화뿐이다.

안정추의 필요성

스트레스의 영향에 관한 포괄적 연구에서는 우리가 그것을 다루는 유일하게 좋은 방법은 특히 그것이 변화에 따른 것이라면, 우리 생활에서 스트레스가 전혀 없는 영역, 즉 안정 지대를 하나 또는 그 이상 두는 것이다. (안정추라고 알려져 있기도 한) 안정 지대는 조용하게 명상하기 위한 장소라면 더욱 좋겠지만, 하나의 물리적 장소 이상이다. 그것은 (그 불변성과 신뢰성으로) 우리가 지상에서 살아가는 데 도움을 주는 삶의 어떤 중요한 특징과 관련이 있다. 하나의 분명한 예가 가족이지만, 그것은 현대세계에서 매우 위험에 처했다. 다른 불변의 추들은 도덕적 원칙 그리고 이웃과 공동체에 대한 헌신이다.

안정추의 중요성은 그것이 없어졌을 때 벌어지는 일로 가장 잘 입증된다. 한 가지 완벽하고 단적인 예를 젊은 영화 스타와 음악인들의 주기적인 자기 파멸에서 볼 수 있다. 단박의 부와 명성이라는 갑작스러운 변화의 습격을 받은 그들은 아주 종종 방종한 생활과 화학물질에 굴복한다. 인간으로서 살아남아 계속 성장하는 유명인사들은 예외 없이 자신들을 땅에 발 딛고 설 수 있게 해주는 무언가, 즉 오래 사귄 친구, 정기적인 고향 여행 또는 심지어 거기서 거주하는 것, 압박에서 빗어날 수 있는 은신 상소 등에 대해 말한다.

팝의 아이콘인 퀸 라티파는 자신이 태어난 주^{state}를 중요한 안정추라고 말했다. "여러분이 현실세계에서 만날지도 모르는 것은 무엇이든 대비할 수 있게 해주는, 뉴저지에서 성장한 데는 무언가 중요한 것이 있어요. 우리는 성공을 두려워하지 않아요." 그녀는 스포트라이트를 받아서 끊임없이 스트레스를 받는 다른 사람들에게 이렇게 말했다. "반드시 안식처를 가지세요. 세상의 모든 사람이 당신 일에 참견할 테니까." 억양조차도 안정추가 될 수 있다. 뉴저지나 아칸소나 이스라엘 출신이라는 것이 우리가 만나는 누구라도 곧바로 알아볼 수 있게 해준다.

종족적 또는 국민적 정체성은 그 감각이 너무 강해서 외국인 혐오증으로 이끌지 않는다면, 낯선 장소에서 안정추가 될 수 있다. "내 편은 훌륭해"에서 "네 편은 형편없어"로 가는 것은 작지만 끔찍한 발걸음이다. 우리는 모두 정체성을 강화하기 위해 토박이 문화를 충분히 가지고 다녀야 하지만, 그것이 다른 문화들의 타당성을 받아들이거나 탐구하기를 꺼리게 만들 정도가 되어서는 안 된다. 미국인은 미국 헌법을 확고하게 신뢰한다. 영국인은 전통과 문화적 연속성에 대한 의식이 강하지만, 역사가 4,000년이나 된 중국은 현대적 정체성의 토대가 되는 가장 오래된 전통을 가지고 있는 듯하다. 프랑스인과 이탈리아인은 자기 나라의 예술과 문화에 자부심을 느낀다. 이러한 시각이 사고를 형성하고 우리가 세계 속으로 발을 내디딜 수 있는 강한 토대를 제공한다.

우리가 존경하는 사람들의 믿음 역시 우리 행동과 개인적 정체성 의식을 형성할 수 있다. 아버지 없이 자란 한 젊은이는 젊은 시절 고용주를 존경했고, 자신이 세상으로 나아갈 때 이 사람을 모방하기로 했다. 우리는 이들을 역할모델과 멘토라고 한다. 부정적인 안정추구차 유용한 참조의 틀을 제공할 수 있다. 한 젊은이가 인종 분쟁 시대에 남부지방을 떠났다. 많은 사람이 그의 억양을 듣고 그를 인종차별주의자라고 짐작했다. 그는 그들이 잘못 안다는 사실을 증명하고자 했다. 몇 년 뒤 그의 몇몇 친구가 적극적으로 그를 남부 신사라고 말했다. 그는 그들이 옳다고 증명하고자 했다.

한 여성은 엄마와의 관계 때문에 속이 탔는데, 그녀 엄마는 마지못해 인정해주었지만 철저한 직업윤리와 사랑스러운 사교적 품위 같은 여러 좋은 특성 또한 그 여성에게 가르쳤다. 그 여성은 자기 엄마의 인격과 엄마가 자신에게 주는 상처라는 모순된 면을 화해할 수 없었는데, 그때 한 친구가 그녀에게 이렇게 말했다. "좋은 면을 이용해. 나쁜 건 버리고." 이 단순한 충고가 그녀를 해방해주었다. 그녀는 자신을 돕는 안정추를 선택했고 자신을 방해하는 안정추를 버렸다. 그 이후 그녀는 엄마를 기쁘게 하기 위해 덜 애썼고, 더 행복해졌다.

문화적 유산과 함께 각자는 자신이 생각하고 남들에게 들려주는 이야기의 은닉 장소를 가지고 있다. 이렇게 자주 반복되는 이야기는 우리가 누구인지에 대한 큰 척도가 된다. 우리 이야기에 나오는 모든 사람이 우리에게 특별하므로, 그들은 우리에게 자아와 안정성에 대한 감각을 준다. 우리 자신에 대한 중심 이미지는 가난뱅이에서 부자가된 일벌레, 훌륭한 부모, 최고위 종업원, 박애주의자, 환경보호자, 월터 미티[56] 같은 스포츠 영웅, 사려 깊은 연인 또는 헌신적 배우자 이미지일지도 모른다. 이러한 이야기들이 우리에게 얼마나 많은 것을 의미하는지는 그 이미지가 깨졌을 때, 예컨대 남편이 이혼을 원한다는 사실을 헌신적인 아내가 알게 되었을 때, 또는 30년간 남편과 가장 노릇을 해온 사람이 엄청난 불경기에 직장을 잃을 때 고통스러울 정도로 분명해진다.

이런 이유로, 우리 이미지는 다른 사람들과 맺는 관계보다는 우리가 본질적으로 누구인지에 뿌리박고 있어야 한다. 이야기들이 긍정적이기도 해야 한다. 추가 우리를 안정시켜야지 밑으로 끌어내려서는 안 된다. 정신건강 전문가들은 고통받는 사람들이 스스로에 대해 들려주는 이야기들을 변화시킴으로써 자기 이미지를 다시 세우도록 도와주는 일을 끊임없이 한다. 우리는 때때로 이 이야기들을 업데이트해야 하는지도 모른다. 예컨대 버림받은 아내는 혼자서 해낼 수 있는 강하고 독립적인 여성 이야기를 새로 시작할 수 있다. 해고당한 남편은 50세에 새로운 사업을 시작하는 사업가 이야기를 새로 시작할 수 있다.

헌신하지 않는 사람들은 직장과 사회적 지형도와 관계를 버림으로써 살아남고 성공할 수 있다. 그러나 그들이 모든 것을 버릴 수는 없다. 작지만 소중한 이야기는 설득력이 상당하다. 그것은 정체성의 본질적 부분이다. 일관성이라는 감각을 제공하므로 그것은 어디를 가든 우리와 함께한다.

긍정적인 이야기를 하는 것이 우리를 더 기분 좋게 만들어주거나 더 안심하게 만들어주는 것만은 아니다. 그것이 새로우면 이 이야기는 정신적 연결부를 재구성해낸다. 그것이 문자 그대로 우리 뇌의 배선을 바꾼다. 이러한 변화가 골칫거리를 제거하지는 않지만, 생활의 도전과 맞붙는 정신적 에너지와 심리적 탄력성을 준다.

만약 핵심 신념 체계와 정서적으로 단단히 기반을 둔 일련의 핵심적인 사람과 신뢰 관계를 맺고 있다면, 삶의 다른 면을 변화시키는 데 더 많은 자유를 갖게 된다. 아이가 주변 세계를 탐험할 만큼 충분히 안전하다고 느낄 수 있으려면 부모와 강한 유대가 필요한 것과 마찬가지로, 어른이 실험의 스트레스를 감당하려면 핵심적 심리 영역에서 안전하다고 느껴야 한다. 늘 변화하고 새로운 형태의 생활방식 속에서 이 오래된 형태의 개념이 중심을 유지하고 무정부 상태가 세상에 풀려나오지 못하게 하는 데 도움이 될 것이다.

사회는 개인의 행동에 따라 움직이고, 개인의 행동은 인지적 상태에 따라 움직인다. 결국 개인적 변화가 총체적으로 사회 전체에 상당한 충격을 주는 방식으로 인지 과정을 변화시킬 수 있다. 헌신하지 않는 지도자들의 문제와 관련해서는, 현재로서는 관찰과 약간의 추측에 의존할 수밖에 없다. 그것은 하나의 종인 우리에게는 너무나 빠르게 움직이는 삶의 또 다른 예일 수도 있고, 아니면 문제가 전혀 아닌 것으로 드러날 수도 있다. 그것과는 관계없이 문제를 제기하는 것이 다음 세대가 전통적인 안정 지대에 투자하거나 자신들에게 도움이 되는 새로운 안정 지대를 개발하는 데 도움을 줄지도 모른다. 완전한 기회주의자가 아닌 사람들이 지도적 지위에 있기를 바란다면, 그들이 변화의 바람에 맞서서 안정이라는 추를 택하도록 격려해야 한다.

MAXIMUM BRAINPOWER

- 대부분 현대 직업에서 요구하는 엄청난 노력을 고려해볼 때, 가족과 공동체에 헌신하지 않는 사람들이 강한 정서적 뿌리를 성장시킨 동료들보다 중요한 이점을 가지게 된다.
- 헌신하지 않는 사람들은 개인적인 것이건 사업적인 것이건, 관계를 일시적이며 쓰고 나서 버릴 수 있는 것으로 다룬다. 그러나 유대감이 없는 지도자들은 자신의 조직과 공동체에 해를 끼치면서 자신에게 이익을 주는 결정을 할 확률이 매우 높다.
- 변화의 스트레스와 헌신하지 않는 사람들의 뿌리 없음을 피하는 방법은 안정추, 즉 삶에서 혼란스러운 세계와 대면할 수 있는 건강한 심리적 시각을 주는 것들을 발전시키는 것이다.

| CHAPTER 18 |

생각을 통해서만 배우는 능력

우리 모두가 인지적으로 건강하다면 세계는 어떤 모습이 될까? 최소한 대다수가 더 건강하고 더욱 흥미로우며 생산성 높은 삶을 살 것이다. 증가된 뇌 능력이 사사(私事)와 공사(公事), 기타 등에 삶 자체가 함께해야 한다는 복잡한 문제나 요구와 씨름할 수 있도록 도울 것이다.

이 용감한 새 세계를 이룩하려면 우리가 중요한 능력, 즉 경험으로부터 배우지 않는 능력을 길러야 한다. 또한 '왜?'라는 물음과 다시 친해지기 위해 아이의 경이감과 명랑함을 되찾아야 한다. 세계는 우리를 과거 속에 묻어버리는 가정 위에서 움직인다. 각각의 새로운 아이디어는 누군가 하나의 가정을 무시하거나 그것에 도전할 때 나오지만, (대개 외부의 붕괴로 오는) 하나의 재앙이 우리에게 재검토할 것을 강요하기까지는 이런 일이 거의 일어나지 않는다. 한 가지 문제에 봉착했을 때, 도요타 설립자는 스스로 자기 가정을 통과해서 근본 원인으로까지 내려왔는지 확인하려고 최소한 다섯 번 '왜'라고 묻는 방법을 개발했다. 14장에서 논의한 일곱 가지 서로 다른 시각에서 '왜'라고 묻는 것은 우리를 문제의 실제 원인 또는 가능한 해결책에 대한 새로운 이해로 이끌 수도 있다.

인지적으로 건강한 세계는 우리에게 익숙한 영역 바깥에 있는 중요한 주제에 우리 모두가 몰입해서 그것을 (대부분) 이해하는 세계이기도 하다.

나는 천체물리학자들과 하루를 보낼 기회가 있었다. 그들은 자신들이 하는 일에 대해 개관해주었고 자신들의 분야에서 골치 아픈 여러 주제, 즉 팽창하거나 수축하는 우주, 블랙홀, 암흑물질, 암흑에너지, 양자 파동, 기타 등에 대해 이야기했다. 본래 흥미롭지만 완전히 일상적 관심 바깥에 있던 토론에 참여하는 것은 신나는 일이었다. 면역학 도서관에서 보낸 시간처럼, 이 경험은 다가올 몇 주 동안 필요한 정신적 에너지를 북돋워주었다.

단서를 갖고 있지 않은 저 바깥의 놀라운 주제를 모두 탐구할 수 있는 사람은 거의 없다. 우리가 정신적 노력을 쏟는다 할지라도, 필요한 시간이 그러한 노력에 따르는 비용을 상상할 수 없을 정도로 높게 만들 것이다. 인지적으로 건강한 세계에서는 복잡한 주제를 대중에게 쉽게 설명할 수 있는 사람들에게 일자리를 제공할 것이다. 명료한 방식으로 대중에게 복잡한 정보를 공정하고도 정확하게 제시하는 것보다 현대 민주주의에서 더 중요한 것을 상상하기는 어렵다.

오늘날 뉴스 방송은 공허한 짧은 코멘트, 즉 정치와 스케이트보드 타는 다람쥐 이야기에 대한 편향된 접근이 난무하는 장이다. 신문기사는 필요한 깊이를 제공하기에 너무 짧고 스냅 사진이 지나치게 많으며, 잡지기사는 중요한 문제를 차분하게 성찰하기보다는 흥미와 열광을 불러오기 위해 너무나 자주 한쪽 시각만 취하거나 속임수로 관심을 끈다. 책은 종종 사려 깊은 시각을 제공하지만, 모든 관심 주제에 대해 참조하기에는 시간 집약적이고 상세하다. '전문가들'은 종종 서로 모순된다. 지나치게 많은 자료, 너무 많은 의견의 갈등, 복잡함, 지나치게 많은 전문화된 지식이 있다. 감정에 치우치지 않으면서도 이해하기 쉬운 언어로 서로 다른 시각을 모두 설명해줄 누군가가 필요하다. 우리가 알고 있고 신뢰하는 전문가가!

예컨대, 에너지 정책은 미래에 중요한 만큼이나 혼란스럽다. 어떤 에너지가 가장 안전하거나 위험하며 어떤 에너지가 단기적이거나 장기적인가? 가격 차이가 나는 이유가 가장 값싼 에너지에 들어가는 보조금과 가장 비싼 에너지가 비효율적인 결과 때문일까, 아니면 시장 장려책에 영향을 받는 양의 차이 때문일까? 에너지 독립을 이루려고 내부의 탄소 자원을 새로 개발하는 것이 합리적일까? 바이오매스 같은 특정 탄소 자원을 산림 화재에서 오는 탄소 오염뿐만 아니라 석유 사용량도 줄이기 때문에 허용할 수 있을까?

의심할 바 없이 각주가 잔뜩 달린 백서가 먼지 쌓인 문서철이나 이 질문 저 질문에 답해주는 인터넷 어딘가에 존재한다. 그러나 정보는 대부분 미국의 에너지 정책 자체와 아주 유사하게 흩어져 있고 서로 모순된다. '미국 에너지 정책'에 관한 오늘날의 연구는 결과물을 1억 2,100만 개 되돌려주었다. 100개쯤 되는 최초 결과물에는 이 심각한 질문에 답해줄 수 있는 것이 아무것도 없었다. 에너지를 가장 많이 소비하는 국가에 에너지 정책이 없다는 것은 보통 시민이 이해하고 모여드는 방식으로 모든 선택과 고려와 거래를 설계하는 신뢰 받는 비전문가의 목소리가 없었다는 사실에서 유래할 법하다.

기고자들이 오늘의 당면한 뉴스를 다루는 인스턴트 블로그 대신 큰 주제에 대한 사려 깊은 분석을 제공하는 인터넷을 생각해보라. 알려지지 않았거나 당파적 두뇌집단 출신인 익명의 좀스러운 정책통 대신, 우리가 아는 누군가 또는 적어도 신뢰하게 된 누군가에게서 나오는 분석이 언제나 대부분인 웹을 생각해보라. 이러한 양질의 지식 나눔은 일정한 분야나 주제에 특유한 포럼에서 이용할 수 있다. 문제는 '소셜 미디어 2.0'이 보통 시민에게 주요한 문제를 일반적으로 웹에 가져다줄 것이냐다. 우리는 친구들에게 '진실의 해설자'가 되어 개인적으로 관심이 있는 주제를 상세히 설명해줄 수 있다.

물론 인지적으로 건강한 독자는 그러한 진실의 '결정권자'가 내린 결론을 그저 받아들이려 하지만은 않을 것이다. 그러한 독자는 적어도 본래 연구를 어느 정도 검토할 테고 주장과 결론을 분석할 터이다. 모든 사람이 그 결론에 동의하지는 않을 테지만, 동의하지 않는 이유가 훨씬 더 분명해질 것이고 사실에는 더, 포즈에는 덜 기초를 둘 것이다. 인지적으로 건강한 공동체는 모든 시민이 다른 사람들의 지식에 기여하는 세계로 변할 것이다. '유전자 시대 환경'의 긍정적 순환이 계속해서 집단의 IQ를 올릴 것이다. 모든 사람이 서로 다른 견해에 대한 근거 있는 회의론을 유지할 테지만 새로운 사실이 그것을 보증하면 기꺼이 견해를 바꿀 것이다. 만약 이러한 사고방식의 변화가 이상적으로 보인다면, 문제는 이런 일이 일어날지가 아니라 이렇게 되는 경우 벌어지게 될 일이다.

어떤 인지적 또는 심리적 숙고를 넘어서 사회적·경제적 문제, 사업과 정치, 지역적·지구적 관계를 사회가 다루는 방법에서 일종의 상전벽해 같은 변화가 필요하다. 그 이유는 바로 모든 쉬운 문제는 만약 그런 것이 있기라도 했다면, 오래전에 답이 나와 있기 때문이다. 힘든 문제만 남아 있다면, 힘들게 생각해야만 효과가 있다.

열린 마음을 가져라

한 가지 개념이 이 책에서 다룬 여러 교훈의 기저를 이룬다. 그것은 단지 열린 마음을 가지라는 것이다. 말하기는 쉬워도 그렇게 하기는 어렵다. 좋은 소식이라면 자동성을 피하는 첫 단계가 우리가 그것에 빠져드는 경향을 그저 의식하는 것이라는 사실이다. 새로운 상황에 낡은 공식을 적용하기 쉽다는 것을 앎으로써 마음을 풀어주고, 새 가능성에 마음을 열어주기에 종종 충분하다. 우리는 익숙해 보이는 상황에서 적어도 한 가지 새로운 사실이나 생각을 의도적으로 찾아봄으로써 새로운 눈으로 그 상황을 바라볼 만큼 맥락을 변화시킬 수 있다.

중요한 결정을 유보하면 뇌가 모든 가능성을 (의식적이고도 무의식적으로) 자세히 살펴볼 시간을 충분히 줄 수 있다.

사람들은 대부분 중대한 결정은 빨리 해야 한다고 생각한다. 실제로 이것은 사실이 아니다. 잠시 멈추어 깊이 생각해보는 것이 종종 최선의 행동 방침이다. 비행사와 의사는 긴급 사태에서 너무 빠르게 반응하지 않도록 훈련 받는데, 본능적 선택이 상황을 악화시킬 수도 있기 때문이다. 조종사들은 날개의 수평과 대기속도對氣速度[57]를 유지하라고 배우지만, 그렇게 되지 않을 경우 무슨 일이 일어나는지 실제로 이해할 때까지 행동을 취하지 않는다. 에이브러햄 버기스Abraham Verghese의 멋진 소설《눈물의 아이들Cutting for Stone》[58]에서는 섬뜩한 긴급 상황에 휘말리는 한 산과 전문의가 스스로 다음과 같은 외과의의 규칙을 되뇐다. "소리를 내면서 생각해… 그렇게 하면 문제가 명료해질 수도 있으니까… 환자를 죽인 첫 번째 실수를 만회하려고 서두르다가 두 번째 실수를 한 경우가 많아." 이와 같은 방법이 다른 많은 복잡한 결정에도 매우 쓸모가 있다. 때로는 이해하기 전에 분류하는 시나리오가 필요하다. 이것은 정보 과다에 따른 분석 불능을 정당화하는 것이 아니라 공황 상태에 따른 반응을 피하는 것인데, 이러한 반응은 대개 나쁜 상황을 더 나쁘게 만든다.

이미 본 바와 같이 창조성은 정신적 자발성에서 비롯한다. 선생으로 일하는 동안 나는 단 한 번도 형식적이고 준비된 강의를 하지 않았다. 나는 각각의 수업에서 다루고자 하는 주제에 대해 강의계획표를 만들고 미리 메모를 해두었다. 강의 전날 밤에는 전달하고자 하는 요점을 검토했다. 학생들 앞에 서면 즉흥적으로 말했다. 특정한 이야기가 완전히 준비되어 있지 않았는데도 학생들은 더 넋을 빼앗겼다. 학생들은 내가 그 순간에 생각하는 것을 자신들에게 말한다는 사실을 알았다. 나는 그전에 50번 했던 이야기를 반복하지 않았다.

수업을 몇 년 하고 난 뒤 그 내용을 아주 잘 알게 되면, 순전히 즉흥적으로 했다. 때때로 이러한 방법이 완전히 다른 강의로 이어졌다. 이러한 이야기들은 거의 언제나 최고였다. 메모를 읽거나 기억하는 자료를 되풀이해서 말하는 경우보다 독립적으로 사고하는 것이 훨씬 더 몰두할 수 있게 했다. 신선한 아이디어가 항상 샘솟았다. 내 뇌가 더 열심히 일했고, 내 학생들의 뇌 또한 그랬다. 그러나 이 방법은 회의를 할 때 문제를 일으켰다. 강연하고 나면 나는 주최 측에게서 감사인사를 받고는 회의를 진행하는 데 쓰일 원고를 요구 받는다. 그러면 나는 "무슨 원고요?"라고 말한다.

나는 서른 살 때부터 사진을 찍어왔는데, 내가 좋아하는 아프리카 여행에서도 사진을 찍었다. 사진은 시간 속에서 얼어붙어 있는 기억을 불러내주었다. 그것이 바로 문제다. 사진은 보여주는 것 속에다 기억을 얼어붙듯 꼼짝 못하게 할 뿐이다. 사진을 찍으면 여행이 끝난다. 사진은 우리에게 그 장소를 떠올려주지만, 그것은 그 장소의 기억이 아니다. 우리는 기억이 살아 있고 계속해서 움직이며, 더 많은 연관을 만들어내게 하고 싶어한다. 어떤 사람들은 사진이 기억을 제약하기보다 촉발한다고 주장할지도 모르지만, 나는 동의하기 어렵다. 논점 자체가 사고를 유발하는 문제다. 그런데 아마도 간혹 기록사진은 유용할 수 있는데, 예컨대 가족 구성원이 모이거나 아이들이 인생에서 중요한 시점에 이를 때가 그렇다(고백할 것이 하나 있다. 내가 스스로 이런 사진을 찍지는 않지만, 다른 사람들에게 찍어달라고 하는 일은 드물게 있다! 때로는 한 장으로 족하다).

이와 유사한 고정화 효과가 우리가 들려주는 이야기에도 있다. 우리는 (자동으로!) 시작, 중간 그리고 끝을 지어낸다. 두 번째로 이야기를 들려줄 때는 전에 그것을 말했던 방식대로 떠올리는데, 그 일이 반드시 그런 방식으로 벌어졌을 리는 없다. 더 최근의 기억으로 정리된 이야기가 본래 기억을 대체한다. 일단 이야기를 들려주면, 우리는 더는 기억을 기억하지 않는다. 본래 기억은 실종된다. 사진처럼 기억은 얼어붙게 되는데, 이번에는 말로 그렇게 될 뿐이다.

물론 사람들은 이야기하기를 좋아한다. 앞에서 논의한 바와 같이 이 이야기들은 우리 정체성의 중요한 일부가 될 수 있다. 우리가 이야기하기를 그쳐야 한다고 제안하는 것이 아니라, 기억을 이야기로 변화시키는 것을 가능한 한 오랫동안 미루어야 한다고 제안하는 것이다. 의식의 제약 효과를 떠올려보라. 이미지와 느낌 속에 숨어 있고, 널리 퍼져 있으며, 풍부한 기억으로 하여금 가능한 한 오랫동안 정보를 처리하게 하라. 무의식이 다른 기억과 놀랍고도 예측할 수 없는 방식으로 연결되도록 하라. 우리가 경험을 구조화하는 순간, 그것이 본래 기억을 덮어씌우게 된다. 우리는 원재료를 잃어버린다. 물론 이 책은 하나의 이야기다. 나는 그 내용이 부글부글 끓도록 여러 해 동안 미루어두었다.

우리 모두는 사고를 자유롭게 하는 방법을 찾을 수 있다. 이것은 좋은 숙제를 내줄 수 있다. 모든 중요한 계획과 판단에서, 특히 그것이 앞선 계획에서 벗어난다면, 새로운 길을 떠나는 적어도 한 가지 방법을 찾아내라. 딸이 가르치기를 시작했을 때, 내게 조언을 구했다. 나는 이렇게 말했다. "너무 많이 준비하지 마라. 너 스스로 생각할 여지를 남겨두어라."

나는 생각한다, 고로 나는 존재한다

우리는 모두 이중의 삶을 산다. 첫째, 외적인 현실, 즉 외부 세계와 그것이 가져다주는 모든 해악 또는 행복이 있다. 힘들건 쉽건 간에, 이 현실은 종종 우리 통제 밖에서 작동한다. 그다음에 우리 자신의 독립된, 개인적인 마음의 생활 또한 있다. 이 내부 삶에서는 즉각적 사건에 반응하고 장기적 대처 전략을 발달시킨다. 우리는 새로운 사고와 아이디어를 만들고, 조합하고, 재조합한다. 우리는 사랑과 비통, 동정과 분노를 느끼는데, 이 모든 감정이 우리를 인간적으로 만들어준다. 우리는 외부 자극에 반응할 뿐만 아니라, 자신의 현실을 창조하기도 한다. 우리의 사적인 내면 생활은 뇌의 거의 즉각적 계산과 사고 속에 존재하면서 평생 만들어지는 많은 지식과 정서적 기억에 작용한다. 우리는 무에서 또는 적어도 대단히 복잡한 화학보다 영예로울 것이 없는 것에서 심오한 의식을 형성한다.

코기토 에르고 숨Cogito ergo sum. "나는 생각한다. 고로 나는 존재한다"라는 데카르트의 유명한 말이다. 이 말에서 '나'는 우리가 머릿속에서 끊임없이 듣는 내부의 목소리다. 우리의 정신적 존재는 이 멈추지 않는 내면 독백으로 규정된다. 가장 가까운 동료는 사랑하는 배우자, 부모, 아이 또는 친구가 아니라 자신의 마음이다. 마음이 바로 가장 좋고 변함없는 동료다. 만약 그 내부 이야기가 고장 나면, '나'는 더는 존재하지 않는다. 사고는 조직되어야 한다. 사고와 아이디어를 일관성 있게 유지하지 못하면 그때 '나'는 바람 속의 먼지일 뿐이다.

사고는 또한 맥락을 가져야 한다. 과거나 미래가 없으면 사고는 의미가 없다. 그것은 횡설수설일 뿐이다. 기억은 다른 사람들과 상호작용은 물론 문화와 문명을 위한 토대를 형성하는 개인의 역사를 만들어낸다. 기억은 이전에 왔고 (우리가 확실히 바라건대) 앞으로 올 수천 세대 사이에 우리가 자리 잡을 수 있도록 해준다. 만약 기억을 잃어버린다면 우리 역사를 오랫동안 배울 수도 귀하게 여길 수도 없다. 행동의 장단점을 평가할 방법이 없다. 개인적인 유대와 관계를 유지할 방법이 없다. 횡설수설할 뿐만 아니라 바다의 실종자가 된다. 만약 사고가 우리를 특별한 존재로 만들어준다면 기억은 우리 삶의 의미를 제공한다.

그것이 바로 알츠하이머와 뇌의 다른 퇴행성 질병의 비극이다. 우리는 먼저 기억을 잃고 나서 지금 여기에서 일할 능력을 잃는다. 우리 자신을, 자아를 잃는다. 우리는 어떤 인간도 존재해서는 안 되는 방식으로 혼자가 된다. 이것이 바로 우리 모두가 뇌 건강을 깊이 염려하는 이유다. 이것이 바로 인지건강을 이루고 유지하는 것이 아주 중요한 이유다.

인지건강을 위해서는 마음에 삶에서의 싸움을 준비해주고, 삶에서 우리에게 닥치는 가장 어려운 개인적·직업적 문제와 관련된 최선의 정신적 에너지를 가져다주어야 한다. 그 목표는 생활의 일부로 다양하고 종종 모순되는 상황을 다루는 더 나은 방법을 발전시키는 것이다. 기능적이고도 생물학적으로 변화할 수 있는 뇌와 뇌의 능력을 이해함으로써 선천적으로 보수적인 본성의 위험을 피하고 그것에 내재한 위대한 창조성을 이용해야 한다. 뇌의 유연성에 기초해 세운 인지건강은 반드시 우리 삶을 규정하는 한 면이 된다. 뇌는 우리의 신체적 현실과 심리적 현실을 모두 만들어내므로 인지건강은 외부 세계를 향해 밖으로 뻗어나간다. 그 결과 이 책은 마음의 가장 내밀한 작용으로부터 그 작용이 사회에 미치는 가장 바깥쪽의 영향에까지 뻗어나갔다. 많은 책이 단 하나의 아이디어를 가지고 그것을 끝까지 되풀이해 역설한다. 우리는 여러 다른 맥락을 포함하는 많은 아이디어를 합쳐서 엮었다. 그러나 그 아이디어 모두가 뇌로 되돌아온다. 우리가 뇌를 이해한다면 세계를 이해하는 것이다. 뇌를 향상할 수 있다면 세계를 변화시킬 수 있다.

처음에 나는 다음의 의문으로 이어지는 이 프로젝트에 대해 논의하고자 했다. 지식의 스펙트럼 어디에 뇌에 관한 이해가 있을까? 하나의 비유로 동료 한 사람이 말하기를, 자신은 오늘날의 컴퓨터와 인터넷 기술을 1930년대 비행기쯤으로 보고 싶다고 했다. 달리 말하면, 디지털 기술이 편안한 성숙에 도달하려면 지적 도약이 몇 번 더 필요하다는 것이다. 나는 그렇다면, 하고 나서 이렇게 말했다. 만약 오늘날의 컴퓨터가 1930년대 비행기에 해당한다면, 오늘날의 뇌 과학은 1850년대 철도에 해당한다고.

최근 한 회의론자가 "신경과학의 모든 문제가 해결되지는 않았다"고 주장했듯이 우리가 뇌 이해에서 아주 멀리 떨어져 있지는 않다. 새로운 기술 덕분에 뇌 안에서의 물리적·화학적·전기적 활동에 대한 이해가 극적으로 향상되었다. 우리는 뇌가 세포 수준에 어떻게 작용하는지 이해하고 있고, 신경계의 기관들이 어떻게 협력하는지 많은 것을 이해하고 있다. 과학자들은 인간의 행동에 대한 아주 많은 경험적 관찰을 통해 뇌 자체의 신체적 기능의 직접적 연관성을 보여주기 시작했다. 비행할 정도에는 전혀 도달하지 못했다 하더라도 미래를 향한 탄탄한 선로는 놓았다. 와서 여행에 함께하자. 진짜 재미있는 일은 아직 앞에 있다.

DEEP SEARCH
정신적 조깅 대 정신적 운동

우리가 뇌를 가진 '주말 전사'일 수 없는 것은 몸을 가진 '주말 전사'일 수 없는 것과 마찬가지다. 가벼운 인지적 작업과 뇌 능력 요법의 차이는 이런 것이다.

• 가끔 책을 읽는 것 / 문학수업을 듣거나 독서 동아리에 활발하게

참여하는 것

- 가끔 어학 테이프를 듣는 것 / 정규 어학코스를 밟거나 일주일에 몇 번씩 집에서 새로운 언어를 말하는 것
- 이따금 피아노를 통 하고 치는 것 / 정규수업을 받거나 그룹으로 연주하는 것
- 소셜 네트워크에서 문자 보내기, 포스팅하기 또는 가끔 이메일 쓰는 것 / 상세하고 사려 깊은 일기를 계속해서 쓰는 것
- 가볍게 취미를 유지하는 것 / 그것을 여가활동으로 삼는 것. 아마추어들이 천문학, 기상학, 생물학, 조류학 그리고 다른 분야에 중요한 기여를 해왔다. 그 예로, 한 네덜란드 학교 교사는 은하 가스의 푸른 방울을 발견했는데 이것이 지금은 공식적인 천문학 연구 주제가 되었다. 바느질, 기계 제작 기술, 목공 중 어떤 영역의 취미도 성실히 임하면 뇌에 이로움을 준다.
- 가끔 인터넷 둘러보기 / 열성적이고 사려 깊은 조사 연구. 나아가 서로 연결된 세계의 협력적 본질은 보통 시민에게 다양한 사회·정치적 연구뿐 아니라 다른 분야 연구 과제에 참여하도록 고무한다. 온라인으로 함께 독서하기는 디지털 독서 동아리가 '살아 있는' 독서 동아리를 대체하지 않는 한, 외롭게 가지고 있을 취미에 대해 한 가지 유용한 묘안이 될 수 있다.

옮긴이 주 +

01 이 책에서 '정신'으로 옮긴 원문의 단어가 'spirit'인 경우는 하나도 없다. 이 책에서 말하
'정신'은 인간의 사고를 지배하는 거대한 추상적 원리 같은 것이 아니라 '물질적인 것'이
나 '물리적인 것' 또는 '신체적인 것'과 구별되는 성질을 띠는 것을 지칭할 때 쓰이는 말
일 뿐이다. 따라서 원문의 같은 단어를 경우에 따라 '정신'으로 옮긴 것도 있고, '마음'으
로 옮긴 것도 있다.

02 〈닥터 하우스(Dr. House)〉: 자아를 찾아나가는 괴팍한 의사 그레고리 하우스와 동료들
의 이야기를 그린 미국 드라마.

03 업틱(uptick)과 다운틱(downtick): 전회의 매매성립가보다 높은 가격으로 거래하는 것
과 낮은 가격으로 거래하는 것.

04 블링크(Blink): '눈을 깜빡거림'이라는 뜻으로, 눈 깜빡할 사이에 한눈에 알아보는 능력
을 뜻함.

05 변연계(邊緣系, limbic system): 인간의 뇌는 크게 세 부분(3층)으로 이루어져 있다. 첫 번
째 부위인 1층은 뇌의 가장 밑바닥에 있는 후뇌(뒤뇌)로, 뇌줄기(뇌간)와 소뇌로 구성되
어 있는데, 호흡·심장 박동·혈압 조절 등과 같은 생명 유지에 필요한 기능을 담당한
다. 그래서 이를 '생명의 뇌' 또는 '파충류 뇌'라고 한다. 두 번째 부위는 후뇌 바로 위에
있는 중뇌(중간 뇌)다. 중뇌는 위아래로 모든 정보를 전달해주는 중간 정거장 역할을 하
며, 감정 기능을 담당한다. 포유류는 흥분과 공포로 울부짖거나 으르렁거리며 움츠리기
도 하고 꼬리를 흔들며 애정을 나타내기도 하는데, 이러한 감정적 행동을 담당하는 이
부분이 발달했기 때문이다. 인간의 뇌에서는 이런 감정이 변연계 부분에서 일어난다. 감
정 표현은 파충류에는 발달하지 않은 포유류만의 고유 행동이기 때문에 '감정의 뇌' 또
는 '포유류 뇌'라고 한다. 세 번째 부위는 대뇌피질부가 있는 전뇌(앞뇌, forebrain)로 가
장 최근에 진화했다. 학습과 기억을 하는 중요한 뇌 부위다. 전뇌는 고도의 정신기능과
창조기능을 관할하는 인간만이 지닌 인간의 뇌이기 때문에 '인간의 뇌' 또는 '이성의 뇌'
라고 한다.

06 욤 기푸르(Yom Kippur): 유대교의 속죄의 날. 종일 참회하면서 단식한다.

07 현실 검사: 정신의학에서, 자아와 비(非)자아, 외계와 자기의 내부를 구별하는 객관적 평가.

08 플라이휠(fly-wheel): 기계나 엔진의 회전 속도에 안정감을 주기 위한 무거운 바퀴.

09 숲 언저리를 두들기다: 원문은 'beating around the bush'인데, '돌려서 말하다' 또는
'변죽을 울리다' 등의 뜻이다.

10 존 던(John Donne, 1572~1631): 영국의 시인. 생애도 성격도 복잡하여 전반의 생은 야심
과 지식욕과 이지와 연애로 수놓았고, 후반의 생은 성당 수사회장까지 지낸 성직자다. 그
는 《17세기 제일》이라는 설교집도 남겼으나 성직에 앉기 전의 시로 유명하다. 논리와 열
정, 추상, 구상, 육체와 정신 사이의 재치에 따른 다이내믹한 변화를 보여 둘을 융합 · 동
화하는 '형이상적'이라 이르는 시풍은 중세부터 근대까지 과도기의 불안과 동요를 반영
함으로서 제1차 세계대전 후 주지파 시인의 우상이 되었다.

11 필립 라킨(Philip Larkin, 1922~1985): 삶의 실상을 바탕으로 실체를 추구한 1950년대를
대표하는 영국 시인.

12 윌리엄 카를로스 윌리엄스(William Carlos Williams, 1883~1963): 과장된 상징주의를 배
제하고 평면적 관찰을 기본으로 한 '객관주의' 시를 표방하며 작품을 쓴 미국 시인이다.
그의 시세계는 투철한 현실 인식과 인간미로 해체된 세계에 시적 통일을 주었다고 평
가받는다. 시집 《패터슨》, 《브뢰겔의 그림, 기타》가 있다. 시집 《브뢰겔의 그림, 기타》로
1963년 퓰리처상을 받았다. 5부작 《패터슨》이 특히 유명한데, 비근한 제제로 일상의 언
어를 구사하여 장대한 서사시를 엮어냈다.

13 2년에서 4년 걸림(From two to four years): 말장난의 예. 본래 뜻은 '2세에서 4세용'인데
이렇게 잘못 이해했다는 의미.

14 I had no Monet to buy Degas to make Van Gogh: 발음이 비슷한 말로 장난하기의
예다. 이 문장은 다음과 같이 고치면 전혀 다른 뜻이 된다. I have no money to buy
gas to make van go(나는 휘발유를 사서 밴을 가게 할 돈이 없었어).

15 "I'll be Bach"라는 말은 영화 〈터미네이터〉에서, 미래에서 온 로봇 인간으로 나오는 아
널드 슈워제네거의 대사, 즉 "I'll be back"을 패러디한 것이다.

16 유제류(有蹄類, ungulate): 발굽이 있는 동물.

17 강화(强化, reinforcement): 조건형성의 학습에서 자극과 반응의 결부를 촉진하는 수단 또
는 그 수단으로써 결부가 촉진되는 작용. 보강(補强)이라고도 한다. 이반 파블로프가 조
건반사 실험에서 쓴 용어인데, 그 후 심리학에 도입되어 여러 의미로 쓰이고 있다. 고전

적 조건형성에서는 조건자극에 이어 무조건자극을 주는 것을 말한다. 예를 들면, 벨소리를 내면서 개에게 고기를 줌으로써 벨소리와 타액분비가 쉽게 결부되도록 하는 것이다. 도구적 조건형성에서는 한 번 반응이 있은 뒤 다시 그러한 반응을 일으키도록 자극을 주는 것이다. 예를 들면, 스키너 상자(skinner box) 안에서 쥐가 바(bar)를 누르면 먹이를 주어, 바를 누르는 반응을 촉진하는 것을 말한다.

18 유발단어(trigger word): 어떤 행동의 과정이나 경로를 촉발하는 단어.

19 보속증(保續症, perseveration): 자극이 바뀌어도 같은 반응을 되풀이하는 경향 또는 자극으로 생긴 심리적 활동이 그 자극이 없어져도 일정하게 지속되는 증상.

20 경찰(whip): 미국 흑인 속어임.

21 최상의(prime): 'prime minister'가 국무총리 또는 수상이라는 뜻임에 착안.

22 헤로인 중독자(horse): 미국 속어로 'horse'는 '헤로인' 또는 '헤로인 중독자'를 말함.

23 einstellung: 실험심리학 용어로서 '갖춤새'라고 번역하기도 한다. 첫째, 인지에 대한 기대 효과를 말한다. 예를 들어, 특정한 방법으로 문제를 푼 경험이 있는 사람은 그 방법이 더는 효과적이지 않더라도 계속해서 같은 방법으로 문제를 푼다. 둘째, 비교적 고정적인 마음 상태나 어떤 상황에서 선입견을 가지고 반응하는 경향을 말한다. 예를 들어, 앞서 경험한 성공적인 방식을 새로운 문제를 해결하는 데도 그대로 사용하는 것이다.

24 통제집단(control group): 피험자 간 실험에서 독립변인의 효과를 비교하기 위해 독립변인의 영향을 받지 않도록 해서 독립변인의 영향을 받는 실험집단과 비교되는 집단.

25 Einstellung: 독일어로 '정리, 정돈'이라는 뜻.

26 부분 강화(partial reinforcement): 실험심리학 용어. 원하는 반응 중 일부만 강화하는 절차로 그 반응을 계속 유지하는 데 연속 강화보다 효과적이다.

27 가긍정적 판단(假肯定的判斷, false positives): 하나의 기준변인상에서 어떤 점수를 기준으로 실패와 성공으로 구분되는 경우 이를 하나의 검사로 예언하고자 할 때 기준변인상에서는 실패인데 검사에서는 성공자로 잘못 예언하는 사례.

28 가부정적 판단(假否定的判斷, false negatives): 기준변인상에서는 실제로 성공자인데도 예언하고자 하는 검사에서는 실패자로 판단된 사례.

29 밀리세컨드(millisecond): 1,000분의 1초.

30 코호트(cohort): '특정한 기간에 태어나거나 결혼한 사람들의 집단과 같이 통계상 인자(因子)를 공유하는 집단'을 말한다.

31 조지 도슨의 자서전은《인생은 아름다워》라는 제목으로 한국에서도 번역 출판되었다.

32 햄릿의 권고: 햄릿이 연인 오필리아에게 죄인을 낳지 말고 수녀원으로 가라고 외친 말을 말함.

33 해마: 대뇌 반구의 일부를 이루며 다른 대뇌 겉질과 전혀 다른 구조로 된 부분. 측두부(側頭部)의 밑에서 내측벽(內側壁)에 걸쳐 돌출해 있는데, 후각과 관련되며 인간은 다른 포유류보다 덜 발달되어 있다.

34 새겉질(--質): 대뇌 겉질에서 가장 최근 진화해 형성된 부분. 여섯 층 구조를 이루며 사람 뇌의 거의 대부분을 이룬다.

35 레트로제너시스(retrogenesis): 뇌가 성장하는 과정과 반대되는 순서로 노인의 정신적 능력이 쇠퇴하는 현상. 알츠하이머병 환자에게서 나타난다.

36 말이집탈락(demyelination): 신경세포돌기를 피복하는 말이집(myelin)이 말이집 그 자체 또는 그것을 생성해내는 올리고덴드로글리아(중추신경계) 또는 시반세포(말초신경계) 중 어느 쪽의 병적 변화로 탈락하는 것. 탈수초(脫髓鞘).

37 베르니케 영역(Wernicke area): 상측두회의 뒤쪽 부분에 있으며 언어 이해에 중요한 역할을 하는 부위.

38 스타틴(statin): 콜레스테롤 저하제.

39 뉴로트로핀(neurotrophin): 신경보호단백질.

40 부신(副腎): 좌우 콩팥 위에 있는 내분비샘. 겉질과 속질로 나뉘어 있어 겉질에서는 부신 겉질 호르몬을 분비하고, 속질에서는 부신 속질 호르몬을 분비한다.

41 오버헤드(overhead): 컴퓨터가 유저 프로그램을 실행할 때 직접 처리하지 않는 부분. 구체적으로는 OS가 시스템을 관리하는 데 필요한 CPU 타임이나 메모리 용량을 말한다.

42 정동둔마(情動鈍痲): 감정적 표현의 반응 강도가 감소되는 것.

43 루크(rook): 장기의 차(車)에 해당하는 말.

44 어셈블리(assembly): 상징적인 기호언어를 사용해 작성한 프로그램을 기계어로 된 프로그램으로 번역하는 것.

45 세포의 내면생활(The Inner Life of the Cell): 하버드대학교에서 만든, 세포 내부 모습을 그린 3D 애니메이션.

46 조지아: 내비게이션 상표.

47 수반 자극(flanker): 수반 자극은 표적의 좌우에 나란히 제시되는 자극을 말한다. 표적과 수반 자극의 관계에 따라 수반 자극이 표적의 처리를 촉진하기도 하고 방해하기도 한다. 예컨대, 표적과 같은 반응이 할당된 수반 자극은 표적에 대한 판단을 빠르게 하는데, 이

48 스도쿠(Sudoku): 숫자 퍼즐게임의 명칭. 상표명.

49 조지 산타야나(George Santayana, 1863~1952): 스페인 태생의 미국 철학자 겸 시인이자 평론가. 첫 작품《미의 의식》에서는 비판적 실재론을 설명해 토머스 엘리엇 등에게 영향을 주었다. 이 밖에도《존재의 영역》, 평론으로 루크레티우스, 단테, 괴테를 논한《3인의 시인 철학자》, 퓨리터니즘이 미국 문화에 미친 영향을 비판한《궁지에 선 고상한 전통》 등이 있다.

50 주변시(周邊視): 시야의 주변부에 대한 시력. 망막 주변에는 간상체가 많고 추상체가 적으므로, 중심부보다 시력이 나쁘고 색각도 약하지만 약한 빛이나 움직임을 보는 힘은 강하다.

51 공격·도피 반응: 스트레스가 부과되는 자극에 대한 교감 신경의 반응.

52 버크셔(Berkshire): 미국 버몬트 주 프랭클린카운티에 있는 마을.

53 거짓말쟁이 대출(liar loan): 대출자가 차용증을 요구하지 않는 주택담보대출이나 일반 대출.

54 유익한 친구들(Friends with benefits): 2011년에 개봉된 미국 영화 제목이기도 하다. 감독은 윌 글럭, 주연은 엠마 스톤(Emma Stone), 밀라 쿠니스(Mila Kunis).

55 이웃들(The Joneses): 2009년에 개봉된 미국 영화 제목이기도 하다. 마케팅 기술이 어디까지 갈 수 있는지 극단을 보여준 가족영화.

56 월터 미티(Walter Mitty): 제임스 서버(James Thurber)의 소설《월터 미티의 은밀한 삶(The Secret Life of Walter Mitty)》에 나오는 주인공 이름으로, 터무니없는 공상을 하는 사람(지극히 평범한 삶을 살면서 그것이 흥분과 모험에 가득하다고 상상하는 사람)을 가리킴.

57 대기속도(對氣速度): 공기에 대한 항공기의 속도. 항공기 주위의 대기와 기체의 상대 속도를 이른다.

58 《눈물의 아이들(Cutting for Stone)》: 미국 대통령 버락 오바마가 2011년 여름휴가 때 읽어서 유명해진 소설로, 머리가 붙은 채 태어난 에티오피아 샴쌍둥이의 미국 여행을 그린 작품.

를 일치성 효과라고 한다. '수반 자극 효과(flanker effect)'라는 말이 일반적으로 쓰인다.

**MAXIMUM
BRAINPOWER**

생각을
확장하다